estética

CONSELHO EDITORIAL DE FILOSOFIA

Maria Carolina dos Santos Rocha (Presidente). Professora e Doutora em Filosofia Contemporânea pela ESA/Paris e UFRGS/Brasil. Mestre em Sociologia pela Escola de Altos Estudos em Ciências Sociais (EHESS)/Paris.

Fernando José Rodrigues da Rocha. Doutor em Psicolinguística Cognitiva pela Universidade Católica de Louvain, Bélgica, com pós-doutorados em Filosofia nas Universidades de Kassel, Alemanha, Carnegie Mellon, EUA, Católica de Louvain, Bélgica, e Marne-la-Vallee, França, Professor Associado do Departamento de Filosofia da Universidade Federal do Rio Grande do Sul.

Lia Levy. Professora Adjunta do Departamento de Filosofia da Universidade Federal do Rio Grande do Sul. Doutora em História da Filosofia pela Universidade de Paris IV-Sorbonne, França. Mestre em Filosofia pela UFRJ.

Nestor Luiz João Beck. Diretor de Desenvolvimento da Fundação ULBRA.
Doutor em Teologia pelo Concordia Seminary de Saint Louis, Missouri, EUA, com pós-doutorado em Teologia Sistemática no Instituto de História Europeia em Mainz, Alemanha.
Bacharel em Direito, Licenciado em Filosofia.

Roberto Hofmeister Pich. Doutor em Filosofia pela Universidade de Bonn, Alemanha. Professor do Programa de Pós-Graduação em Filosofia pela PUCRS.

Valerio Rohden. Doutor e livre-docente em Filosofia pela Universidade Federal do Rio Grande do Sul, com pós-doutorado na Universidade de Münster, Alemanha. Professor titular de Filosofia na Universidade Luterana do Brasil.

H581e   Herwitz, Daniel.
           Estética : conceitos-chave em filosofia / Daniel Herwitz ;
      tradução Felipe Rangel Elizalde ; revisão técnica: Delamar
      José Volpato Dutra. – Porto Alegre : Artmed, 2010.
           200 p. ; 23 cm.

           ISBN 978-85-363-2365-7

           1. Filosofia – Estética. 2. Filosofia como arte. I. Título.

CDU 101.1

Catalogação na publicação: Ana Paula M. Magnus – CRB-10/Prov-009/10

estética

CONCEITOS-CHAVE EM FILOSOFIA

Daniel Herwitz

Diretor do Instituto de Humanidades
da Universidade de Michigan, EUA.

Tradução
Felipe Rangel Elizalde

Consultoria, supervisão e revisão técnica desta edição:
Delamar José Volpato Dutra
Doutor em Filosofia pela Universidade Federal do Rio Grande do Sul,
com estágio de doutorado na Université Catholique de Louvain, Bélgica.
Pós-doutorado na Columbia University, New York. Professor
associado da Universidade Federal de Santa Catarina nos
programas de pós-graduação em Filosofia e em Direito.

artmed®

2010

Obra originalmente publicada sob o título *Aesthetics: Key Concepts in Philosophy.* ISBN 978-0-8264-8919-7

© Daniel Herwitz, 2008

Published by arrangement with The Continuum International Publishing Group

Capa:
Paola Manica

Preparação de originais:
Paulo Ricardo Furasté Campos

Leitura final:
Márcia da Silveira Santos

Editoração:
Carlos Soares

Reservados todos os direitos de publicação, em língua portuguesa, à
ARTMED® EDITORA S.A.
Av. Jerônimo de Ornelas, 670 - Santana
90040-340 Porto Alegre RS
Fone (51) 3027-7000 Fax (51) 3027-7070

É proibida a duplicação ou reprodução deste volume, no todo ou em parte, sob quaisquer formas ou por quaisquer meios (eletrônico, mecânico, gravação, fotocópia, distribuição na Web e outros), sem permissão expressa da Editora.

SÃO PAULO
Av. Embaixador Macedo Soares, 10.735 - Pavilhão 5 - Cond. Espace Center Vila Anastácio 05095-035 São Paulo SP
Fone (11) 3665-1100 Fax (11) 3667-1333

SAC 0800 703-3444

IMPRESSO NO BRASIL
PRINTED IN BRAZIL
Impresso sob demanda na Meta Brasil a pedido de Grupo A Educação.

Agradecimentos

Este livro é o resultado de conversas com Ted Cohen, Lydia Goehr, Michael Kelly e Kendall Walton. Também de metade de uma vida dedicada ao ensino, junto com as contribuições de uma geração de estudantes. Desejo agradecer ao Seminário de Estética da Universidade de Michigan pelas perspicazes discussões das seções de cinema.

As seleções deste livro tomaram formas anteriores e similares em *Moderns Painters*, no *Journal of Aesthetics* e em *Art Criticism, Action, Art, History: Engagements with Arthur Danto* (editado por Daniel Herwitz e Michael Kelly, da Columbia University Press, 2007, republicado com a permissão do editor) e em *Blank: Art, Apartheid and After*.

Quero agradecer ao Legado de Lille P. Bliss e ao Museu de Arte Moderna pelos direitos cedidos para a reprodução de *Les Demoiselles d'Avignon* de Picasso, e à Fundação Andy Warhol pelos direitos cedidos para a reprodução de *Brillo Box* de Warhol.

Este livro é dedicado à memória de Richard Wollheim, filósofo brilhante e amigo maravilhoso, cujos escritos sempre foram para mim exemplares.

Sumário

1. INTRODUÇÃO 9
2. O NASCIMENTO DA ESTÉTICA 19
3. GOSTO E JUÍZO ESTÉTICO 37
4. ARTE E EXPERIÊNCIA 87
5. DEFINIÇÕES MODERNAS DA ARTE E O PROBLEMA DOS NOVOS MEIOS 123
6. CONCLUSÃO: ARTE E VERDADE 163

Referências e Guia de Leitura 185
Índice 191

1
Introdução

Este é um livro de inícios, e não de conclusões. Seu objetivo é fornecer aos estudantes uma introdução aos principais conceitos, ou melhor, às principais questões da estética. Com ele, o autor pretende estimular o questionamento, fazer o leitor querer pensar e ler mais, em vez de tentar lhe apresentar o final de uma história ou um conjunto de respostas. A abordagem consiste também em ilustrar a extensão da estética, algo que nem sempre é feito em livros desse tipo. O que distingue este livro é sua abordagem abrangente, mas com o foco permanente na filosofia. A estética tem padecido em função da divisão institucional vigente nos departamentos anglo-americanos de humanidades, que as dividem em dois ramos, a saber, a filosofia, de um lado, e a reflexão sobre a arte e sobre o belo que emerge do substrato daquilo que chamamos Artes e Letras, por outro. Essa bifurcação é um produto do século XVIII em que se estabelece a estética como um ramo da filosofia, como uma "ciência", assim então chamada, e do século XIX, com a sua formação das disciplinas e formas de conhecimento disciplinares (Foucault), cada qual voltada para seu próprio objetivo. Nosso legado é o desses dois séculos.

A estética é, em primeiro lugar, um ramo da filosofia, exatamente como a ética o é em alguns sistemas de disciplinas atuais. Se você é um estudante de política pública, muito provavelmente será levado a fazer um curso de filosofia, caso queira praticar a ética. No entanto, nesse mundo global do humanitarismo, da ciência política e da política pública, as questões sobre o correto, o bem, sobre os direitos humanos e sobre justiça institucional constituem importantes domínios da ética que é feita fora da filosofia, em conexão com seus conceitos, baseando-se neles, sim, mas também inventando novos conceitos para a filosofia. Os próprios filósofos têm ampliado seus interesses; alguns trabalham para as Nações Unidas, no âmbito da saúde, e no governo; outros continuam a fazer filosofia de um modo diferente, em um novo registro de pensamento. Similarmente, embora seu foco central seja o legado de seu nascimento como uma "ciência" no século XVIII, bem como o de sua institucionalização como parte da disciplina da filosofia no século XIX, a estética tem um escopo mais amplo, o que é fundamental quando se trata de demonstrar sua importância para a vida humana. A vanguarda e a arte moderna, elas próprias se devotaram, por exemplo, à reflexão abstrata sobre o que é a arte – uma reflexão tão refinada, audaciosa ou experimental quanto os objetos de arte que esses movimentos produziram. Esse tipo de reflexão é, em geral, chamado de Teoria da Arte, mas trata-se de uma disciplina que é prima da estética filosófica e que, em um sentido amplo, é parte dela. Isso é particularmente verdadeiro em virtude de suas reflexões, digamos, associadas ao crítico de arte Clement Greenberg ou a Michael Fried terem retornado à filosofia, tornando-se então objeto de intenso debate. Básico para o teatro moderno foi o que se escreveu sobre o que é o teatro, reflexão que, de modo similar, retornou à filosofia pelos escritos de Stanislavski, Brecht e Beckett. A partir do momento em que o cinema foi inventado no final do século XIX, uma furiosa reflexão floresceu entre críticos, intelectuais e criadores de cinema livre-pensadores – sejam em ensaios no roteiro, seja na própria imagem dos filmes – sobre o que é o filme. A riqueza da estética consiste nas múltiplas posições culturais a partir das quais tomou forma a reflexão sobre a arte, sobre o belo, sobre a sublimidade, sobre a natureza, sobre a emoção, sobre a intuição e sobre a experiência. Portanto, duas coisas são verdadeiras: em primeiro lugar, não se consegue entender o que é a estética sem entender sua associação fundamental com a filosofia (nos séculos XVIII e XIX e em seu legado atual); segundo, não se consegue apreciar as correntes secundárias de pensamento que compreendem seu objeto de estudo sem considerar que ela é também um domínio das Artes e das Letras em geral e tem laços que a reenviam dos amplos domínios das Artes e das Letras de volta à filosofia. A bifurcação da filosofia em Artes e Letras é um assunto institucional (pertinente para as ideologias e para a organização social da universidade, do meio editorial, e assim por diante). Não é uma representação exata de como o pensamento sobre a arte e sobre o belo adquiriu sua forma desde o século XVIII.

Este é um livro de filosofia para estudantes de filosofia, mas é também um livro para estudantes de literatura, arte, música, cinema, televisão e arquitetura, pois tenta revelar o foco central da estética na filosofia e no amplo escopo do pensamento sobre a arte e sobre o belo que emerge nos tempos modernos. O livro, em parte, é sobre as correntes secundárias envolvidas nessas formas dentro das humanidades e nas artes (Artes e Letras).

A melhor parte da estética filosófica quase sempre pretendeu produzir um diálogo entre a arte, as correntes intelectuais mais amplas da época e a história e a prática da filosofia. Entre o sistema e a cultura, a estética floresceu com David Hume, G. W. F. Hegel, R. G. Collingwood, Clive Bell,

Roger Fry, Richard Wollheim e Arthur Danto, para nomear apenas uns poucos atores dessa cena específica. Todos esses escritores/filósofos confiaram nas certezas e nas incertezas de sua experiência da arte e do belo; assim procederam delimitando sua própria autoconfiança e perplexidade em relação ao diálogo público sobre as artes, assimilando-as às questões filosóficas mais amplas que os interessavam, questões sobre o conhecimento, ciência, história, verdade, identidade humana, moral, e assim por diante. Esses pensadores confiaram sempre nos colegas críticos, historiadores, escritores de todos os tipos ao refletirem sobre seus assuntos. O próprio Hume foi um crítico e um historiador notável que encontrou um meio de vida escrevendo de maneira competente sobre esses tópicos, tendo trabalhado na vida pública (Hume nunca esteve apto a obter uma posição em uma universidade em razão do seu ceticismo religioso). John Dewey, o grande filósofo liberal americano e pensador pragmatista, escreveu *Art as Experience* (*A arte como experiência*) em diálogo com Albert Barnes, colecionador da nova pintura moderna e estudioso constante e notável de Matisse, Picasso e da efervescência do modernismo parisiense. Essas obras de arte arrebatavam os homens, e suas concepções sobre as profundidades caóticas da experiência estética derivam desse fato. Do mesmo modo Collingwood, quando escreve sobre a arte como expressão (em *The Principles of Art* [*Os princípios da arte*]), assimila (nos anos 1930) as obras de Sigmund Freud, com suas concepções então revolucionárias do inconsciente; e de Marcel Proust, com sua literatura memorialista, junto com os conceitos gerais de história e de expressão humana, sobre os quais ele estava trabalhando em sua filosofia da história. Roger Fry articulou suas teorias da forma significante como uma reação direta ao cubismo: o próprio Fry foi um pintor cubista. Hegel articulou suas teses sobre a função histórica da arte como expressão cultural, partindo de sua vasta sinopse histórica. Sua teoria do fim da arte à luz da crença altamente otimista segundo a qual a história havia chegado ao fim em sua geração, de fato, terminou caindo no esquecimento. Poderíamos continuar a falar sobre a importância dos primeiros críticos de cinema e dos primeiros filmes, bem como da comédia shakespeariana segundo Stanley Cavell. Ou da importância da pintura figurativa britânica do pós-guerra, com seus glóbulos caóticos de carne humana e feições, da psicanálise, da crítica de arte de Adrian Stokes e da experiência de ser um novelista de acordo com Richard Wollheim. Hume acreditava ser capaz de explicar o gosto e o juízo, apenas porque era um mestre em ambos, e pretendeu, em sua obra seminal *Do Padrão do Gosto*, convencer retoricamente o leitor de que possuía tais qualidades. A filosofia vive em função da filosofia que veio antes dela, em função da filosofia que está acontecendo em torno dela, à medida que o filósofo escreve sobre estética e arte; em contrapartida, a estética filosófica também se desenvolve pela experiência da arte e do belo e pelo diálogo intenso com as Artes e com as Letras, para não mencionar as demandas históricas da moral, da sociedade e do indivíduo, que têm tornado impossível para esses pensadores deixar de pensar e para esses escritores deixar de escrever. Existem exceções, sendo Kant a mais celebrada. Porém, são exceções, e não a regra. Mesmo Kant foi influenciado pela política e pelo silêncio de seu tempo, se não o foi por sua arte.

Se em geral os filósofos confiaram nas amplas correntes do pensamento intelectual – para não mencionar seu intenso envolvimento com a arte de seu tempo –, para a formulação de seus pensamentos, aqueles que são de fora da filosofia se aproximaram dela ao escrever como escreveram. Clement Greenberg baseia-se em Kant (no modo como ele compreende Kant) ao formular sua análise das vanguardas. Erwin Panofsky é totalmente hegeliano ao aproximar a estética da história da arte. Ao formularem suas reflexões, esses pensadores se apropriaram da filosofia em estilo, meio e expressão. É um foco central da estética de Hegel o argumento segundo o qual mesmo a própria arte (grande arte, quer dizer) é implicitamente filosófica, uma forma de "espírito absoluto", uma forma de pensamento autorreflexivo em pintura ou tom, em vez de palavra ou parágrafo; em história, em vez de argumento; em gesto e implicatura, em vez de prova e demonstração. Hegel será abordado no Capítulo 4. A arte torna-se propriamente filosofia quando o filósofo exprime sua própria voz interior (que é a voz do pensador) por meio de um processo de clarificação/tradução. É como fornecer as palavras a um homem que topa com uma grande ideia sem estar inteiramente apto a articulá-la e em cujo gênio a ideia aparece intuitivamente na forma de uma imagem radiante que precisa ser analiticamente decomposta. Trata-se apenas de uma mudança na forma, e não em sua linha de trabalho, pois o ofício da arte foi sempre o mesmo ofício, de acordo com Hegel, assim como o do filósofo: o ofício do conhecimento, o conhecimento do eu, da identidade, da sociedade, da verdade com um V maiúsculo.

A ideia de que a arte é estética porque (de um modo obscuramente filosófico) constitui um objeto do conhecimento é tão velha quanto a afirmação de Aristóteles segundo a qual a poesia é mais filosófica do que a história; a razão disso seria a poesia revelar as operações internas da ação e da alma humanas (de acordo com as leis da probabilidade e da necessidade), em vez de meramente nos dizer o que aconteceu (o que Aristóteles acreditava que a história faz). A afirmação segundo a qual a arte faz parte do ofício do conhecimento é uma afirmação há muito tempo presente na filosofia. Ou a arte tem valor, porque ela mais ou menos resulta em conhecimento (de forma implícita, por meio da narrativa, seja qual for), ou lhe falta integridade por ser caprichosa, obscurantista, sedutora, borbulhas de champanhe diante do espírito, arruinando toda a sua capacidade, turvando toda a sua visão (*portal*).

O Capítulo 6 deste livro considera a complexa questão que envolve a arte e a verdade, uma questão sobre as formas que as artes têm de mediação conforme seus próprios meios e identidades e sobre o tipo de tradução que está em jogo quando isso é redescrito como algo mais especificamente (*in gel*) filosófico. O ponto aqui é uma questão genuína referente àquilo que está em jogo quando a arte é concebida como atividade que opera no registro da estética filosófica, ou como um empreendimento auxiliar ocasional, se não permanente; em oposição a isso, há um problema genuíno referente ao padrão filosófico que requer que ela seja avaliada (como uma tropa pelo sargento) de modo a estar à altura (queixo aprumado, peito estufado) sob esse aspecto, ou que seja, então, compreendida na categoria do perfume francês.

Obviamente, um perfume francês é uma coisa de beleza, o objeto (como vinho) de concorrências internacionais e de avaliações de especialistas e peritos. Isso mostra que as questões de gosto (referente a vinho, alimentos, perfume, roupas, casas, mobília, cães de raça, cor de cabelo, entre outros) não são as mesmas de que se ocupa a arte nas categorias de alguma filosofia. A questão de saber de que modo o gosto e a arte se relacionam será uma questão central do Capítulo 3. Mais amplamente, o assunto por enquanto são os vários modos como o jogo da estética é jogado – dentro e fora da filosofia, dentro e fora da arte. E "dentro da arte" pode também significar o direcionamento de um artista para a "teoria" no curso da articulação de uma posição sobre o que é a arte, o que abriria um espaço para sua nova criação e procuraria influenciar seu entendimento, modelar sua experiência. El Lizzitsky faz isso, além de John Cage e Pierre Boulez quando escrevem volumes; Andy Warhol o faz escrevendo diários sobre o que está à venda na Bloomingdales e como Velvet Underground dormiu em uma determinada noite. Que relação existe entre, de um lado, a reflexão sobre a arte (ou vida, consumismo, celebridade) feita por um artista em suas investidas para afirmar-se no domínio da arte do futuro (seja a nova sociedade revolucionária seja o bosque minimal expandido [*mini-mall*]); de outro, a reflexão sobre a arte feita por um filósofo que escreve a partir da disciplina que ele herdou dos séculos XVIII ou XIX? Arthur Danto chega a chamar Warhol de um filósofo de óculos escuros, um gênio *avant-la-lettre*. Talvez também ele seja um filósofo do tipo hegeliano: subentendido, esperando por um Hegel, isto é, Danto chega e clarifica/traduz a sua realização, substanciando, desse modo, a sua verdade e a levando à fruição (Capítulo 5).

Essa tentativa de focalizar a estética de maneira abrangente pode ser encontrada na *Encyclopedia of Aesthetics*, editada por meu colega Michael

Kelly (e da qual fui um subeditor).[1] Este livro está vinculado a esse projeto de enciclopédia. Grande parte de sua discussão é sobre "filósofos": Hume, Kant, Hegel, Dewey, Wollheim, Derrida e outros. Porém, também se refere a criadores de cinema, críticos de arte, historiadores e outros que trabalham nas artes e nas humanidades. Seu ponto, em parte, é compreender em que medida as muitas maneiras como essas pessoas abordam a estética são similares e diferentes, bem como até que ponto elas dependem umas das outras. A estética poderia ser concebida como um empreendimento no espírito do que o filósofo do século XX Ludwig Wittgenstein chama um "jogo de linguagem". Wittgenstein concebia a linguagem geralmente como um conjunto de jogos e tem o seguinte a dizer sobre o que é um jogo:

> Considere . . . os processos que chamamos de "jogos". Refiro-me a jogos de tabuleiro, de cartas, de bola, torneios esportivos, etc. O que é comum a todos eles? . . . você não verá, na verdade, algo que seja comum a *todos*, mas . . . vemos uma rede complicada de similaridades que se sobrepõem e se entrecruzam: às vezes similaridades de conjunto, às vezes similaridades de detalhe.
>
> Eu não posso conceber nenhuma expressão melhor para caracterizar essas similaridades do que a expressão "semelhanças de família".[2]

Não há nenhuma definição essencial para um jogo de linguagem, nenhum conjunto único de características que tornem em jogos todas as coisas que queremos chamar de jogos. Em vez disso, existem traços de similaridades e de diferença, e a questão interessante vem a ser: de que modo esses jogos estão relacionados? A estética é um jogo amplamente praticado, importante para o pensamento humano; porém, esse jogo é praticado de diversas maneiras. Este livro é sobre essas maneiras, mas também sobre a história do assunto, sobre como a estética veio a se constituir na filosofia como um empreendimento distinto. Isso aconteceu no século XVIII, do qual tratam os Capítulos 3 e 4. É o momento em que a filosofia aplica seu particular conjunto de métodos à tarefa de entender e definir, o belo. É o momento em que esses métodos impedem tipos de escritura geralmente propiciados pelas humanidades e, assim, parecem divorciar o assunto da estética de seu lugar legítimo na esfera mais ampla das Artes e das Letras. Este livro é sobre a imensa contribuição da filosofia para pensar a arte e o belo a partir do século XVIII. No entanto, ele também aborda o modo como esse autoproclamado divórcio entre os métodos filosóficos e os métodos das humanidades em geral colocou a estética, ironicamente, de lado, como algo desprezado pelas humanidades mais gerais para as quais ela, de fato, é tão central. Entendendo a genealogia desse divórcio, tanto a contribuição filosófica quanto a separação artificial podem ser absorvidas. Este é o conceito-chave aqui.

Básico para o método filosófico aplicado no século XVIII (embora não uniformemente, como veremos; Hume, por exemplo, foi um que resistiu a ele) é o método da "definição essencial". A meta das definições essencialistas é explicar exatamente o que faz de uma coisa uma coisa, o que é necessário para sua composição, o que é suficiente para fazer dela o que ela é. Com uma lista das condições necessárias e suficientes à mão, podemos dizer exatamente o que faz a música ser música, e não outra coisa (mero ruído, por exemplo), da beleza, beleza (e não mera atratividade), da arte, arte (e não natureza ou mera linguagem ou imitação, por exemplo), e assim por diante. Esse objetivo da definição essencial foi uma tendência central na história da filosofia. E com boa razão: o mundo é como a cera de Descartes, constantemente inconstante em suas mudanças de forma, caótico e inescrutável à percepção, algo pelo qual devemos gradualmente traçar o nosso caminho como conhecedores e atores. Há uma razão pela qual a filosofia visou ao esclarecimento e ao controle sobre o que William James chamou as rumorosas e vicejantes confusões da experiência humana. Sem uma ordem estabelecida para a percepção, para o mundo, para a estrutura de crenças, poderia não haver nem conhecimento nem qualquer outro tipo de interação humana que se provaria sustentável. Precisamente como os órgãos dos sentidos humanos, a mente, a linguagem e a sociedade humana fornecem ordem ao mundo, em categoria e conceito, domínio e extensão, de modo que é uma meta digna aumentar essas formas de conhecer e arranjar, o que tem sido uma tendência central da filosofia. Onde há ordem e definição, há controle conceitual sobre as excentricidades do assunto.

O século XVIII caracterizou-se pela definição do belo e do sublime; o século XIX, pela definição da arte. No presente, nós herdamos ambos. O projeto de definição filosófica e tudo aquilo que o acompanha foi tão central para o assunto, fazendo-o avançar até aqui, que não poderia existir absolutamente nenhum assunto designado como estética fora desse jogo.

Sempre houve tendências contrárias na filosofia que consideraram o projeto platônico (ou outro) de definição filosófica da arte (de dividir o mundo em conceitos claros e distintos, de produzir um catálogo lúcido de coisas) mais destrutivo do que criativo: a vitória pirrônica. E houve todo tipo de gradação entre essa tendência contrária, que é chamada ceticismo, e a filosofia positiva, que procura definições essenciais. O ceticismo e, mais recentemente, o pós-estruturalismo argumentaram que a própria obsessão de encontrar uma clareza precisa para o mundo em todas as suas partes, dispensando aquelas que não passam no teste da exatidão (como a arte), é o que constitui o problema. O filósofo – assim sugere Sexto Empírico, Voltaire, Nietzsche, Wittgenstein, Rorty, Derrida – é seu próprio pior inimigo. O projeto de conhecimento é inatingível e produz ansiedade, a meta de controle sobre o mundo é uma forma de grandiosidade ou desmedida (*hubris*) humana que tem consequências trágicas e cruéis. Onde existe a pretensão de controle conceitual sobre um objeto (arte, beleza) que não admite tal tipo de controle, a violência é praticada em relação a esse objeto. Se o objeto são os seres humanos (colonos, mulheres, minorias), então, a pretensão de categorizá-los de maneira completa está vinculada ao jogo do controle colonial ou do Estado moderno (Foucault). Em primeiro lugar, o ceticismo filosófico pretende demonstrar, mediante algum tipo de argumento, que esses objetos não admitem definição essencial. Ele pretende, então, mostrar que os seres humanos (o filósofo, em particular) serão muito melhores se renunciarem a esse jogo (pelo menos quando ele é jogado sobre esses assuntos).

As tendências contrárias na filosofia vincularam a filosofia às Artes e Letras. A técnica ensaístico-filosófica de Michel de Montaigne foi utilizada com o objetivo de apropriação da "sabedoria dos antigos", para recorrer ao que foi dito e pensado no passado como um modo de compreender esse ou aquele momento da vida e para fazê-lo de um modo que testa essa sabedoria segundo sua relevância para o presente. Esse jogo de apropriação das ideias visando a esse ou àquele propósito e sem a pretensão de universalidade pode ser encontrado, mais recentemente, na estética e na crítica pós-modernas; por exemplo, nos ensaios sobre arte escritos por Arthur Danto para o *Nation Magazine*, nos quais ele não escreve como um filósofo teórico, mas como um gênio tentando entender esse ou aquele momento da arte e da cultura que está sendo (super) produzida em Nova York. O ensaio, essa peça central das Artes e Letras, busca a assimilação do pensamento do passado à luz de uma urgência específica do presente. É um eco distante do projeto de uma definição universal da arte ou da beleza a ser encontrado em outras páginas da filosofia. Montaigne não anseia por verdades universais de natureza trans-histórica que apresentem a essência das coisas. Ele pretende entender o mundo do melhor modo possível para ele, o modo mais honesto, integral, tolerante, humano. Do mesmo modo, a filosofia, incluindo a filosofia da arte considerada de modo mais amplo e de maneira a incluir o ceticismo, foi muito mais fundo em sua abordagem da arte e da beleza, segundo modos de pensamento que têm lugar nas artes e nas humanidades. Sua prática filosófica é muito similar àquela de uma crítica de arte esteticamente consciente ou mesmo à prática artística.

A filosofia voltou-se, por vezes, para a *arte*, quando assumiu uma posição cética. Voltaire escreveu *Cândido* em forma de novela, porque pretendia fustigar o otimismo filosófico apresentando-o contra o pano de fundo das realidades (apropriadamente exageradas) da vida. Para fazê-lo, ele precisou inventar uma história, escrever ficção. Kierkegaard voltou-se para uma espécie de mescla de ensaio, crítica e memória ficcional em *Ou/Ou* Parte I, a fim de expor o vazio, como ele o via, da posição estética, a posição dos prazeres repetidamente acumulados, compulsivamente adquiridos. A filosofia aqui é, antes, uma questão de revelação, de apresentar ao leitor esse vazio, mostrando que tipo de personagem o habita. Isso novamente requer a invenção de personagens, de ficção. Quando a filosofia tem por finalidade a autorrevelação, ela não pode permanecer expositiva: em vez disso, o alvo deve ser apresentado à filosofia como certo tipo de personagem dentro da corrente da vida e mostrar quão perversamente – e por iniciativa própria – ele desiste de suas compulsões disciplinares.

A filosofia torna-se uma atividade semelhante a contar histórias e a fazer ficção quando ela própria acredita necessitar de instrução da melhor arte sobre o modo como ela, como uma forma de investigação, deveria melhor viver sua vida, quando pretende descer de seu alto cavalo e retornar inteiramente ao fluxo de sua vida. A meta é a vida concebida como uma estética, um tipo de experiência que aumenta o prazer mediante o autorreconhecimento e da abertura aos *frissons* dos sentidos, das variedades de pessoas e de experiências. A filosofia, nunca inteiramente livre do espírito literário, abraça ativamente esse espírito em nome de outro tipo de verdade que não aquele geralmente suposto por ela. Recorrendo à literatura, ela está falando à filosofia como um personagem em uma história se revela desesperado, desiludido, desorientado quanto a seu próprio ritmo potencial de envolvimento com a vida, com sua própria estética e política. Isso levanta a questão de saber o que é a verdade em arte, tal que a filosofia a quereria quase acima e além de sua própria, uma questão para o Capítulo 6 (Arte e Verdade).

O que, então, o estudante aprende sobre beleza e arte ao estudar *amplamente* o assunto da estética? Um conjunto de definições, um quadro da sua história, um repertório de modos de apreender a arte, um sentimento da importância das ideias em seu contexto; uma percepção de que, na medida em que a arte e a cultura mudam, também mudam os termos envolvidos em sua compreensão; uma compreensão da importância de debater ideias filosóficas sobre arte e beleza abstratamente, necessitando, no entanto, situá-las em seu contexto; finalmente, uma percepção da reviravolta estética na filosofia como um corretivo ou um estilo de filosofar em si mesmo. Também a história do método filosófico – que, desde o século XVIII, tem sido crítica ao definir o assunto como filosófico – fez grandes avanços e, infelizmente, separou a estética das humanidades mais gerais. Onde o estudante encaixa o estudo da arte e da beleza, dada a multicolor história do assunto – tão multicolor quanto as histórias da vida e da arte humanas que as contêm: essa é uma questão cuja resposta ultrapassa os limites deste livro.

NOTAS

1. Kelly, Michael, ed., *Encyclopedia of Aesthetics* (Oxford: New York, 1998).
2. Wittgenstein, Ludwig, *Philosophical Investigations*, trad. Elizabeth Anscombe (Macmillan: New York, 1968), #66, 67.

2
O Nascimento da Estética

A disciplina da estética filosófica surge no século XVIII. Porém, note-se bem, essa não é a primeira vez em que os filósofos escreveram sobre arte e beleza. Platão escreveu extensivamente – e de modo negativo – sobre os poetas de seu tempo e teria-os banido de sua república ideal, pois ele acreditava que a poesia é uma forma de sedução, uma manifestação da linguagem que solta anéis de fumaça diante da mente, em vez de argumentar ou provar, insinuando sua influência sobre as paixões no calor da performance (a poesia era recitada, em vez de lida), gerando o culto, em vez da civilidade racional. Para Platão (ver seu diálogo *Ion*), o poeta é um hipócrita, pretendendo elevar o espírito mediante o conhecimento enquanto o faz entrar cambaleando em transes hipnóticos. Platão reserva um lugar para a beleza em sua filosofia: trata-se da beleza das formas ideais, das provas matemáticas e das deduções racionais. O conhecimento é a beleza e o bem, porque ele é conhecimento dessas verdades ideais que compreendem a verdadeira realidade das coisas. Sendo nosso mundo uma mera aparência ou aproximação das formas ideais (nossa justiça, uma cópia esmaecida da coisa real; nosso estado, uma pobre réplica do ideal), a arte é tudo que há de pior, pois, se a poesia é uma droga performativa, então, a pintura e a escultura são meras cópias de cópias, tentativas de simular o mundo de um modo indecifrável a partir de seu modelo. Passariam séculos antes que Hegel interpretasse a escultura grega (se não a pintura) como uma encarnação da harmonia idealizada (entre os deuses e o mundo dos homens), elevando-a ao *status* de representação admirável, em vez de simulação inadequada e fraudulenta.

Platão teria considerado insano pensar que a beleza, e muito menos a arte, constitui um objeto de estudo filosófico genuíno (à maneira da justiça, da retórica, do bem, mesmo do amor). Já mais atento às variedades da vida do que seu mestre, Aristóteles discordava. Escrevendo sobre o drama trágico (seu tratado conexo sobre a comédia, infelizmente, está perdido), Aristóteles argumentou que a poesia (pelo que ele queria dizer a encantação rítmica do drama trágico), de fato, se aproxima da filosofia, sendo, em todo caso, mais filosófica do que a história, pois a história meramente relata o mundo como ele aconteceu: apenas os fatos, na expressão do detetive no programa de televisão americano *Dragnet*, ao passo que a poesia (o drama trágico) narra o mundo de acordo com as leis da probabilidade e da necessidade. Tratando o drama como qualquer outro objeto de estudo (como a alma, por exemplo), Aristóteles delineia suas características essenciais em uma hierarquia de importância. O enredo e a personagem são mais essenciais, visto que o drama é uma história que se desenvolve por meio da personagem, o elemento trágico consistindo da ruína que acontece por meio de uma combinação do fracasso humano (a desmedida, o ciúme, a paixão excessiva) e do destino. Poderia não ter acontecido desse modo, mesmo as personagens principais sendo como são. No entanto, o destino também desempenha seu papel, com resultados trágicos. O drama trágico lança luz sobre as leis da vida humana que nos levam (ou podem nos levar) à ruína. Édipo tinha o defeito da desmedida (autoconfiança arrogante, um desprezo pelas incertezas do mundo), mas também a mão invisível do destino atuou para que ele matasse seu pai e desposasse a própria mãe! Também a fúria de Prometeu deveria levá-lo a ser acorrentado em uma pedra para que o abutre picasse seus olhos e dilacerasse sua carne. Isso envolveu uma circunstância específica.

Quando a circunstância tem um desenlace, mas sem conexão com uma falha do caráter humano, o drama não é trágico, mas simplesmente horripilante, patético, relato de vitimização, como o de um raio que atinge um homem bom. O elemento moral da tragédia está associado ao modo pelo qual as próprias falhas pessoais estão implicadas nos resultados devastadores que, pode-se dizer, extrapolaram qualquer tipo de recompensa justa para o protagonista envolvido. O elemento moral (a falha de caráter da pessoa) a lançou na teia do destino, de tal modo que, sem saber, ela estava tecendo seu próprio fim: o destino que se torna seu destino. Esse tipo específico de história – escreve Aristóteles – é o que torna o drama trágico a coisa que ele é, a coisa que desempenha um profundo papel na conduta da vida humana (a vida social de seu lugar e de seu tempo), pois Aristóteles também entende que a vida e o teatro não são a mesma coisa, e que, quando esses eventos trágicos são representados no teatro público, nada realmente acontece, exceto uma peça. Nenhuma pessoa real morre no teatro, somente a personagem que está ali para ser eternamente representada, eternamente destruída.

Essa experiência da arte em forma de ficção é decisiva – diz Aristóteles – para o poder que ela tem sobre nós e para seu benefício social. Por sabermos, vendo o palco, que aquilo que está acontecendo, está acontecendo no domínio da ficção (não está realmente acontecendo na vida, não é real), somos livres para exercitar nossas capacidades de temor e tremor, piedade e terror, de um modo que as leva ao reconhecimento público e nos proporciona o alívio do terror da vida. Sim, isso nos poderia acontecer! Poderíamos perder uma criança amada, matar nossos próprios pais sem sabê-lo, acabar acorrentado a um rochedo, picado pelos pássaros! Sabemos que somos imperfeitos, ciumentos, selvagens, de má vontade, frios, cheios de desmedida (*hubris*). Sabemos, quer dizer, intuímos, que o destino poderia também golpear-nos, que nós poderíamos ser suas vítimas. Um drama trágico conta a história, crê Aristóteles, de pessoas mais importantes (reis e rainhas) e proporciona à audiência (dessa época) a admiração e a identificação profunda com o protagonista teatral. Admiramos com reverência o poder do destino sobre esses nobres e poderosos cheios de terror diante dessa imensa fantasia.

O ponto do drama consiste exatamente nisso: purgar-nos, diz Aristóteles, de nosso medo e tremor interiores, de nossa piedade e terror. Saber que vivemos com a possibilidade do desastre, saber que também podemos acabar como vítimas trágicas das nossas ações: o ponto do drama não é meramente a instrução moral (tentar ser uma pessoa melhor!), mas o alívio. Purgando nossa eterna ansiedade, somos levados a uma autorização (*empowerment*) comum e retornamos para a vida mais habilitados a vivê-la. O teatro provê uma experiência única, pois o que está acontecendo é ficcional, e não real. É uma forma de reconhecimento e uma forma de purgação coletiva.

Hoje em dia, nós perdemos essa experiência comum do teatro, tão próxima em valor ritual àquela da religião, e a questão de saber onde ocorre essa estética do reconhecimento e da purgação concomitantes é problemática. O estádio, o *spa*, o *talk show*: não é aí que ela pode ser encontrada. Talvez encontremos uma experiência coletiva similar no cinema, embora aí estejamos todos sozinhos em um lugar escuro e de um modo que não estaríamos no teatro aberto na acrópole grega.[1] Muito provavelmente, a história mudou a experiência e a nós próprios, na medida em que uma sociedade não é mais capaz de encontrar disponíveis esses rituais criativos. Onde o destino parecia ser uma questão de terror e admiração, hoje é um item de consumo, alguma coisa a ser controlada mediante o consumo: tecnologias médicas, farmacopeia, botox, confissão, terapia. Ou então o sistema anuncia, e assim muitos, americanos pelo menos, seguem a ilusão complacente de acreditar. É possível que tenhamos substituído o terror subjacente, deslocando-o para outra parte – chame-se a isso o efeito Guantanamo.

Platão e Aristóteles compartilham daquilo que o esteta Michael Kelly designa como uma posição iconoclástica diante da poesia de seu tempo.[2] Ambos acreditam que sua integridade, ou falta dela, depende de a poesia estar à altura da exigência filosófica de proporcionar o conhecimento filosófico. O iconoclasmo, na concepção de Kelly, consiste na assimilação de um objeto por um sujeito segundo seu próprio juízo, a pretensão de que o objeto tem valor apenas se esse valor corresponde àquele que lhe é atribuído pelo sujeito. E assim Platão fustiga o artista/poeta do teatro de seu tempo como uma fraude, alguém que pretende oferecer conhecimento quando esse poeta é um traficante de narcóticos. Isso pode ou não ter sido verdadeiro em relação a esses poetas: houve, depois disso, toda profusão de fraudes, bufões, sedutores, charlatães, vendedores de óleo de cobra, pior do que isso, na história das artes. O ponto é que o único modo de a poesia ter algum valor conforme a concepção de Platão é ela oferecer conhecimento (isto é, ser como a filosofia). Aristóteles aprecia a poesia (o drama trágico) por conta de sua profundidade de reconhecimento, do fato de ela ser "mais filosófica do que a história".[3] Aristóteles tem a dizer até mesmo mais do que isso: a tragédia ocasiona uma experiência profunda e única, o que é central para seu valor para a vida. No entanto, é decisivo para Aristóteles que a poesia proporcione conhecimento – e conhecimento filosófico.

Um filósofo bane o poeta, o outro o apresenta como orgulho do lugar dentro do estado. Ambos medem a arte da perspectiva de sua capacidade de produzir conhecimento. Daí o iconoclasmo. Platão considera a poesia fraudulenta, porque ela mesmeriza o conhecedor racional e estimula seu declínio à forma mais baixa da alma, a forma "apetitiva", sob a ilusão de que alguma coisa está sendo aprendida. Para Aristóteles, o conhecimento é um tipo de reconhecimento (das leis prováveis ou necessárias do que acontecerá a certos tipos de personagens que possuem certas falhas).

Curiosamente, nenhum desses filósofos considera a beleza um assunto que tenha relevância para a arte. Pode-se generalizar (com certo risco, mas com certo mérito) e grosseiramente dizer que até o período medieval a beleza está associada à sedução e à manipulação, e não ao valor estético – a menos que se trate da beleza da forma ideal concebida pelo filósofo, da organização matemática, da virtude. A unidade do bom, do verdadeiro e do belo é uma unidade de filósofo, a qual o poeta, a menos que seja um quasefilósofo, não consegue realizar em sua obra. Antes, sua beleza é uma forma de sedução por meio dos sentidos, de manipulação mediante a voz melíflua. Serão os medievais (Santo Agostinho, São Tomás de Aquino), com seu desejo de estetizar o mundo de Deus, que apelarão para a beleza como um modo que a associa com o modelo, e não com o conhecimento, e suas discussões serão quase sempre inteiramente teológicas (sobre Deus como um arquiteto divino). Somente no século XVIII a beleza será celebrada como uma experiência distinta dos sentidos, e celebrada à parte de qualquer conexão necessária com o conhecimento ou mesmo com o modelo.

A discussão grega sobre a arte, em vez disso, incide sobre a *função social* da arte da época, sobre a virtude pública dessas formas de representação. Para bem ou para mal, o poeta existe entre os cidadãos gregos do seu tempo, e a questão é: ele faz ou não o bem, e por quê? O poeta de Platão engendra um espetáculo admirável (*obfuscating*), que produz o culto. A ênfase dá-se tanto sobre o culto quanto sobre a admiração. Para o poeta de Aristóteles, trata-se de uma experiência dirigida para a comunidade, de purgação coletiva (mediante a identificação e o reconhecimento). Ambos reconhecem que as artes têm funções sociais críticas e que estão interessados em compreender o valor público dessas funções (positivo e negativo).

Esses filósofos escrevem em primeiro lugar e principalmente sobre artes específicas. Platão nunca pergunta "O que é a arte?" ou "O que é a beleza?" do mesmo modo que ele pergunta "O que é a justiça?" ou "O que é o Estado ideal?". Sua consideração está focalizada sobre aquelas artes de seu tempo que ele acredita terem degenerado, porque estão falsamente disfarçadas sob o manto do conhecimento, quando elas não são nada senão sedução e manipulação. Toda generalidade que ele faz sobre representações desse tipo é negativa. Essas representações são degeneradas. São meras cópias de cópias, e não formas integrais que possam ser conhecidas filosoficamente, do mesmo modo que a justiça ou a matemática podem ser conhecidas. A arte é um objeto menos do que apropriado do estudo filosófico. Aristóteles, mais afeito às coisas particulares, não despreza o drama trágico do mesmo modo que Platão despreza a poesia. Ele escreve sobre o drama trágico do mesmo modo que escreve sobre a política ou sobre a alma: como uma espécie de coisa a ser estudada como qualquer outra. Porém, nenhum deles chega ao fim do dia vindo de uma discussão das artes particulares com uma definição categórica da arte, cada qual por suas próprias razões. Isso acontecerá somente no século XIX, depois que o século XVIII tenha revisitado a experiência estética, redefinido seus termos, considerando-a, então, digna de definição categórica. A definição pode ser o bicho-papão (*bugaboo*), a obsessão do filósofo. No entanto, a estética somente pode ser libertada da prisão da definição depois que tenha sido dignificada como um objeto de estudo que possui uma forma categórica. Isso ocorreu historicamente quando se presenteou a estética com o poder da definição. Isso estabelecido, a tarefa agora (e somente agora) pode ser a de libertar a estética da prisão da definição.

Como veremos no Capítulo 4 a preocupação compreensiva (*overriding*) com as coisas particulares, presente na literatura grega sobre as artes, é uma virtude que retorna no século XIX, quando o moderno sistema das artes focalizava a atenção filosófica sobre os meios específicos – a literatura, a pintura, o drama trágico, a poesia, a arquitetura. Nessa altura, as abordagens aristotélicas da tragédia se mostram modelares para o estudo desses meios específicos. Contudo, sempre haverá na literatura do século

XIX também a pretensão da definição categórica. Hegel pretenderá dizer algo sobre a arte como uma categoria de coisas, mas também sobre os meios específicos e suas formas distintas. O modo grego de pensar sobre a arte será combinado com a pretensão da definição estética característica do século XVIII.

Esse será um entre inúmeros modos pelos quais o modo grego de abordar as artes retornará como legado filosófico. Há outros. Hegel retornará ao foco de Platão e de Aristóteles sobre o valor das artes, contra a noção específica do século XVIII. E retornará ao iconoclasmo grego: à alegação segundo a qual a arte tem valor, porque ela gera conhecimento ou reconhecimento.

Esse retorno ao classicismo é também uma marca do Romantismo nas artes. A arte romântica do século XIX pretendeu recapturar a experiência coletiva do drama grego para a vida moderna. Ela foi longe o bastante nesse sentido a ponto de construir um templo em Bayreuth para os deuses da música, onde os europeus pudessem reunir-se para a experiência de uma autorrenovação nacionalizante mediante o reconhecimento das dilacerantes tragédias do mundo e, de um certo modo, reeditar o mito germânico. Meio século depois, aconteceu novamente em Salzburgo, onde o simples drama medieval *Everyman* tornou-se a peça central de uma congregação de devoção coletiva. Contudo, note-se bem, essas extravagâncias wagnerianas e austríacas foram de mil modos uma corrupção do ideal grego, como protestou Nietzsche em seus ensaios contra Wagner[4], pois, entre a Grécia antiga e a Europa do século XIX, sobreveio a história do catolicismo, o qual suplanta a humildade da posição trágica diante dos deuses por um zelo messiânico de conquista do mundo em torno da violência da cruz (assim disse Nietzsche, em todo caso). A tragédia grega não tinha relação com o nacionalismo nem com a modernidade em progresso expansionista ao longo dos continentes com elites da classe alta que pagariam grandes patacões para assistir a esses afãs de *black tie* e desmaiar diante da descarada baixa retórica satisfeita de uma Bayreuth sem ar condicionado (naqueles dias). Não tinha nada a ver com a conversão da tragédia em mitos do poder por meio da linhagem (a descendência dos deuses, o legado de *Everyman*) nem com a transformação da admiração em devoção e da devoção em culto. Bayreuth cruzou a fronteira do poeta de Aristóteles para o poeta de Platão, tornando-se um delírio formador de culto e sedutor de mundos cujo drama ritual desde então tem sido representado em inúmeros outros eventos culturais de massa, da Nuremberg nazista ao (alguém ousaria dizê-lo) drama em torno da princesa Diana (Princesa do Povo, rainha do castelo e do tabloide, em si mesma bondosa, atormentada, desesperada, seu culto evidenciando um anseio por religião, pela monarquia e pela novela televisiva em seu desenlace fatal). Platão e

Aristóteles são críticos poderosos da arte, mesmo que seja muito simples pensar que os valores da arte e mais ainda os que envolvem a beleza em geral (na medida em que a beleza está conectada à arte) são os valores da epistemologia: os valores da produção de conhecimento pela forma representada.

Listo essas características da estética grega porque elas mudam muito dramaticamente no século XVIII. O século XVIII é sobre a beleza, e não sobre a arte. A arte o interessa somente na medida em que é parte da experiência geral da beleza. O século XVIII repensa a experiência estética como experiência sensual, em vez de como experiência que fornece conhecimento, e dignifica essa visão com a definição categórica. Pela primeira vez na filosofia, é dado um lugar para que a questão abstrata "O que é a beleza?" seja desenvolvida. Além disso, no século XVIII, o foco sobre a experiência estética incide sobre a *experiência individual*, e não sobre o valor social, embora a experiência coletiva também venha a ser fundamental como um subproduto que um filósofo como Kant leva a sério. Isso está de acordo com a preocupação desse século com a realização da liberdade, de fato com sua posição individualista, libertária, que celebra indivíduos como Robinson Crusoe, que se lançam como barcos no mar da vida, cada um com seus próprios desejos e interesses, cada um com seu desejo de ganhos capitais e de felicidade, de virtude e recompensa. Esse é o século da revolução em nome da representação do povo pelo povo, o que significa que cada pessoa conta como qualquer outra. É o século no qual a autonomia é proclamada, pelo menos de forma constitucional e para os homens brancos de idade (e de classe). É o século (do predomínio) das perspectivas econômicas sobre os valores humanos.

Esse século também começa a libertar a experiência individual do cerceamento da religião e do controle monárquico. No domínio da estética filosófica, isso consiste em libertar a beleza do ônus do conhecimento. A direção para identificar o conhecimento com a ciência e com a economia torna isso talvez inevitável.

Veremos também que o nacionalismo, o colonialismo e o nascimento do museu desempenham papéis decisivos na solicitação desse novo conceito de experiência estética. Seu ponto será considerar algo belo que não deve ser considerado como conhecer ou aprender algo, mas, em vez disso, como um tipo de experiência que tem valor em virtude de sua maravilhosa sensualidade. A grande intuição (*insight*) do século XVIII é libertar a experiência sensual (de rosas, topos de montanha, belas pinturas) para ter valor em e por si mesma. A estética nasce como uma disciplina quando a beleza se torna o foco central. A beleza somente pode tornar-se o foco central, porque a filosofia está pronta para libertar sua experiência do conhecimento, quando ela está pronta para entender o valor da experiência na medida em que ela tem seu próprio fim. Para que isso seja feito, o indivíduo e sua vida devem ser valorados como tendo seu fim, como um fim em si mesmo. Somente quando as vidas humanas, quando o sujeito humano é liberado da dependência de Deus, das formas platônicas ou o que o valha, somente quando o sujeito é considerado como a base da experiência, do conhecimento, da vida, pode a experiência estética surgir como um tópico para a filosofia, para além do que os gregos já tinham feito escrevendo sobre a arte.

A estética nasce como uma disciplina moderna, porque se assume que é tarefa da filosofia moderna produzi-la, não apenas porque ela nasce nos tempos modernos, tempos de desenvolvimento capital, de acumulação científica de fatos, de nacionalismo e de colonialismo. Essa tarefa de realização da filosofia moderna depende da Renascença, com sua posição humanista diante da vida. Ela depende de René Descartes, com sua reversão dos termos da filosofia: a origem de todo o conhecimento está no *sujeito humano* (a mente cognoscente), e não no estado, nas formas, em um Deus caprichoso, transcendental. As verdades da ciência (sobre as quais escreve Descartes) são derivadas da razão, e não da teologia. De fato, a existência de Deus é "provada" por Descartes a partir da existência do ser pensante (ele próprio), e não de outra maneira. A estética depende da rejeição dos empiristas britânicos do racionalismo cartesiano e de sua ênfase na experiência dos sentidos como a origem de todo conhecimento e da virtude, de Locke e sua derivação da ciência a partir da percepção humana. A sensibilidade é libertada da negatividade e avaliada como uma fonte básica de confirmação empírica e, desse modo, de ganho científico. A sensibilidade é entendida pelo pensamento britânico como a base do estado liberal. A sociedade liberal da Inglaterra é aquela na qual o direito natural é adotado como a base do contrato entre o cidadão e o Estado, algo que Sócrates já havia proposto em germe, mas sem o conceito de direitos conferido por natureza a todos os sujeitos de um Estado indistintamente. Essa dignidade coletiva atribuída aos indivíduos em virtude de suas capacidades como atores morais e conhecedores depende da autoridade e da liberdade da experiência individual, e não da racionalidade preordenada, concedida por Deus. Os próprios agentes podem, com base em sua própria experiência, rejeitar o contrato oferecido pelo Estado. Seus juízos, derivados de suas experiências, os autorizam. Tudo isso depende de uma revisão dos sentidos, dignificados pela confirmação científica e pela justiça política.

O Estado moderno também foi formulado sob a alegação constitucional ideal segundo a qual as pessoas são em si mesmas um fim, um objeto de respeito em virtude de serem os seres que são. Essa ideia geral de humanidade (na realidade, oferecida apenas aos machos brancos da classe honrada) é encontrada nas páginas escritas por Kant, ele próprio escrevendo sob a influência do liberalismo e do empirismo britânico, se não também em debate com esse movimento.

Todas essas correntes de pensamento e de mudança social tornam-se o contexto para a legitimação da experiência da beleza em e de si mesma, independentemente da exigência iconoclástica de que a beleza forneça conhecimento. Os sentidos são confiados de modos diferentes, e sua autonomia torna-se superior na teoria e, às vezes, na prática. Além disso, o próprio ponto de partida científico começa por aplicar-se à totalidade do sujeito humano, o que Michel Foucault chamou o nascimento das ciências humanas, um ato de controle social, sem dúvida, mas também de autofacilitação.[5] Um interesse geral nasce no sujeito humano por todos os seus aspectos e por suas faculdades (as mulheres ainda não faziam parte da equação, de maneira que eu usarei a palavra "seu" [*his*]). Isso também leva o século XVIII a pensar diferentemente dos gregos e dos medievais acerca da experiência da beleza, pois a experiência estética é parte do vasto arsenal de conceitos empregados para capturar os mecanismos e as vicissitudes do ser humano considerado como um objeto de estudo. Cada um desses conceitos é legítimo, pois os seres humanos são criaturas da liberdade, além de estarem progressivamente tornando-se objeto de estudo do conhecimento disciplinar. Esse é um resultado natural da posição científica e dos sistemas de controle que essas ciências procuram articular na sociedade moderna por meio dos seus poderes analíticos. E assim o interesse sobre as *faculdades* humanas surgiu – essas partes da mente e do espírito, da emoção e da reação, que a ciência deveria detalhar e que permitem que o ser humano tenha as experiências e extraia as consequências que ele possa extrair dessas experiências. As faculdades são o que tornam os seres humanos livres e autônomos, atores poderosos na economia de mercado e alegres habitantes da vida; elas também são ensaios conceituais produzidos pelas novas ciências e filosofias para transformar os seres humanos em objetos de estudo e de manipulação.

A estética, com sua ênfase sobre a experiência individual em e para si mesma, também dá origem às instituições da vida do século XVIII: ela surge em concertos com a sala de concerto, com o museu e com as instituições da nação-estado europeia que abstraem a arte do local de sua criação e de qualquer outro propósito associado a ela. O museu moderno desloca obras de arte dos locais de sua produção e do curso da vida em que elas são apresentadas e as coloca em relações ordenadas (cronológicas, regionais, segundo o meio utilizado para produzi-las, etc.) com outras obras de arte – algumas das quais pareceriam completamente sem relação com as outras quando vistas *in situ*. Tendo tirado as obras de arte dos locais de sua urdidura e transformado-as em *visões* para serem vistas em abstração pelo espectador de arte fascinado e absorvido; elas são hoje relegadas à esfera do prazer autônomo (ou seja, prazer abstraído e esquecido do contexto). Com a acumulação do capital, uma nação (França) pode ter orgulho dos obeliscos egípcios, dos ícones russos, das pinturas devocionais da Renascença e das fachadas de igrejas medievais que ela colecionou e apresentou no interior de seus salões nobres. Há uma razão por que um culto de adoração surja em torno à pilhagem do museu (o culto do dândi favorecido pelos irmãos Goncourt), pois esses objetos tornam-se por si mesmos um santuário, um santuário para a experiência em e por si mesma. Similarmente, o museu autoriza o interesse europeu pela sua produção colonial, permitindo que o orientalismo surja como uma forma de interpretação que – tendo retirado objetos indianos, médio-orientais, depois chineses, japoneses, africanos, de seu envolvimento com a devoção, a mágica, a adoração, a prática da religião, a guarda da casa e do lar, a celebração da guerra e tudo mais – o próprio objeto pode ser construído pelo olhar onipotente do espírito europeu experimentador e tornar-se um correlato de seus sentimentos. Do mesmo modo, a arte, traduzida em mero objeto estético (o objeto da experiência estética em e por si mesma), pode ser reinterpretada de acordo com qualquer fantasia que se apodere do espírito europeu e seja associada ao objeto. Inocente e monstruoso, licencioso e puro, o objeto torna-se um mero suporte para essa experiência.

As atitudes estéticas formuladas no século XVIII também correspondem à arte da época, com o surgimento das classes burguesas empenhadas em manter interesses e prazeres no mercado e no museu cultural, junto com pintores como Watteau, Constable e Reynolds, cujo gênio está na celebração da cena, da figura, da criança que joga bola e tudo mais de que essa classe emergente desfrute e que cultive em termos de prazeres da visão. A estética vincula a arte à experiência, e a experiência a algo que acontece em relativa abstração do âmbito social mais amplo das funções que a arte tem desempenhado na vida (drama trágico grego). Similarmente, a arte da época é feita para isso, exatamente como a música da época (o rococó) é feita para o prazer à mesa e o digestivo servido após o jantar.

O século XVIII também inventou a distinção entre artes utilitárias e belas-artes, que era uma distinção em *tipo* e *categoria* associada com o desenvolvimento dos museus e das salas de concerto. As artes utilitárias produziam coisas para o uso na vida; as belas-artes criavam coisas dignas de apreciação em e por si mesmas. A distinção nunca ficou clara, nem em sua formulação abstrata (o que é para uma coisa ter, enquanto oposto a não ter, um uso?), nem em sua aplicação às coisas úteis altamente ornamentadas que pareciam cronicamente turvar a distinção (tão confusa quanto aquela entre arte e ofício), coisas como mesas folhadas a ouro, com suas pernas lustrosas (são elas realmente úteis e para que senão para decorar os ambientes dos ricos?). No entanto, a ideologia subjacente a essa distinção estava conectada às instituições que dela se serviam: os museus tornavam-se repletos de coisas aí julgadas segundo seu próprio contexto, em e por si mesmas, ao passo que casas não o eram. Posteriormente, os museus de arte utilitária surgiriam (o Museu de Artes Decorativas de Paris, por exemplo). O ponto, aqui, era autorizar institucionalmente uma distinção relativa ao modo como os objetos deveriam ser tratados, de maneira a codificar no espaço público um novo modo de relacionar-se publicamente com os objetos. Em um sentido, um novo modo de experiência era criado, de acordo com o qual as artes eram meramente apreciadas, em vez de estarem presentes na igreja (para devoção por meio da beleza), no teatro público (para a purgação trágica), ou revestiam fachadas de igrejas para incitar medo ou autoridade. A estética como um novo movimento da filosofia foi motivada por esse mundo mais amplo ao qual ela pertencia e desempenhou seu papel em dar forma a esse mundo, direcionando a filosofia para as (assim chamadas) experiências em e por si mesmas.

É por meio dessa distinção que a beleza pode ser libertada como uma experiência que possui seu próprio valor, em seu próprio nome, independentemente de todas as finalidades "utilitárias".

A faculdade articulada (e diversamente debatida) pelo século XVIII, que ocasiona nos seres humanos a experiência da beleza, é chamada "gosto". Gosto é o conceito central do século XVIII em sua reflexão sobre a estética, de fato o próprio sustentáculo conceitual que subjaz ao novo conceito da estética. Essa faculdade do gosto é o que permite a invenção do termo "estética". Esse termo é adotado a partir da palavra grega "aísthesis", um termo cunhado por Alexander Gottlieb Baumgarten (1714-1762) em seu livro *Estética* (*Aesthetica*) (1750). "Aísthesis" traz o significado de "faculdade de percepção pelos sentidos". Para Baumgarten, a estética era o estudo da *sensibilidade* como um tipo específico de cognição, a cognição de coisas particulares, em vez de conceitos abstratos. A sensibilidade é sensação (o uso dos cinco sentidos), mas também é algo mais, um tipo de intuição/cognição/formulação da coisa que é julgada bela. Um poema traria uma mensagem subjacente a ele (os poetas metafísicos sempre oferecem uma), mas o que tornava o poema belo era seu estilo específico de linguagem, sua invocação do ritmo pelo *enjambment*, seu uso das formas (soneto, *villanella*). Tudo depende das virtudes do poema no sentido de encarnar, de como ele acontece e o prazer desfrutado em sua leitura e recapitulação na memória. O termo "aísthesis" foi adotado tendo em vista capturar a característica essencial da experiência sensual por si mesma na experiência da beleza. E assim a beleza veio a ser entendida como possuindo sua própria esfera, à parte dos conceitos gerais, tendo seu fundamento nas coisas específicas. A cognição do poema como belo é uma experiência única, *sui generis* (diferente de todas as outras em tipo).

Ao colocar o foco sobre a sensibilidade, Baumgarten não está dizendo que os conceitos podem não estar presentes na base da experiência da beleza. O que ele está dizendo é que eles não são centrais para o que faz dessa experiência o que ela é. A cognição da beleza é de particulares sensíveis, sejam ou não eles personificações de ideias. Ela é em e por si mesma, tem valor em si mesma, sensível e completamente envolvente. Essa faculdade opera não importando se o "objeto da beleza" é uma rosa ou um poema, um céu azul ou uma igreja. Ela é a faculdade do gosto, única em tipo, de modo a tornar esse tipo único de experiência possível. Visto que a experiência é única, ela pode apresentar-se sob uma definição filosófica. Finalmente, a filosofia pode dar uma resposta categórica à questão "O que é a beleza?", pois ela tem um conceito do tipo de experiência e dos mecanismos/faculdades que a produzem, o que pode tornar essa experiência essencialmente diferente. O século XVIII muda o foco: do drama grego para o encontro individual com a rosa. E ele o faz por causa de seu interesse em redefinir o sujeito humano como uma criatura dos sentidos e da liberdade e por causa de seu interesse em estabelecer um campo de representação no qual a definição se torne possível. A estética como um tipo distinto de experiência e a estética como um assunto filosófico surgem como um tecido inteiro. Apenas quando a experiência é entendida como sensível, em e por si mesma, e à parte de todo conhecimento, pode a meta de defini-la tornar-se possível.

Essa faculdade de cognição pela qual a experiência sensível da beleza é formada é mais do que mera percepção, pois ela é também uma faculdade formadora, uma faculdade imaginativa, uma faculdade que tem total discernimento (*cognizance*) de seu objeto. Porém, ela é menos que conceitual, pois não trata de conhecer esse objeto. Peter Kivy caracteriza essa faculdade em seu livro sobre o século XVIII como um *sétimo sentido* (o título de seu livro).[6] Ela é distinta da cognição *per se* (conhecer), vai além da mera percepção (os cinco sentidos) e é também distinta do sentido moral (o sexto sentido).

Assim, onde a beleza é central, a arte é inferior. Se quisesse deter-se nisso, Aristóteles poderia ter posto o foco sobre aspectos do drama trágico que são belos: a antifonia rítmica das vozes individuais e corais, o movimento das figuras sobre o palco, a linguagem melíflua. Estivesse alguém em um estilo de espírito, poderia tentar evitar focalizar sobre qualquer coisa ao assistir a uma peça de Sófocles. É muito difícil, em virtude da profunda integração entre voz, personagem e história. Não há nenhuma experiência dos aspectos belos da peça de Sófocles que seja distinta da experiência mais rica de sua arte que Aristóteles tão brilhantemente explora. A beleza é parte do que mantém a audiência em sua posição de absorção. A antifonia é o que permite a audiência mudar a perspectiva da identificação com os principais personagens para um comentário mais amplo sobre a circunstância. O coro também repercute (*supplies back*) a história (como os títulos em um filme silencioso). Ela eclipsa o tempo assim como encapsula a ação. O espectador de um rapto que ocorre na peça não tem duas experiências separadas: uma experiência de beleza e outra de admiração, identificação e tema. A faculdade de Baumgarten é inventada (ou descoberta) para dignificar aqueles casos de experiência da beleza que são *sui generis*: o degustar do vinho e da oliva, a visão da rosa ou da frangipana. Ela não tem nada a dizer sobre o papel de um drama trágico na vida pública. Identificando a beleza como o exercício de uma faculdade perceptual/ cognitiva específica, cujo fim está em si mesmo, Baumgarten inaugura o campo de investigação sobre a beleza como objeto de estudo, embora deixando de fora do livro suas relações orgânicas com o fato mais amplo da arte na vida social.

A estética também é, às vezes, concebida como uma teoria da imaginação. Em um artigo[7] recente, Paul Guyer, especialista em Kant e historiador da filosofia do século XVIII, argumentou que a principal realização da estética naquele século foi a articulação de uma teoria da imaginação e que um modo de entender a abordagem da filosofia à faculdade em questão é que ela é idêntica à ou profundamente integrada com a imaginação. Em 1712, Addison escreveu sobre os vários prazeres da imaginação (em um ensaio com esse título)[8] que incluem aqueles relativos à grandeza e à novidade, bem como aqueles relativos à beleza. Esse amplo escopo da experiência estética levará às categorias posteriores do sublime e do pitoresco, bem como à fascinação por coleções, colônias e bens que afluem à Europa desde o império. Além disso, Addison e Baumgarten enfatizam o caráter sintético da experiência da beleza. Ela vai além da percepção na medida em que ela combina ativamente elementos em um tipo especial de todo uniforme, e o reconhecimento desse todo, juntamente com o processo ativo de sintetizá-lo na imaginação, é a experiência da beleza. Se nos perguntamos como a beleza mostra-se nas propriedades das coisas e, mesmo assim, vai além de suas propriedades (ordinárias), a função da imaginação fundida com a dos sentidos é um assunto que vem à baila na explicação do processo.

Essas ideias levam Kant, filósofo que concebe a estética como o trabalho da imaginação, assunto que abordaremos no Capítulo 3. O ponto aqui é que a sensibilidade, a imaginação e o juízo são reunidos na teoria da estética. Esta é outra das inovações do século XVIII: conceber a própria experiência da beleza como um tipo de *juízo*, conceber o prazer desfrutado em uma coisa bela como base para um juízo, de fato, o próprio juízo.

Prazer é juízo. A cada junho, o Jardim Botânico Ann Arbor é inundado por milhares de peônias de todas as tonalidades de branco e vermelho. Como suas flores ficam suspensas em ramalhetes no ar, pendendo ligeiramente com o peso da flor, elas parecem semelhantes ao arco suspenso de uma bailarina. Onde há peônias, há sempre o exalar do perfume de orvalho que paira no ar como o ópio de um cachimbo de prata. Todo mundo sabe que as peônias são belas, que elas dão prazer (e talvez alergia). Quando julgo que as peônias são belas, esse juízo está baseado no – de fato, é constituído pelo – prazer que eu experimento nessas flores.

Esse prazer no juízo significa que a faculdade de cognição ou o sétimo sentido (seja lá qual for o termo usado por qualquer filósofo que escreve nesse gênero) opera como uma declaração, uma forma de asserção, sem qualquer base que não seja a própria experiência. Como pode o gosto de uma pessoa fiar-se no dos outros? Isso se torna a questão filosófica central da estética, dado que ela trata das experiências individuais nas quais o prazer obtido é o *juízo em si mesmo*. Pode alguém fornecer uma razão convincente para julgar que alguma coisa é bela, sem contar com o apelo à própria experiência (que o outro parece não compartilhar se discorda desse juízo)? O fornecimento de uma razão para julgar alguma coisa bela é algo mais do que uma opinião pessoal (como "Eu sinto dor em meu dente" e "Eu acho essa flor bonita")? A beleza é uma propriedade da coisa julgada (a flor) ou da pessoa que julga ("Eu sinto prazer aqui")? E se ela não for nada mais que a experiência que um indivíduo tem de uma coisa, como poderia alguma vez existir um padrão de beleza? A beleza é, por isso, nada mais que aquilo que acontece no olho do espectador?

Ao levantar esse conjunto de preocupações, o século XVIII, com efeito, retornou a uma circularidade central, conectando-se a valores que Sócrates tinha já entendido em seu diálogo, *Êutifron*. (Dir-se-ia: sempre os gregos.) Êutifron é um sacerdote que Sócrates encontra na corte de Atenas e com quem ele se envolve em uma longa discussão sobre a virtude da piedade. Como por acaso, ambos estão na corte, devido a acusações de impiedade. Êutifron, um sacerdote, acusou seu próprio pai disso; Sócrates foi acusado por um grupo de antagonistas da mesma coisa, e será, em breve, levado à morte por isso (e por acusações conexas) depois de seu famoso julgamento. A acusação é séria e não deve ser tomada levianamente; no entanto, Êutifron parece tratar sua entrada com as acusações contra o próprio pai (algo que um grego faria apenas em circunstâncias calamitosas) com toda a seriedade de uma criança que caça borboletas. Uma vez mais, Sócrates vê que está falando com um homem que trata questões sérias de maneira leviana, que não sabe quão ignorante ele é acerca do próprio assunto da piedade, cuja arrogância lhe assegura, como um sacerdote, que ele sabe tudo. Êutifron, um perfeito candidato ao exame cruzado ("elenchos") é logo envolvido na questão de saber o que é a piedade e se ele sabe como defini-la.

No curso dessa tortuosa discussão (que de modo algum faz nascer a dúvida sobre si mesmo ou a seriedade moral de Êutifron, que continua convencido de que Sócrates é um idiota pronto a gastar o tempo precioso de uma pessoa), a circularidade das virtudes surge como um problema para qualquer definição de uma virtude (definição que é o modo de saber o que ela é segundo bases socráticas/platônicas). É uma ação piedosa porque acreditamos que ela é piedosa? Ou acreditamos que ela é piedosa porque ela é piedosa (independentemente de nossa atitude)? A origem da virtude reside em nossa percepção ou na própria coisa objetivamente? Sócrates não usará exatamente essas palavras, mas é nisso que consiste o enredo da discussão. Ele nunca se desembaraça dela. E esse enredo é redescoberto no século XVIII em torno da beleza, levando a um problema de julgamento e de gosto (cuja opinião conta). Está a beleza no olho do observador espectador ou na coisa observada? Quando encontramos uma supermodelo, 1,92m, pesando 45 quilos, perambulando na passarela (como certos pássaros raros exibidos em uma vitrine), vestindo um figurino adotado dos velhos filmes de Hollywood de índios americanos em couro animal franjado, podemos nos perguntar se a beleza está no olho do observador ou é uma propriedade da própria natureza! O século XIX favoreceu bailarinas gordas, embora o século XVIII tenha favorecido o homem desocupado com cachimbo, porte médio e corpulento. Ok, isso é moda, um mundo inventado pela publicidade, pelo consumo de massa e pela ideologia, para não mencionar a história da sexualidade e o estado da medicina com sua promessa de juventude eterna, quer dizer, uma juventude criada por tecnologias e medicações, dietas e cremes faciais, que, sendo fabricada desde o início, pode, então, ficar sendo fabricada para sempre (tanto para uma pessoa de 80 anos quanto para uma de 13 anos). Quando nos afastamos do utilitário pronto-para-usar para o campo e para a flor, no entanto, podemos nos surpreender que a natureza seja em si mesma bela, pois todo mundo em toda parte parece considerá-la desse modo. É bom que assim o façam? Eu vivi uma década na África do Sul, nos anos de 1990, e são os turistas ingleses, africâneres, europeus, ou os americanos em safári, que gostam do deserto e da savana. Os africanos não gostam: para eles, são demasiado reais, demasiado violentos, um perigo muito cotidiano para o encantamento da disposição estética. Eles estão errados? O que é certo ou errado aqui? Novamente, voltamos ao problema de dar razões: que razão poderia convencer alguém de que o rio Sabie – serpenteando seu caminho para o oceano Índico através do Kruger Game Park, com seus rinocerontes submersos e seus elefantes machos afundados até os joelhos em sua lama enquanto o céu verte violáceo para o opulento crepúsculo – seja algo mais que a visão que alguém dele tenha do que ele mesmo? Quando descobrimos a beleza, ela é antes como descobrirmos o Discovery Channel. Por outro lado, diga a alguém que, muito bem, você diz que a beleza está inteiramente no olhar do observador, que ela não é de modo algum uma coisa objetiva; pois eis uma coisa que eu acho bela: um acidente de automóvel na estrada com corpos de criança mutilados e pendurados na porta frontal abalroada. A pessoa dirá que isso é uma piada ruim e suporá que há alguma coisa errada comigo. Aparentemente, existem restrições sobre aquilo que a imaginação humana possa desejar (e queira estabelecer como uma norma que habilite o indivíduo a dizer o que) considerar como belo. Isso torna a beleza objetiva? Bem, primeiro é preciso uma explicação da objetividade, do que significa essa observação abstrata para além do óbvio: existem normas humanas relativas ao que estamos dispostos a considerar como belo, normas que têm consequências morais e psicológicas.

A beleza é meramente um artefato para meu prazer, algo criado por mim e dirigido à minha atitude? Ou existe algum tipo de norma objetiva para a questão, e, se assim é, como ela deve ser justificada, que razões devem ser dadas em sua defesa, onde ela pode ser encontrada? Além disso, se o gosto é puramente subjetivo, o que significa chamar o juízo segundo o qual alguma coisa é bela (o juízo de gosto) de o produto de uma faculdade de cognição? Toda vez que alguém atribui uma faculdade a uma pessoa, isso implica dizer que essa faculdade pode falhar, ou que alguém pode perceber erroneamente, identificar erroneamente, pensar incorretamente, e assim por diante. A própria atribuição de uma faculdade do gosto sugere que, assim como ocorre com a visão, a audição ou com o pensamento abstrato, algumas pessoas a tenham em melhores condições do que outras (pessoas que podem ver, ouvir, pensar melhor); ou que algumas pessoas a tenham em condições precárias ("Eu não vi propriamente", "Eu não ouvi você", "Minha audição estava falha", "Eu estou completamente aturdido hoje", "Eu não posso pensar direito"). Essa questão da objetividade do gosto e da própria natureza do juízo constitui o assunto a ser abordado no próximo capítulo.

NOTAS

1. Cf. Steiner, George, *The Death of Tragedy* (Hill and Wang Publishers: New York, 1968), e Lambropoulos, Vassilis, *The Tragic Idea* (Duckworth: London, 2006), para discussões sobre a história desse assunto e sobre seu legado nos tempos modernos.
2. Kelly, Michael, *Iconoclasm in Aesthetics* (Cambridge University Press: New York, 2003).

3. Aristotle, *Poetics*, trad. Stephen Halliwell, com introdução (Duckworth: London, 1998).
4. Nietzsche, Friedrich, "'The Case of Wagner", in *Basic Writings of Nietzsche*, trad. Walter Kaufmann, (Modern Library: New York, 1992).
5. Ver Foucault, Michel, *The Order of Things* (Vintage: New York, 1970); e *Discipline and Punish* (Vintage: New York, 1979).
6. Kivy, Peter, *The Seventh Sense* (Burt Franklin and Co: New York, 1976).
7. Guyer, Paul, "'The Origin of Modern Aesthetics: 1711-1735", in *The Blackwell Guide to Aesthetics*, ed. Peter Kivy (Blackwell: Oxford, 2004), p. 15-44.
8. Ibid., p. 32-5.

3
Gosto e Juízo Estético

DUAS QUESTÕES CENTRAIS SOBRE O GOSTO

O século XVIII polarizou-se entre dois caminhos sobre o gosto: primeiro, se existe qualquer medida da objetividade em seus juízos, se existe um padrão do gosto ou se, em vez disso, *de gustibus non disputandum est*, "gosto não se discute" – citando o adágio romano. Algumas pessoas gostam de ópera, outras saltam das vigas quando estão em um teatro, acreditando que ela é uma afetada grandiloquência europeia representada por falastrões e bufões. Margaret Dumont, a clássica dama americana rica, buscando temperar-se com salpicos do gosto fino eurocêntrico, posiciona-se estaticamente atenta ao filme *A Night at the Opera*, enquanto Açucena profere suas sentenças desfavoráveis em sub-bel-canto; Groucho, posando em um grande avental, coloca seus polegares em seus ouvidos, meneia os dedos para o cantor, encena e grita: bugabugabuga. Nenhuma experiência de uma noite na ópera é igual à outra, e isso assim é especialmente no filme que leva esse nome. Hermann Gottlieb, empresário alemão atrás do livro de bolso de Dumont, persegue Chico e Harpo pelos bastidores do teatro, enquanto eles fazem planar as asas vingando o estéril filme mudo em seu filme pleno de som operístico. O filme é uma batalha dos do gosto e da paixão dos irmãos Marx, além de uma batalha pela alma da América, pois ele se reporta aos imigrantes lançados na proa de barcos navegando direto para Nova York e para os estatutos da autonomia (*liberty*), da igualdade e da liberdade de gosto.

O gosto é tão-somente uma questão que envolve aquilo de que uma pessoa gosta, sem nenhuma disputa possível? Dizer que existe um padrão de gosto é dizer que o gosto de alguém é melhor do que o de outro, tanto em relação ao tipo de coisa de que você gosta (uma pessoa deveria realmente gostar de ópera) ou, em nossa escolha particular, da coisa em um gênero. Henry (Walter Matthau) leva Henrietta (Elaine May) para jantar em um luxuoso restaurante de Nova York (em *A New Leaf*, escrito e dirigido por May). Henry dilapidou toda a sua herança e está a ponto de ter executada a hipoteca. Ele elaborou um plano para casar uma herdeira e a pôs nisso. Henrietta, mulher rica e corrupta, do tipo que nunca joga limpo e cujo caráter precisa ter a sujeira sacudida três vezes ao dia, ajusta-se perfeitamente à situação. Henry a está cortejando com seu estilo lisonjeiro e requintado. Ele pede uma garrafa de Mouton-Rothschild 1952, dizendo a ela: "Eu creio que 52 é um bom ano, você não acha?". Ela responde com uma questão. "Você já provou o vinho Mogaen-David málaga extracheio com soda e suco de lima?"; "Eu não posso dizer que o tenha provado", ele escarnece. "É simplesmente delicioso, e todo ano é bom", é o que ela responde. Gosto é uma questão do *tipo* de vinho que você prefere (nessa categoria de coisa).

Visto que o século XVIII acredita que o juízo de gosto não é nada mais que o *prazer obtido na própria experiência*, a questão é saber quais prazeres contam e como nesse mundo eles podem ser justificados.

Essa já seria uma questão absorvente o bastante para ocupar as classes médias durante um século inteiro. A questão permanece conosco ainda hoje, pois nós tentamos encontrar nosso caminho em meio a uma enxurrada de filmes adolescentes de época, longas disputas de luta romana, discos de garotas apimentadas, fotos de Paris Hilton e outras espionagens proporcionadas pelo entretenimento de massa. Um pessoa pode perder-se em meio às 8 mil variedades de seriados cômicos da TV e de tomates secos que a América lança no mercado a cada estação. A questão se multiplica quando o gênero é explorado. Agora não se trata mais de qual bebida você prefere: "Você bebe cerveja, que desagradável!", ou sobre tipos de música: "Como você pode gostar de *rap* quando a ópera é tão requintada?", ou sobre viagem: "Você realmente gosta de ir para Las Vegas em seus feriados? Eu sou mais a Costa Brava da Espanha!".

E mesmo que os gostos possam ser comparados, ordenados, discutidos, que seja possível provar que são melhores ou piores em cada gênero, na medida em que o domínio em questão se diversifica, a comparação torna-se menos plausível. Como é possível comparar (ou, talvez menos possível, classificar) a ópera italiana com o teatro nô japonês ou com a ópera chinesa; as pinturas expressionistas abstratas com a arte das cavernas, as máscaras do oeste da África, os pilares-totem Tlingit e as colchas americanas feitas pelas comunidades Amish no século XIX? Não é essa uma tarefa ridícula? Além disso, dois americanos comparariam as notas dadas por eles às suas viagens preferidas e ao modo de viajar (em um cruzeiro *versus* trilhas com mochila nas costas), mas o turismo japonês é conhecido por operar em esferas culturais diferentes, particularmente as que tenham a ver com o desejo de viajar em massa e tirar fotografias de coisas comuns, como o interior da estação de trem ou da cabine telefônica próxima ao grande palácio da ópera. Isso é – presume-se – um fato cultural. Pode alguém classificar todas as culturas (a japonesa *versus* a americana) quanto às suas preferências quanto a viagens, ou isso é uma continuação do colonialismo através de outros meios?

Na medida em que a Inglaterra e a França do século XVIII expandiam sua riqueza e sua área de mercado, com bens afluindo das colônias e dos artesãos confeccionando itens para mercados maiores, essas questões se tornaram mais urgentes. Elas também tinham interesse filosófico, dado o desejo de teoria filosófica de identificar o juízo de gosto com o próprio prazer, como eu disse antes. Como, então, determinar um espaço para gostos que são qualitativamente melhores ou piores? Parecia que, sem isso, pouco poderia ser feito. Mesmo o mais tosco ou tolo quer imitar os modos da elite e passar por alguém refinado, o que significa que ele pensa que os seus modos têm valor mais alto em um sentido ou outro.

O segundo assunto de interesse para o entendimento que o século XVIII tem do gosto está relacionado com seu lugar específico em um âmbito mais amplo dos interesses humanos. Uma pessoa tem paixão por pintura, ópera, vinho e rosas, um gosto por essas coisas. Como esse "interesse" e essa "capacidade de comprazer-se" deve ser distinguido de outros tipos de interesses que uma pessoa poderia ter por qualquer dessas coisas: um interesse financeiro ou epistêmico, moral, excêntrico, etc. Se o gosto é destacado como um tipo especial de experiência, como uma relação especial com seu objeto, como deverá ser definida essa "especialidade"? Pretende-se que o grande avanço do século XVIII foi encaminhar um modo de conceber gosto que o coloca à parte de todos os (outros) interesses. Um biólogo pode estudar uma rosa; a visão que o biólogo terá da rosa, supõe-se, será diferente daquela que terá uma pessoa que se maravilha diante de sua beleza. Um empresário de ópera do tipo de Hermann Gottlieb tratará a ópera do ponto de vista financeiro, pretendendo obter poder, glória e dinheiro mediante uma grande performance. É apelativo dizer que Gottlieb, ou melhor, um produtor schlockiano de Hollywood, não valoriza a ópera ou o filme em e por si mesmos. Essa pessoa espera algo dessas artes do mesmo modo que eu espero algo do caixa eletrônico. É razoável pensar que o biólogo não está interessado na rosa em e por si mesma, mas, em vez disso, ele está interessado por ela como uma espécie que pertence ao padrão mais amplo dos tipos botânicos (flores, frutos, árvores). Isso é razoável, mas também problemático, pois o biólogo está fascinado pela organização botânica *desse* item singular no reino das plantas tanto quanto qualquer outra pessoa. Além disso, a pessoa guiada pelo gosto percebe a rosa meramente em seu aspecto sensual, ao passo que o biólogo está interessado em fatos sobre *ela*. Evidentemente, não é apenas a valoração de uma coisa em e por si mesma que conta: é *como* a coisa é valorada. E o gosto é uma forma de valoração na qual o prazer é soberano (e não o conhecimento botânico).

Isso também nos coloca problemas. Embora o decoro tenha impedido a discussão em público, o século XVIII conheceu tão bem quanto qualquer outro que o sexo feliz também é avaliado em e por si mesmo. Fazer amor é também, apesar da moralização (um ato para reproduzir a espécie, obrigação divina), um ato no qual o prazer é soberano. Idealmente, cada parceiro(a) trata o outro em e por si mesmo(a). O deleite de uma pessoa com seu parceiro (ou parceiros, se ela assim preferir) é parte daquilo que é o amor em todo o mundo. Assim, o século XVIII precisa considerar o valor quantitativo do gosto que uma coisa ou pessoa tem em e por si mesma, mas também a qualidade e o tipo de prazer que define a experiência.

Essas divisões da estética filosófica da época se referem ao modo como essas questões são respondidas. De um lado, existe um conceito forte de gosto como algo desinteressado, que encontramos nos escritos de Addison e de Kant (aos quais retornaremos mais adiante). Esse conceito define o gosto de maneira precisa: ele tem o propósito de separar o tipo e o caráter da experiência do gosto e de seu juízo de todos os outros. Porém, há outra abordagem, identificada com Hume. David Hume (1711-1756) trata o gosto como um entre uma grande quantidade de interesses humanos. Felizmente, não fica claro em que sentido o gosto se opõe aos outros tipos de interesses. A esfera kantiana do gosto é restrita, sua divisão das outras esferas da vida humana é precisa. A esfera do gosto entrevista por Hume é ampla, e a linha entre ela e as outras é menos clara. Esse debate sobre quão claramente o gosto (e a experiência em geral) pode ser demarcado a partir de outros aspectos da atividade humana é um modelo para a estética posterior. Os últimos séculos o propõem acerca da arte. Quão claramente pode a arte ser distinguida de outros itens, quão aberto nós queremos que seja um conceito de arte? E a esse respeito nós devemos estudar, de um lado, John Dewey, que concebe a arte como totalmente contínua com a experiência humana em seu sentido mais amplo; por outro, Arthur Danto, que concebe a esfera da arte como claramente definida em qualquer ponto dado no tempo (embora essa esfera possa ser muito ampla na prática).

As duas abordagens do gosto têm seus problemas. O lado que claramente define o gosto como desinteresse deve explicar de que modo o gosto se sustenta em relação a todos os outros interesses, o que entra em seu emprego somente marginalmente. E por esses interesses queremos dizer interesses intelectuais, financeiros, eróticos, morais e psicológicos. E deve-se dizer algo positivo e crível sobre o caráter de uma consideração "desinteressada" de um objeto: sobre o que essa experiência parece ser. Baumgarten chama essa experiência de cognição de particulares sensíveis; Addison assinala sua particular liberdade de imaginação e seu amor da novidade. Voltaremos a essas abordagens mais adiante em sua teorização mais profunda: por Kant. Note-se, aqui, que o conceito de desinteresse surge com

Addison não apenas em teoria, mas também na prática, por sua experiência do teatro, uma forma de arte tão importante nesse século. Eis aqui sua ideia. Quando Desdemona é estrangulada no palco, nós ficamos chocados, impactados, possivelmente horrorizados. Poderíamos vomitar. Mas não sentimos a necessidade de resgatá-la, como o famoso camponês que correu para cima do palco e bateu em Otelo, carregando a donzela em suas costas, para fora do teatro, e chamou a polícia. Não sentimos a necessidade de salvá-la, porque sabemos que é teatro, e não vida real. É nisso que consiste saber a diferença entre essas coisas. O modo como chegamos a sabê-lo é uma história fascinante e muito difícil de contar. Que isso acontece é algo indubitável, o desfecho desse conhecimento o que Addison concebe como o estado de desinteresse que assumimos no teatro de um modo que simplesmente não ocorrem e não podem ocorrer na vida real. Podemos ficar desconfortáveis com a ficção, mesmo fechar o livro (como a pessoa que fecha seus olhos quando Otelo segura o pescoço de Desdemona). Não procuramos intervir na história, salvar Ana Karenina antes que ela se atire sob o trem, raptar Iago antes que ele faça seu trabalho sujo.

Se a intenção é que o desinteresse marque uma diferença de qualidade da percepção entre teatro (digamos, ficção) e vida real, é um modo desconfortável de marcar essa diferença, pois eu não estou senão *interessado* em Otelo; eu estou completamente cativado por seus movimentos sobre o palco, tomado pelo seu ponto de vista e preparado para debater longamente a peça posteriormente, discutindo a motivação, a trama, a violência masculina, a solicitação feminina, raça, cultura, e assim por diante: não falta literatura erudita especializada tendo passado centenas de anos! Se isso não é evidência para um interesse, então nada o é. O desinteresse é a promessa de uma teoria que nunca funciona completamente na prática, pois ela se torna pouco mais que um marcador para o que já conhecemos, a saber, que nossa atitude em relação ao teatro é única. Até o conceito está conectado a uma teoria da faculdade do desinteresse, o que, como veremos, tem seu melhor lance no trabalho de Kant, mas, mesmo aí, não está plenamente desenvolvida.

O outro lado desse debate foi desenvolvido por David Hume, que argumentou que o gosto é um entre muitos tipos de interesse. Essa é uma teoria formulada por um homem *interessado* no mundo, incluindo o mundo do gosto, mas não unicamente ele. Rebento da empobrecida classe média escocesa, Hume foi tudo, de diplomata a ensaísta, até historiador da Inglaterra. Depois de sua obra-prima, *Tratado da natureza humana*, publicada quando ele tinha 26 anos, saído, em suas palavras, "natimorto" da prensa, ele fez sua carreira escrevendo ensaios públicos sobre todos os assuntos, da política (ele era um liberal conservador) à literatura, sobre a história da Inglaterra mais lida da época sendo secretário de diplomatas britânicos e, finalmente, tendo uma proeminente posição na comunidade diplomática britânica em Paris, onde ele era conhecido como "le bon David" em razão de sua jovialidade irrepreensível – um atributo de caráter que felizmente coexistia, ele próprio o observava a seu próprio respeito, com sua aguda inteligência e rigorosa visão do mundo.

Considere-se como sua abordagem ao teatro difere da de Addison. O gosto em arte é um enigma (*conundrum*), pensa Hume, e um enigma que ele aborda de um modo não inteiramente diverso de Addison, mas com um tratamento interessante. Em "Sobre a tragédia", ele formulou a questão tantas vezes formulada anteriormente: por que uma história tão evidentemente dolorosa e triste causa, no teatro, prazer, e não dor? Em sua resposta, não diz que é o desinteresse (estamos desinteressados em consequência, ou em virtude do significado ou em virtude de seja lá o que for). Pelo contrário, o teatro é um lugar onde os interesses mudam e essa é a resposta. Hume começa com o óbvio: "Certamente, o mesmo objeto de aflição que é causa de prazer em uma tragédia, se fosse realmente posto diante de nós, nos faria sentir a mais indisfarçável inquietação".[1] Acreditamos que as personagens no palco são meios ficcionais de fazer conhecer que nada está realmente acontecendo a alguém (qualquer pessoa real) em nossa presença nessa peça. Esse reconhecimento significa que nós sabemos o que o teatro é (que ele é ficcional), e isso permite uma atitude adequada em relação à peça que é profundamente diferente do que nós poderíamos sentir caso se tratasse de uma ocorrência da vida real, e não de uma peça. Mas essa não é uma atitude de desinteresse. É um tipo particular de desinteresse que é capaz – estranhamente – de ter prazer em coisas que, se estivessem acontecendo na vida real, causariam aflição.

A questão de Hume sobre o drama trágico é então: o que há na forma da arte que permite que esse interesse particular se forme? Como pano de fundo do ensaio de Hume está, é claro, Aristóteles: sua famosa ideia de que nós temos prazer nas imitações. Há também, diz Hume, um modo peculiar pelo qual o bordado da arte, o manto da forma excelente e da bela harmonização das vozes, compensando a dificuldade da peça, leva a seu próprio tipo de prazer. Essa é uma noção poderosa e importante: em arte, a dor pode ser reconhecida porque ela aparece na forma de uma coisa bonita, por causa da arte que há na arte, da fluência da linguagem, da harmonia do gorjeio da ária, do contraponto rítmico do protagonista e do comentário do coro. A ficção permite que a história seja bordada com arte, ou, no mínimo, a distância proporcionada pela representação (uma pintura de uma tragédia pública que ocorreu cinco anos atrás, em Lower Manhattan, exibida em um museu).

Se alguém estivesse contando algo terrível diretamente a outras pessoas, dando-lhes a conhecer que sua mãe ou seu melhor amigo morreu, seria inapropriado enfeitar o relato de forma agradável e fictícia. Nem mesmo nos filmes dos irmãos Marx veiculam esse tipo de notícia em suas comédias malucas. Sofrimentos reais geram um interesse diferente, uma qualidade diferente de engajamento em nós. A sofisticação de ornamento é evitada. Em ficção, o ponto está no relato: no enfeite da linguagem forjada à perfeição, na poesia da sílaba e da estrofe, no dom da música ao falar. Há um prazer nisso que torna a história fluida.

Hume também concorda com Addison em que nós temos prazer na novidade de uma obra bem-elaborada, seja arte, seja artefato. É precisamente isso que é um interesse!

Desse modo, a visão particular que Hume tem dos interesses humanos ilustra bem a rigidez de sua visão de mundo. Ela reserva um lugar para o gosto que é claramente, mas apenas de forma provisória, distinto daquele das "paixões" morais conexas, como Hume as denomina. A ênfase sobre as "paixões" da mente é decisiva. O juízo depende delas. Todo juízo moral, alega ele, está enraizado nas paixões humanas. A razão é sua escrava, afirmou ele em seu famoso dito espirituoso. Nós nunca agimos puramente com base no pensamento abstrato. Eu posso pensar abstratamente que seria uma boa coisa amar toda a humanidade, mas esse pensamento pouco contribui para produzir qualquer ação minha – muito menos um sistema geral de regras que se chama "justiça" e que seja anunciado pela minha sociedade – a menos que eu fique entusiasmado com o sentimento real de tal modo que ele leve a realizar esse objetivo. Para apreender de um modo realista o que os seres humanos definem como virtuoso, deve-se sempre, nos diz Hume, procurar saber o que os compele a agir. O estudo das paixões humanas é a chave, a única chave real, para o estudo dos interesses humanos e daquilo que a humanidade acredita – verdadeiramente acredita, e não engana a si própria dizendo que acredita – ser virtuoso. As virtudes são objetos da paixão humana.

Existem virtudes de dois tipos, naturais e artificiais. As virtudes naturais são objetos de motivação que os seres humanos têm em virtude de sua "natureza" (o fato de terem nascido os tipos de seres que são). Todos têm um motivo para comer, dormir, e assim por diante. Alguns são naturalmente simpáticos para com os outros e podem ser motivados a agir em defesa dos interesses dos outros à luz desse instinto benéfico. Hume era uma pessoa assim, e o era alegremente. Virtudes artificiais, tais como a justiça, são o produto de acordos sociais nos quais os agentes estão passionalmente motivados. Na visão forte, autointeressada, do homem de comércio do século XVIII, Hume acredita que uma posição honesta, cosmopolita, em relação aos outros nos dirá: de todas as paixões humanas – escreve Hume no *Tratado* – ". . . apenas a cobiça por adquirir bens e propriedades para nós mesmos e para nossos amigos mais próximos é insaciável, perpétua, universal".[2] Os seres humanos são, sobretudo, motivados pelo autointeresse, embora (sendo Hume uma instância exemplar) eles também sejam capazes de uma generosidade limitada. Escrevendo contra a ilusão do benefício humano geral perpetrado pelas ficções da religião, Hume pinta o ser humano principalmente como um ser que deseja mais para si mesmo. Como, então, a moral nasce em tal ser, dado que uma virtude (o bem moral) será verdadeiramente adotada pela sociedade se e somente se ela estiver de acordo com as paixões humanas reais? Conforme a explicação de Hume, nós somos apaixonados por virtudes artificiais tais como a justiça, porque elas permitem que nossa ganância obtenha o máximo proveito mantendo nossas posses legalmente resguardadas e seguras.

Que tipo de interesse é o gosto? Que tipo de "paixão" o engendra? A resposta de Hume é que o gosto é uma combinação de talentos naturais e artificiais, talentos inatos do refinamento perceptivo e talentos cultivados por meio do exercício, como o exercício para tocar violino ou manejar o arco. O que o compele é o prazer associado ao exercício dessa paixão, o que ele chama "delicadeza de gosto". Temos prazer nas coisas que consumimos por seu valor intrínseco e nas coisas que possuímos por razões de orgulho, embora também relativas ao prazer. Desejamos ter comunidade com esses objetos: nós amamos nossas jocosas mansões Tudor com suas piscinas internas, as TVs de tela grande com sistemas de som estéreo, os vinhos franceses, os banhos de imersão japoneses, o sabonete Vetiver, a porcelana chinesa, as casas de campo do Jackson Hole Wyoming, as isenções de imposto no Caribe, jatos privados e safáris, o estoque interminável do Ralph Lauren Safari, os títulos de clubes situados no alto de prédios extravagantes, flores frescas o ano inteiro, cabeleireiros *top of the line* e decoradores de interiores, bem como de contadores de alta qualidade – isso é um interesse (Hume o chama "cobiça").

Antes de retornar a essas questões, note-se que a noção de gosto de Hume é ampla, com as virtudes e dificuldades desse tipo de concepção. Quando eu gosto de *Dom Quixote*, gosto do livro em virtude de seu modo de contar histórias, por sua imagem da nobreza como um tipo de ficção fora de época (então transposta para a nova chave da ficção literária). Eu gosto de seu profundo sentido de ironia, de seu caráter generoso e vago (a vida não é definida em nenhuma fórmula simples, mas seu viver e a sabedoria obtida durante esse viver permanecem uma aventura aberta). Quando tenho prazer em minha casa, eu o tenho porque ela deixa os vizinhos com inveja e me dá a ilusão de que eu sou o Rei do Castelo. Enquanto perambulo por suas salas de banho com painéis de madeira em estilo real medieval, creio estar em um dos Estúdios Ealing, um Richard Burton desempenhando o papel de John F. Kennedy, que faz o papel de Camelot. Isso não significa que eu tenho bom gosto, significa que tenho gosto e o exercito, uma capacidade de sentir prazer obtido nas coisas por si mesmas. Contudo, ter prazer em uma coisa por si mesma é ter prazer nela de certas maneiras. Outra pessoa poderia ficar intimidada com a decoração *nouveau riche*, o egocentrismo infantil de aderir à dos vizinhos, a mentalidade mesquinha de meu prazer. Ainda outra pessoa poderia achar tudo isso atraente, mas detestar a casa por razões formais: por ser muito grande, por seu terreno e por ser uma adaptação de uma Mansão Beverlly Hills (o protótipo, em vez de Camelot) à maneira de um grande hotel em um tabuleiro do jogo Banco Imobiliário (*Monopoly*). Hume é um naturalista: os valores estão enraizados em fatos sobre pessoas, aqui, o tipo de coisas, a variedade de coisas de que elas gostam.

Enquanto a tradição do desinteresse (Addison, Kant) pretende estabelecer uma região claramente autônoma da capacidade humana e do prazer chamada gosto, trabalhando duro para explicar como o gosto difere de outros tipos de interesses, para Hume e para os naturalistas como ele, é vantajoso dar ao gosto um escopo amplo que seja contínuo com outros interesses (o orgulho, a cobiça, o narcisismo, o *status* de classe e a aquisição de propriedade, o erótico). O lado inconveniente disso é que Hume deve tornar claro o modo como o gosto é, mesmo provisoriamente, distinguido dos sentimentos morais e de outros interesses conexos. O gosto não pode ser o mesmo que o dever moral ou que a estratégia financeira (embora uma pessoa possa ter um gosto por essas atividades). A abordagem de Hume renuncia reivindicar uma definição essencial do gosto. No entanto, ele deve dizer algo sobre a qualidade da experiência (e sobre a qualidade do prazer associado) que o distingue como uma capacidade específica: de outro modo, ele não tem absolutamente nenhum objeto de estudo. É em seu curto ensaio "Sobre a Delicadeza de gosto e a Delicadeza de paixão" que esse assunto é abordado. Hume fala na diferença entre o gosto e outros sentimentos. Em particular, a delicadeza de gosto é distinguida da delicadeza de paixão, a primeira sendo um bem humano genuíno, assim pensa Hume, e a segunda um peso:

> A delicadeza de gosto deve tanto ser desejada quanto cultivada, enquanto a delicadeza de paixão deve ser lamentada e, se possível, remediada. Os bons ou maus acidentes da vida estão muito pouco sob nosso controle: mas nós somos bem mais senhores dos livros que devemos ler, de quais diversões devemos compartilhar e de qual companhia devemos manter.[3]

A delicadeza de paixão tem a ver com a fragilidade e intensidade da nossa receptividade à vida e aos choques do destino. A delicadeza de gosto tem a ver com a nossa escolha do tipo de pessoa ou objeto a ser desfrutado. "Algumas pessoas estão sujeitas a certa *delicadeza de paixão*", começa o ensaio de Hume, que as torna extremamente sensíveis a todos os acidentes da vida e dá a elas uma viva alegria em todo evento próspero, bem como uma aflição intensa quando se deparam com o infortúnio e com a adversidade. Favores e bons serviços cativam facilmente sua amizade, ao passo que a menor injúria provoca seu ressentimento. Qualquer honra ou marca de distinção as eleva acima da medida, mas ficam sensivelmente tocadas com o desdém. As pessoas desse caráter têm, sem dúvida, mais prazeres intensos, bem como mais tristezas pungentes do que os homens de temperamento frio e impassível.[4]

A delicadeza de gosto produz "a mesma delicadeza com relação à beleza e à feiura de todo tipo", ao passo que "[a delicadeza de paixão produz a mesma delicadeza] com relação à prosperidade e à adversidade".[5] Os sentimentos são similares em tipo, distintos apenas pelas circunstâncias a que respondem ou em que se envolvem. O gosto envolve beleza ou deformidade; a paixão, prosperidade ou adversidade. Os próprios sentimentos parecem, para todos os efeitos, os mesmos.

O ponto de Hume no ensaio é louvar um valor em detrimento de outro. Uma vida boa é aquela na qual a delicadeza de paixão está subjugada e em que a delicadeza de gosto triunfa. A vida é melhor se pudermos transformar uma em outra. Quanto mais alguém cultiva essa esfera ativa da escolha, mais está autorizado a responder mais calmamente (como o próprio Hume bondoso e sempre alegre estava apto a fazê-lo) aos destroços e restos náufragos, altos e baixos da própria vida.

Em compensação, diz Hume, as paixões morais carregam mais o peso da pressão dirigido para a ação de um modo que não ocorre com o gosto, pois o prazer do gosto está em sua própria recompensa. Sim, a arte também pode despertar nossos sentimentos morais, serve como um chamado às armas, e isso pode ser parte do que a torna grande. Porém, na medida em que é um objeto do gosto, ela também é aquilo que dá prazer como recompensa por si mesma. Hume compartilha essa visão com o século XVIII como um todo, muito embora, em seu caso, a linha entre os sentimentos de gosto e os morais possa ser imprecisa (como talvez seja se considerarmos as maneiras como a arte serviu à formação do culto germânico e do nacionalismo italiano, à luta dos hindus pela independência em relação à Grã-Bretanha, aos políticos americanos antiescravagistas e mesmo à cultura *hippie* dos anos 1960).

Hoje entendemos que o gosto difere provisoriamente dos sentimentos morais quanto ao peso da pressão sobre a ação (mas somente provisoriamente), e que sua delicadeza supera (ou deveria superar) a delicadeza de paixão. Contudo, ainda não entendemos o que é a delicadeza! O que tornam tanto o gosto quanto a paixão delicados?

Estética **47**

O PADRÃO DO GOSTO DE HUME

Voltemos a essa questão por meio de outra: o que é um padrão do gosto? O interesse real de Hume está nessa questão. Suas melhores observações sobre a delicadeza aparecem no curso de uma discussão dela. O *locus classicus* dessa discussão é seu ensaio "Do Padrão do Gosto".

"É natural', Hume começa o ensaio, "para nós procurarmos um padrão do gosto; uma regra pela qual os diversos sentimentos dos homens possam ser conciliados, pelo menos uma decisão que confirme um sentimento e negue outro".[6] O problema está associado com a grande variedade de sentimentos que as pessoas têm sobre pessoas e coisas de seu mundo, e com o fato de que o gosto é uma questão de sentimento. Um castelo Tudor de um homem é a MacMansion de outro, melhor ser explodido do que ficar como o monumento às salas de banho de travertino e à "classe média" pós-moderna que eles são. Alguns preferem a Disneylândia, outros as curvas ao redor de Mônaco. Alguns procuram as novelas de William Trevor e Margaret Atwood, outros as de Harold Robbins e Barbara Cartland. Para alguns, o príncipe Charles é personalidade de excelência e virtude; para outros, ele é um bufão e um traidor. Para alguns, toda a monarquia britânica pode afundar em algum Balmoral Lake e nunca mais emergir para matar outra raposa (exceto a TV Fox, onde eles seriam bem-vindos). Para outros, eles são a última das grandes tradições, um ícone vivo ou peça de período a serem adulados e adorados. Esses são debates morais e políticos, mas são também questões de gosto. Saber onde o gosto termina e tem início a moral ou a política, Hume teria dito, é uma questão que pode não ter uma resposta clara. Uma coisa que se pode admirar em Dickens é sua imagem social do empobrecimento e da crueldade na Inglaterra no século XVIII: essa é uma apreciação literária, mas também moral e política. Não foi por nada que Karl Marx disse que se poderia aprender mais sobre dinheiro lendo as passagens de Balzac do que muitos livros de economia. Parte do que admiramos em Balzac é seu entendimento impressionante de como o dinheiro reside na fonte de grande parte da vida parisiense, das questões de *status* às questões de amor e de traição. Hume está interessado nos diversos gostos que as pessoas têm, bem como em se e como esses gostos poderiam ser conciliados. É o gosto puramente uma questão individual, dado que ele se refere ao prazer que uma pessoa tem em uma coisa? Ou o gosto de uma pessoa pode ser estabelecido como melhor ou pior?

Hume é maravilhosamente sutil; ele começa por reconhecer ambos os lados da questão. De acordo com uma espécie de filosofia e senso comum, bem representados na época de Hume, não há absolutamente nada que possa ser disputado entre esses sentimentos. Eles são, afinal de contas, sentimentos, e "[todo] sentimento está correto, pois o sentimento não se refere a nada para além de si próprio".⁷ Não há nenhum modo de argumentar com respeito a prazeres, o meu é o meu, o seu, é o seu e isso, como nossa altura ou cor dos olhos, é o fim da história. Eu tenho o direito de decidir não gastar tempo com você se você come como um cavalo, ou reside em sua casa quando eu a considero revoltante, mas isso é simplesmente minha preferência, não há nenhuma justificação para minha escolha além dela própria.

Por outro lado, nos diz Hume, observe nossas práticas e você encontrará uma espécie oposta de crença que é comumente sustentada. Nós acreditamos, é o que atestam nossas práticas, que os gostos podem ser melhores ou piores, e que essa visão das coisas é justificável; de fato, ela é tanto razoável quanto necessária. Nosso comprometimento se mostra no fato de que as mesmas pessoas que proclamam que o gosto de cada um é assunto seu (nenhuma disputa é possível) repreenderão como idiota qualquer um que afirme seriamente "Ogilvie é melhor do que Milton" (um *grand slammer* do século XVIII, ao passo que ninguém sequer ouve falar em Olgivie hoje), que Paris Hilton é melhor oradora do que Bill Clinton ou Tony Blair, que Jackie Collins é mais fina do que W. H. Auden, ou que eu sou melhor dançarino do que Mikhail Baryshnicov. Tão logo as básicas normas do gosto sejam violadas – pela pessoa que aparece na festa da universidade vestindo uma sandália de tiras rosa e uma peruca loira platinada, com um ninho de pássaro e um papagaio vivo dentro dele –, sabemos todos que isso é ou uma piada pós-moderna (acerca dos direitos dos *gays*), ou indício de insanidade, ou que um novo nível de gosto está sendo estabelecido em relação à variedade negativa. Supõe-se que uma violação das normas demonstra que uma norma está, de fato, presente em nossas práticas, apesar do que acreditamos ou pensamos acreditar sobre nós próprios.

A crença em um padrão do gosto está presente em nossas práticas, pois nós nos baseamos em normas do gosto, e uma norma é um valor, e não simplesmente uma "preferência pessoal" com respeito à qual ninguém acreditaria ser possível a disputa. Observe-se a ferocidade dos debates sobre literatura ou filmes e ficar-se-á convencido de que todo mundo acredita existirem tais normas, embora sejam difíceis de sondar e, associado a isso, de que razões podem ser apresentadas para a resposta à questão de saber por que a coisa X (os filmes de Jean Renoir) é melhor que a coisa Y (os filmes de Arnold Schwartzenegger), mesmo que essas razões não convençam a todos e que nós saibamos disso. Nada se segue no sentido de sentir-se censurado por divertir-se uma boa perseguição ao som de um bom sotaque austríaco. Todos nós gostamos de muitos tipos de coisas.

O que *se segue* é um comprometimento, na prática, com alguns filmes em detrimento de outros, e daí alguns gostos serem melhores do que outros. Como formula Ted Cohen, o comprometimento de Hume com um padrão do gosto é, em primeiro lugar, transcendental:

> Eu entendo o argumento de Hume fundamentalmente como o seguinte: se você deseja dizer que nosso gosto não é simplesmente diferente do que ele foi uma vez, mas que ele melhorou (ou deteriorou), então você deve supor que, no sentido humeano, há um "padrão de gosto", pois, exceto contra o pano de fundo de tal padrão, não há nenhum modo de entender a ideia de melhoramento do gosto. Portanto, entendo que Hume ofereceu um argumento "transcendental" bem antes do argumento da *Crítica do Juízo* de Kant.[8]

Na medida em que uma pessoa está comprometida com elevar seu próprio gosto, ela está, por isso mesmo, comprometida com um padrão. Visto que muitos estão tão comprometidos (outros não), isso significa que nós estamos comprometidos com a existência de algum tipo de padrão do gosto.

Surge imediatamente um problema quando perguntamos quem estabelece esse padrão cujo gosto é definitivo ou exemplar, pois a opinião pública é amplamente diversa em suas respostas. O ônus do ensaio de Hume é dialético: ao mostrar que nós sabemos o que faz de um *expert* um *expert* nesse domínio, ele pretende nos convencer de que nossa crença no fato de haver um padrão não é meramente um comprometimento, mas algo justificado. Ao mostrar quem são os verdadeiros juízes, ao mostrar que nós sabemos como reconhecê-los, ele justifica o comprometimento com o fato de haver um padrão.

Além disso, temos outro problema: a saber, a inconstância de nossa confiança nos juízes onde quer que eles possam ser encontrados. Uma pessoa tem um juízo brilhante sobre um tipo de coisa, mas um juízo ridículo sobre outro. Ela provê competência no entendimento e na apreciação da literatura de vanguarda, mas não pode atender ao fato de haver uma grande quantidade de mulheres que escrevem. Ela é excelente em literatura americana em boa parte do tempo, mas parece ir mal sem nenhuma razão. Às vezes (em um dia bom), ela é perspicaz; outras vezes, é totalmente peculiar e francamente mesquinha.

Esse é um problema geral sobre o juízo segundo um empirista como Hume, e não um problema relacionado apenas com o gosto. Um fenômeno que ocorre uma vez para uma pessoa e que é julgado dessa maneira não está ainda "estabelecido como fato". É quando o sol nasce todas as manhãs e muitas confirmam isso, que se passa a considerar esse fato como uma verdade indisputável. Os juízos de gosto podem nunca ter esse grau de indisputabilidade (probabilidade extrema), mas eles são estabelecidos do mesmo modo: a confirmação do testemunho do especialista ao longo do tempo, sendo os especialistas os juízes legítimos sobre o juízo em questão. Similarmente, é através da confirmação do juízo repetido que o *status* de especialista de um juiz é estabelecido.

Isso pode parecer um enorme círculo. Considerarmos que o juiz é um especialista porque confiamos em seus juízos ao longo do tempo, e não simplesmente uma vez, poderia ser uma casualidade. Porém, isso significa que já sabemos o que é certo acreditar segundo esse juiz, pois, com efeito, nós o estamos testando. Parece como se pertencer ao clube dos juízes autênticos fosse algo julgado por nós próprios, o que significa que já temos bom gosto e que não precisamos que esses juízes nos sirvam de modelo. Isso frustra todo propósito da empreitada, que se supõe seja o de aprender a reconhecer o que é um juiz de modo que possamos, pelo padrão estabelecido, empreender formar nosso próprio gosto.

Hume tem duas respostas a esse problema. Em primeiro lugar, a inovação de Hume é argumentar que o padrão do gosto e o teste do tempo de sua persistência são a mesma coisa: que, como ocorre com todas as formas de conhecimento ou de crença, é a conservação do significado ao longo do tempo por meio da confirmação de muitos juízos que gradualmente se estabelece um padrão, contra o qual os novos juízes são julgados. Sem a formação de um padrão compartilhado ao longo do tempo – não poderia existir nenhum modo de falar em um padrão –, nada mais do que, para um empirista como Hume, poderia existir um ponto de referência para verdades na ciência sem a construção gradual do fato e da informação por meio do testemunho e da confirmação do experimento ao longo do tempo. Um modo de compreender o *status* do especialista de um reputado juízo de gosto é confrontar os próprios juízos com o padrão existente. Hume é um conservador.

Contudo, isso não é suficiente. Os padrões de verdade em ciência são constituídos ao longo do tempo porque nós confiamos nos juízos de observadores e experimentadores cujos resultados podem ser confirmados de um modo que é não-problemático. Isso é o que está em questão sobre os juízes do gosto. De quem são os olhos que valem e por quê? De quem os ouvidos que nos falam mais sobre o bom som do que outros e onde encontramos essa pessoa? Todo padrão poderia ser visto como uma fraude produzida por algum pretensioso oportunista sem pudor desafiando a muda complacência da burguesia e seus clubes que alegam ter autoridade e verdade sobre o gosto. Vocês dizem que esse cânone de juízos sobre Milton e Shakespeare constitui a regra da corte do gosto, não dizem? Pois bem, escarro em vocês, bufões autoeleitos. Vocês entregam as novas roupas do imperador e afirmam que elas são o que há de melhor em termos de estilo em todo o mundo. Eu sou pelo novo, pois o que as pessoas querem é a literatura excitante, as mansões de Las Vegas que brilham à noite e os filmes compostos inteiramente de efeitos especiais. Suas confirmações ao longo do tempo não significam nada para mim, exceto que um monte de sujeitos chatos de classe alta têm tido suas idiotices confirmadas por um monte de outros sujeitos chatos de classe alta. Isso é uma classe de coisas.

Tem de haver um modo de reconhecer quem é o juiz autêntico, independentemente da referência ao padrão e aos juízos canônicos sobre obras canônicas. Assim, em segundo lugar, retornamos à questão central: quem, então, possui esse testemunho especialista, esse juízo verdadeiro? É aqui que as melhores observações sobre a delicadeza do gosto são feitas por esse filósofo, observações que também nos dizem alguma coisa sobre como o gosto difere de outros tipos de experiências, sendo um ato de delicadeza.

Existem cinco critérios, nos diz Hume, que nos permitem reconhecer um juízo de gosto verdadeiro:

> Apenas a percepção vivaz, unida ao sentimento delicado, melhorado pela prática, aperfeiçoado pela comparação e livre de todo preconceito, pode autorizar os críticos a esse atributo valioso; e o veredicto comum de tais sujeitos, onde quer que eles devam ser encontrados, é o verdadeiro padrão do gosto e da beleza.[9]

Algumas virtudes, como eu disse, são naturais, outras artificiais (questões de treino social e convenção). Eu as examinarei por partes. Primeiramente, a qualidade da percepção vivaz: o verdadeiro árbitro do gosto deve ser agudamente tocado pelas qualidades sensíveis da arte, do lugar, quaisquer que sejam. Ele é aquele que chora diante da beleza de um pôr de sol, que não pode falar após uma excelente execução de um quarteto de cordas, fica relutante em voltar do alto da montanha porque está extasiado pela visão. Ele é aquele que está tão fascinado pela cor púrpura do estame, pelo cheiro de alecrim na caçarola com frango, o toque do vento no chapéu de feltro verde de uma anciã que passeia pelos bairros *art déco* de Los Angeles, que precisa ir para casa e registrar imediatamente suas impressões no diário ou em poema, ensaio ou *blog*.

A percepção vivaz, no entanto, pode levar à má-percepção se não for qualificada pelo sentimento delicado, que é, segundo Hume, a habilidade de perceber os aspectos sutis de uma coisa. Eu retornarei a isso, pois Hume introduz esse ponto por meio de um exemplo fascinante e controverso. A delicadeza do gosto (sentimento) está no centro da discussão, e retornarei a ela no final.

As outras características são mais claras: o juiz autêntico deve ter prática, pois o gosto, como a ginástica atlética ou mental, decai quando não é exercitado e desenvolvido. Jascha Heifetz certa vez observou: se eu não pratico um dia, eu sei disso; dois dias, os críticos sabem disso; três dias, o público sabe disso. O mesmo ocorre com os críticos de cinema, de pintura, de gastronomia, vinho, cidades, viagem. Eu próprio perdi contato com a pintura por uma série de anos e preciso de certo esforço mental para voltar a ela. Nós todos temos essas experiências de estar "afastado, por fora, fora de forma". O mesmo ocorre com a comparação. Alguém cuja experiência total de uma grande cidade se limita à cidade de Ann Arbor não conhecerá uma cidade e não será capaz de falar nas virtudes e nos vícios das cidades com autoridade até que conheça Nova York, São Francisco, Londres, Tóquio, Berlim, São Paulo, Joanesburgo, Shangay, Dubai, Varsóvia, Istambul, Jerusalém, Cairo. Como ninguém conhece bem todos esses lugares, assim como ninguém pode ter uma memória sinóptica de toda a pintura ou escultura do mundo, ou mesmo da música ocidental em sua forma operística (das obras-primas da Itália desde o século XVII até o presente), ninguém pode ser um juiz autêntico em e de si mesmo. Nós fazemos escolhas sobre o que podemos comparar com o que, sobre o que praticar mais, e assim por diante. Daí a necessidade de um júri para tal, um teste do tempo em que diferentes juízes elaboram um corretivo para os limites de cada um e um melhor juízo "da humanidade" emerge.

É claro que falar assim é ser altamente otimista quanto a esse juízo comum da humanidade. Tudo isso assinala a preferência elitista de Hume por poucas grandes obras-primas de arte, vida urbana, vinho a respeito do qual existe tal consenso (pois todo mundo, com poucas exceções, o reverencia). Há mais na vida do que Shakespeare, mesmo se nada melhor. E muitos objetos do gosto a história não atribui, eu creio, a um juízo comum que corrige os exageros individuais, mas, em vez disso, evidencia diferenças claras e incontestáveis de opinião que contribuem para a falta de acordo entre os interesses e preconceitos de épocas distintas. O veredicto comum da humanidade é aquele que evidencia a profundidade de argumentação entre os juízes, bem como a profundidade de acordo entre eles. O veredicto é, como no caso da moral, inevitavelmente parcial, inevitavelmente uma expressão das diferenças humanas básicas, socialmente constituídas.

Isso é especialmente verdadeiro com respeito ao quinto critério, segundo o qual o juiz deve estar "livre de todo preconceito", o que não tem chance de ocorrer, e o próprio Hume não apenas conhece, mas ilustra com respeito a si próprio terminando o ensaio com uma arenga textualmente bizarra posicionada inapropriadamente contra a igreja católica. O subtexto é que a elegância de estilo de Hume, a sutileza nos exemplos, o profundo conhecimento do gosto e currículo como um crítico proeminente de sua época, o estabelece como um entre os verdadeiros juízes. Se ele não está livre em relação às suas próprias aversões, então quem mais poderia estar? Os críticos são qualificados por seu eurocentrismo (o qual condenou a arte moderna produzida fora da Europa e da América ao *status* de arte de segunda classe por gerações), por sua atitude de desdém em relação às mulheres (que exigia que uma mulher tivesse seu próprio quarto a fim de escrever), por seu ódio dirigido aos vizinhos, por seus prejulgamentos sobre experiência, prática, juízo, qualidade de espírito e de sensibilidade humanos. De fato, Hume subestimou esse problema, apesar de tê-lo suscitado de modo tão brilhante com respeito a si próprio, pois a profundidade do prejulgamento de acordo com o qual, como o expressou E. H. Gombrich, o artista pinta a partir de seus estereótipos do mundo e a partir do qual o espectador constrói o significado e o valor concebidos por ele próprio não é eliminável, o que torna difícil que o entendimento e muito menos a avaliação correta sejam possíveis independente do preconceito. O ponto de Hume é que, quando o preconceito torna-se extremo, o juízo colapsa. Nós podemos fazer melhor; isso ele sabe. Argumentos mais recentes – como esses formulados por Gombrich – defendem que, no nível mais profundo da experiência humana, a representação (na pintura, na literatura, e assim por diante) está condicionada por estereótipos, os quais devem ser dados a conhecer para que o significado e o valor de uma obra sejam esclarecidos. Esse é o problema hermenêutico da interpretação *per se*, que Gadamer chama o problema do "prejulgamento". É porque os prejulgamentos por meio dos quais o mundo é entendido e filtrado condicionam o significado que o consenso pode não ser obtido ao longo do tempo (pelo teste do tempo). Para muitas obras, cada geração as vê de uma forma diferente e, a tarefa de retornar aos significados originais, ou de recuperá-los, ou de apropriar-se deles, torna-se uma tarefa imensa, talvez impossível.

Podemos agora tomar em consideração as observações de Hume sobre a delicadeza: delicadeza de sentimento ou de gosto. Hume introduz esse segundo critério do juízo verdadeiro por meio da história contada por Sancho Pança sobre seus parentes (lembrada incorretamente por Hume, um fato irrelevante aqui) em *Dom Quixote*. Ele é decisivo para a formação de um juiz autêntico. Qualquer um pode (tendo tempo, dinheiro e um bom professor) praticar, mesmo fazer comparações (dar um giro pela Europa, visitar todos os bons museus). A delicadeza de sentimento é uma propriedade natural que nasce em poucos. Os parentes de Sancho Pança estão entre os afortunados:

> É com boa razão, diz SANCHO ao escudeiro de grande nariz, que eu pretendo ter um juízo sobre vinho; essa é uma qualidade hereditária em nossa família. Dois de meus parentes foram uma vez chamados a dar sua opinião sobre o vinho de um barril, o qual se supunha ser excelente,

sendo velho e de uma boa safra. Um deles degustou o vinho do barril, apreciando-o; depois de reflexão madura, declarou que o vinho era bom, não fosse por um leve gosto a couro que nele percebera. O outro, após fazer uso das mesmas precauções, também deu seu veredicto em favor do vinho, mas com a ressalva de um gosto a ferro... Você não pode imaginar o quanto eles foram ridicularizados por seus juízos. Porém, quem riu no final? Ao esvaziarem o barril, foi encontrada no fundo uma velha chave com uma tira de couro amarrada a ela.[10]

Os parentes de Sancho têm a delicadeza de gosto nisso que eles têm a habilidade de discriminar – nesse caso, literalmente, degustar – as porções mais sutis de uma coisa e relatar sua composição a partir dessas partes. Seus juízos são feitos com base nessas finas discriminações. Eles podem degustar o mais tênue ingrediente e também perceber seu efeito na composição geral do vinho (que é um efeito destoante). Presumivelmente, eles podem igualmente degustar (e notar) ingredientes que conferem equilíbrio à uva (um vago sabor de framboesa, com ativação de morango e porções de baunilha, um gosto estranho, ervoso, do travo de turfa desse solo da Califórnia, um corte de carvalho no barril – você conhece a linguagem tão bem quanto eu). Jovens regentes são, às vezes, testados quão pretendem instaurar modificações musicais na execução de orquestras incorrigíveis que jogam com eles um jogo de notas erradas: um tocador de flautim toca algo diferente do que está na partitura (*score*), depois um violoncelista, para ver se o maestro é capaz de descobrir seus pequenos erros ou dissonâncias. Os estudantes de composição da professora francesa Nadia Boulanger foram treinados para tocar peças de Bach deixando de fora uma ou outra das vozes internas: essa é uma execução que a prática torna melhor, mas também a delicadeza está no ponto de partida. A prática pode fazer pouco por uma pessoa que não tem talento natural, mesmo no caso de um crítico ou "ouvinte virtuoso"! O talento natural envolve percepção vivaz, é claro, mas também delicadeza de sentimento. O artista a tem, o maestro, o produtor de vinho, o crítico, além de o observador entusiasta qualificado.

Nenhum dos parentes de Sancho apreciou tudo corretamente, tocou ao "veredicto comum" de ambos capturar o que estava no vinho. Decisivamente, eles degustaram o que estava *no vinho*, entre suas propriedades (objetivas), e isso foi demonstrado quando se encontrou a causa relevante. Hume pretende nos mostrar que um juiz autêntico é um juiz "verdadeiro", porque o que ele degusta é o que está no objeto. O gosto não é uma invenção imaginativa, mas uma descrição (*limning*) do que uma coisa realmente é em seu sentido mais sutil. Isso é decisivo para a crença de Hume segundo a qual o gosto tem a mesma base que a moral e também a ciência (mesmo que esse caso seja menos demonstrável e mais controverso). Cada uma dessas atividades está associada com o padrão (no melhor da habilidade humana), com o que há, e deve fazê-lo por meio da percepção, do treino, da especialização, que deve, por sua vez, ser corroborada e qualificada por outros ao longo do tempo. É o empirismo clássico: uma pessoa não conseguirá ir muito longe, durante o tempo em que a humanidade projetar o entendimento do mundo, articulando melhores valores morais que correspondam às paixões e aos motivos humanos, refinando seus gostos e ajustando seus juízos. Isso é o que o século XVIII chama o progresso humano. O progresso alcançou, pensa Hume, bons princípios de justiça (liberais, em relação à propriedade, com liberdade de escolha), a ciência está avançando, e o gosto já é canônico. Hume clama contra a religião, ainda uma força negativa a perpetrar-se na universidade, no parlamento, no pensamento filosófico, mesmo no gosto. Ele é bravo nesse aspecto.

PROBLEMAS COM O PADRÃO

Que os juízos dos parentes de Sancho sejam corroborados pela descoberta da chave com a tira de couro é decisivo para o ensaio. Isso não mostra apenas que o homem de gosto julga objetivamente (se seu juízo for "verdadeiro"), mas também mostra ao leitor que nós temos modos independentes de provar a validade das afirmações de um juiz. Podemos (se a sorte estiver conosco) reconhecer o juiz autêntico dentre os muitos sujeitos que beberem desse barril descobrindo uma causa independente para seu juízo, quando isso ocorre graciosamente, mas, em geral, não temos tanta sorte. Isso não ocorre porque geralmente a tira de couro desapareceu, a evidência causal sumiu (ela ficou no barril tempo suficiente para impregnar o vinho, mas foi retirada depois disso, deixando os juízos dos parentes de Sancho sem evidência para sua comprovação). Isso ocorre porque esses juízos, contra o espírito do ensaio de Hume, vão além de tudo aquilo que pode ser corroborado por fato independente. Sim, o jovem maestro pode parar a orquestra e exigir que o tocador de flautim toque as notas certas. Isso comprovará suas alterações, pois a orquestra sabe que o sujeito realmente tocou as notas erradas. Porém, ter um ouvido brilhante não é o mesmo que ter um gosto brilhante, e muito da forma da música que o maestro opera é uma questão de *visão imaginativa*, e não de hábil conformidade à partitura musical. A habilidade de ouvir as discretas notas erradas ou instintivamente sentir microvariações nos tempos é um dom (aperfeiçoado pela prática). Contudo, há muito mais a fazer com a música do que a mera conformidade com a partitura. Todos nós já escutamos execuções de Mozart que imediatamente nos põem a dormir, ou nos fazem sentir que alguém está cultivando um jardim de tulipas utilizando uma baioneta em vez de uma batuta. Certa vez, ouvi uma performance da Filarmônica de Los Angeles da *Quinta Sinfonia* de Mahler interpretada como se

Mahler estivesse sob efeito de Valium ao compô-la. Eu me senti como se também estivesse. Seria fácil dizer que o maestro e a orquestra não conseguiram agir de acordo com o que está na partitura, mas eles (tanto quanto eu posso dizer) tocaram todas as notas certas, seguindo marcações de metrônomo exatamente como todo mundo faz (não totalmente, mas o suficiente), prestaram atenção às instruções referentes à altura, à aceleração, e mesmo ao tom. Tudo estava no lugar, exceto, pode-se dizer, o espírito musical, que foi posto de lado por um homem (o maestro) cujo gosto faria melhor na opereta ou no coquetel de *jazz* de homem branco em algum hotel do lado leste alto de Nova York. Desastroso! O ponto, creio, é que a falha do gosto não tinha relação com o que está no objeto, se é que a partitura pode ser tomada como o objeto aqui. Foi uma falha de execução da música que está na partitura, em tornar a música viva por meio da imaginação. Não há nada, além da comparação (veja o quão melhor esse ou aquele maestro ou aquela orquestra faz isso!) e do preceito dos próprios ouvidos do espectador que comprovaria o juízo. Nenhuma bala mágica pode ser encontrada que demonstraria uma falha do gosto aqui (ou uma imensa diferença humana quanto ao que conta como "música em ação ao vivo"!). Para grande parte dos juízos de gosto, penso eu, não há nenhuma tira de couro a ser encontrada, pois esses juízos não se referem a nenhuma propriedade do objeto do gosto (o que está claramente escrito na partitura, o que é claramente uma propriedade do vinho), mas à habilidade de animar esse objeto, percebê-lo e imaginá-lo de certo modo. Isso é o que Wittgenstein chamou "ver-como", um modo de ver o mundo sob certa perspectiva ou sob certo registro, de senti-lo por meio disso, fazer música disso. O gosto, *pace* Hume, não é objetivo além de certo ponto: o ponto da habilidade de detectar partes sutis da composição. Um cozinheiro pode achar um tomate demasiado azedo segundo sua paleta e nos causará impressão se mais tarde descobrirem que esse humilde fruto estava em uma toalha que tinha tocado a boca de uma garrafa de vinagre balsâmico. No entanto, o gosto do cozinheiro é também o gosto da combinação, da textura, da apresentação, do ritmo geral dos pratos, e essas coisas são uma questão de gosto no sentido de que a única prova que temos está no pudim: se gostamos ou não dele .

Essa velha e venerável noção de gosto põe o juiz autêntico em uma categoria diferente da de Hume: a de Hume pretende-se que seja uma guardiã da verdade, pois o juiz é o homem que pode detectar o que verdadeiramente está no objeto para além da nossa capacidade de fazê-lo quando ajudados por seus pares do júri (no sentido de um veredicto comum). Nós aprendemos dele e nos esforçamos para ser como ele, ajustando-nos ao mundo e melhorando (espera-se) nossos prazeres. No entanto, não existe nada na natureza que garanta que a performance de Mahler da Filarmônica de Los

Angeles seja verdadeiramente, segundo qualquer padrão, insípida. Assim eu a considerei, mas há uma comunidade de ouvintes que eu suponho poder respeitar, que admira esse homem e seu trabalho. Nada pode arbitrar entre o Mahler de André Previn e o de Georg Solti, exceto a preferência crítica, e há excelentes juízes de ambos os lados. Se em toda parte nós preferimos Solti (o que penso ser o caso, sociologicamente falando), essa é nossa preferência de certa interpretação profunda e poderosa. Queremos dizer que a profundidade e o poder estão no objeto, mas essa linguagem é uma metáfora se, por estar no objeto, você quer dizer que nele está de um modo a evidência independente, podendo corroborá-la (com uma tira de couro ou mediante uma prova da partitura). Mahler torna-se Mahler por meio de Lydia Goehr, escrevendo contra a visão segundo a qual a obra está contida na partitura (escrevendo sobre a fidelidade à partitura como em si mesma uma prática musical particular), chame-se a isso uma prática musical de sua performance e vida na cultura.[11] Nosso gosto por certas maneiras de executá-lo é uma questão de como nos adaptamos a essa prática e escutamos à luz dela, pois a prática não é objetiva, mas varia conforme o contexto em que nos encontramos com ela, e, associado a isso, o que os críticos admiram é uma questão de saber como nos posicionamos dentro das comunidades do gosto e de quão livremente nos movemos em nossa própria base.

Grande quantidade de debates de qualquer realidade não pode ser resolvida sutilmente pela referência a algum fato decisivo sobre o objeto em questão. Juízos são *exemplares*, e não fornecedores de verdades. Nós os seguimos porque eles estabelecem e elevam nossas preferências. Diferentes juízes, portanto, não são certos ou errados, nem necessariamente melhores ou piores: eles apelam para comunidades específicas do gosto. Onde o clima está bom durante todo tempo e todo mundo caminha por aí em tênis e *shorts* Previn seria bem correto, mesmo que, pessoalmente, eu não possa resistir a quase nada do que ele fez que não tivesse um ar francês, jazzístico ou de trilha de filme hollywoodiano, pois aqueles que pertencem aos mundos ardentes das profundezas do amor, da generosidade, do perdão, da comédia, da transcendência, da perda e da morte, os mundos de Mahler, esses precisam de uma voz mais poderosa, de uma intensidade mais resoluta e penetrante, de mais paixão. O sexo de uma pessoa é o sono de outra. O juiz é aquele que pode fazer florescer a sutileza exemplar em uma comunidade de interpretação, uma prática, um modo de ouvir que conecta as pessoas e cria intimidade entre um ouvinte e outro. É o que Ted Cohen chama de a função da intimidade na arte, uma função que se estende ao juiz cujos juízos, em vez de serem verdadeiros ou tornados verdadeiros pelo veredicto comum, geram um modo de ver-como ao qual reage uma comunidade, com o qual ela aprende, do qual ela extrai a mensagem linguística e cuja interpretação ela desfruta.

Escolhemos nossos verdadeiros juízos tanto quanto eles nos escolhem. Essa é a razão pela qual o gosto é verdadeiramente democrático. Lemos esse crítico porque nos atrai sua cólera inflexível, aquele outro porque admiramos seu torneio de frase irônico e seu clamor contra Hollywood como um negócio. Gostamos desse porque ele ama Hollywood e é louco pelas estrelas, daquele porque o que ele escreve é tão oblíquo que somente uns poucos compreendem o quão mordaz ele é. Nós gostamos deste porque ele é generoso e daquele porque ele não é. Os críticos têm qualidades peculiares do mesmo modo que os objetos do gosto as têm, e nós temos um gosto em se tratando de críticos do mesmo modo que temos um gosto em relação aos vinhos ou à moda *prêt-à-porter* das mulheres. Esses críticos dizem a verdade? Ela é dita segundo qualquer definição desse conceito idealizado do "juiz autêntico"? Se por verdade queremos dizer conformidade ao fato, então, é somente na medida em que sua delicadeza (ou indelicadeza) de gosto tenha origem na percepção sutil das propriedades do objeto que nós podemos dizer se o que eles dizem é verdade. Na medida em que boa parte da crítica vai além de qualquer concepção razoável do que está "no objeto" para indicar a visão e a cognição imaginativa dele, essa é uma metáfora insatisfatória, a menos que, por verdade, pretenda-se significar aceitabilidade ou convicção intersubjetiva. Quando lemos um crítico com frequência, confiamos parcialmente nele, ajustando-nos ao que sabemos serem seus preconceitos e suas limitações. Pauline Kael, antiga crítica de cinema para a revista *New Yorker*, acostumou-se a odiar 70% dos filmes dos quais fazia a crítica, o que tornou um prazer ler seus textos, porém, com um leve grão de sal. É o juiz raro que detém a força da revelação, à maneira da revelação genuína de André Bazin a respeito do que constitui o cinema como um meio e sobre como os grandes cineastas como Renoir contribuem para sua construção como um meio. Mesmo esses não são os juízes verdadeiros se queremos dizer com isso pessoas cujo veredicto comum estabelece o padrão para o cinema. O juiz autêntico, de acordo com a teoria de Hume, é um ser idealizado. Contudo, meu ponto é que, visto que, para além de certo ponto não há nenhum fato objetivo sobre o qual o juiz autêntico julga, e que, se revelado, comprovaria sua reivindicação a esse título, os juízes são, no melhor dos casos, exemplares e não alcançam nenhuma verdade à parte do ser *status* exemplar ao orientarem as comunidades.

Gostamos de fazer dos objetos do gosto questões de debate e de diferença, e não questões de consenso ao longo do tempo. Mesmo Hume sabia disso, pois ele próprio pôs pimenta na discussão do argumento em seus famosos escritos públicos (incluindo sua crítica). Mudanças de perspectiva sobre as artes (e sobre vinho, gastronomia, viagens e beleza humana) satisfazem o desejo humano por aquilo que Hume e todo mundo no século XVIII chama "novidade". Nós voltamos aos filmes a que assistimos cem vezes nos anos de 1960 e os vemos realmente com novos olhos. Perdemos o que estava neles quando os vimos pela primeira vez, notamos características diferentes, ou nossos olhos simplesmente mudaram, tornando-os tão novos quanto a cidade de Roma depois de um ano de ausência? A teoria de Hume e a teoria da universalidade ou do consenso ao longo do tempo são uma marca de seu empirismo, mas que está fora de sincronia com sua própria apreciação dessa virtude.

Desse modo, em primeiro lugar, o padrão não é algo que gradualmente se torna verdadeiro com referência aos fatos sobre os objetos (apesar da delicadeza do gosto, dos parentes de Sancho Pança e de sua fina arte de detecção). Em segundo lugar, ele é exemplar, é um padrão do acordo intersubjetivo da experiência e, como tal, não é nada mais (e nada menos) do que a sobreposição das opiniões de muitos, os quais estabeleceram a superioridade dos filmes de Jean Renoir em relação aos filmes de Adam Sandler, a superioridade da música de Mozart em relação à de Mantovani, mas prontamente evita a vitalidade da discordância e torna-se autoritário e elitista se tenta ir além disso. Nas comunidades do gosto e da categorização de coisas existe uma busca (até certo ponto) de aperfeiçoamento, e Hume acredita que isso nos compromete com um padrão do gosto. Porém, pergunto: realmente nos compromete? Talvez tudo o que resulte daí é nosso comprometimento com um aperfeiçoamento do gosto no sentido da experiência (como um curso Master & Johnson para melhorar o sexo por meio de pílulas e estimulante ou pelo modo de vida). Talvez nossos juízos não mudem tanto. Não é fácil dizer.

Dado o fracasso do exemplo de Sancho Pança em demonstrar que podemos descobrir quem tem delicadeza de sentimento examinando os dados posteriormente (o barril de vinho), Hume realmente nos deixa em um círculo (socrático) quanto ao valor e à objetividade. Se fôssemos totalmente destituídos de gosto próprio, não teríamos nenhum modo de sermos levados a ver o quão fino ele é. Bem cedo, os grandes críticos de cinema – Panofsky, Manny, Farber, Jean-Luc Godard, James Agee – foram considerados excêntricos idiomáticos, eruditos frequentando cortiços por diversão, comunistas em pé de guerra contra a alta cultura e os poderes estabelecidos, e assim por diante. Foi somente com o tempo que o olho e a sensibilidade do público os assimilaram, e assimilaram o suficiente para compreender que tinham muito que aprender com esses talentosos magos. Um surdo não se beneficiará em nada com as lições de um mestre-compositor, nem com os juízos e com as descrições feitos por um mestre-crítico de música. Para poder beneficiar-se, a pessoa deve aproximar-se o bastante e ter prática e sensibilidade suficientes para compreendê-los. Nós reconhecemos o mestre quando passamos a confiar em seu juízo como um juízo que nós próprios somos capazes (agora) de fazer. Como veremos, essa dialética, excelente como ela é, é desfigurada pelo desejo que Hume tem de enraizar os juízos do juiz autêntico nas propriedades objetivas da coisa julgada. Hume nos teria feito acreditar que o crítico é um juiz autêntico, porque, em algum sentido ideal, esse crítico torna verdadeiro seu juízo por meio dos fatos referentes ao objeto do mesmo modo que um homem, ao perceber que a lua torna verdadeiros seus olhos por meio da luz prateada através da qual seu pálido amarelo é filtrado, "a vê tal como ela é".

Assim é como – junto com a referência a um padrão aprendido aos pés da história – tendemos a depositar nossa confiança nas pessoas e em seus "juízos verdadeiros". Podemos estar errados, é claro, o juiz autêntico pode não confirmar sua excelência ao longo do tempo com múltiplos artigos na *New Yorker* ou no *Times Literary Supplement*, mas, uma vez estabelecido como um crítico autêntico na primeira fila da plateia do gosto mediante exemplos repetidos de juízos excelentes aos quais acedemos, o crítico torna-se uma relíquia. Uma vez relíquia no salão das raras sumidades, ele é tratado com reverência e respeito, comandando a atenção dos juízes togados da corte.

Ora, se isso soa perigosamente como um exame de admissão em um clube legal exclusivo, é que a metáfora não é sem propósito no caso de Hume, pois ele vê esse clube como o clube dos poderosos – dos partidários do poder da Corte. Hume é elitista de muitos modos, um dos quais se expressa na ênfase que ele põe na superioridade dos muito poucos sobre os muitos e na relevante fundição do padrão do gosto com a moeda corrente (se você quiser) da lei. Em algumas gerações, diz Hume, o juiz autêntico pode ser tão escasso, que, durante décadas, não se encontra absolutamente nenhum, algo que penso ser pura ficção ou fantasia daqueles que acreditam no efeito gotejante (*trickledown effect*) da cultura e da economia, o lento gotejar dos juízos dos muito poucos sobre a vida assim melhorada dos muitos. Pode-se facilmente democratizar o liberalismo conservador de Hume falando sobre o gosto como algo que é estabelecido pelos muitos para os muito mais, ou em conexão com seus juízos receptivos. O gosto é um tipo de coisa que se autorrealimenta: a pessoa A é melhor (tem ouvidos melhores; mais refinamento para a trama e o personagem; um sentido mais forte para a psicologia e para a especificidade humana; um cérebro que exige com urgência as condensações da arte) do que a pessoa B e, então, ensina na universidade ou escreve para o jornal local, ou é mesmo melhor, lê através de gerações, não por causa da lascívia, nem meramente por ser um mago da apreciação de arte, mas por compreendermos o quão bom ele é. Como o gênio não-reconhecido, bem pode haver homens de gosto não-reconhecidos – permanentemente destinados à lata de lixo da história. Isso ocorre (a meu ver) todo tempo.

A dificuldade de Hume é que ele acredita que o gosto é objetivo porque a delicadeza é o instrumento de sondagem da verdade: do que está no objeto. Em vez disso, o gosto é uma empresa circular e construtivista. Somos levados pelos outros porque eles elevam nosso gosto a seu nível, e isso porque já temos gosto. Esse círculo constrói as comunidades mediante o treino e a experiência. Ele é intersubjetivamente profundo e canônico em sua adoração de certos objetos, mas nunca imune aos problemas do círculo: algumas pessoas não podem entrar nele e, em vez disso, têm outros círculos aos quais se ajustem melhor: a coleção de diamantes falsos de Las Vegas, o Liberace no auge a ostentá-la em toda a sua variedade, das comidas de todo dia, e assim por diante. Na medida em que discordâncias intersubjetivas não podem ser resolvidas, somos deixados com pouco mais do que à "prova" de quem está certo.

Assim é como ocorre com a moral, como qualquer trabalhador da área dos direitos humanos contará a você. Construímos padrões universais para os direitos humanos na esperança de que eles venham a educar e formar outros públicos, mas, quando esses públicos se recusam a imitar e criticam nossos padrões como dominação ocidental, não podemos mostrar que eles estão errados por desconsiderarem a profundidade de nossa certeza intersubjetiva, a história de testemunho e a lei que a acompanha. Não recusamos esses padrões; porém, eles não são nem objetivos no sentido de que nossa sensibilidade moral "apreendeu os fatos" da violência e da repressão de um modo que nenhuma outra paixão ou outro instinto apreenderam. Nós simplesmente defendemos nossas crenças e o fazemos com toda fibra de nossos seres, com toda a razão e com os argumentos que podemos reunir. Esses são os riscos da vida, os riscos de estabelecer normas legais e segui-las. Nós acreditamos que um gosto melhor irá aprofundar a experiência, esse é o interesse de um padrão, e que melhores leis referentes aos direitos humanos produzirão liberdade e dignidade humana. Contudo, se no final do dia as pessoas escolhem viver em sua verde mansão Tudor com a falsa Torre de Londres elevando-se diretamente para sua sala de estar e dizem escarrar em nossos gostos, vivemos e deixamos viver. Se no final do dia as pessoas rejeitam uma sociedade civil aberta, lutamos contra elas, ou deveríamos lutar, mesmo que não possamos persuadi-las a acreditar no valor da expressão livre, visto que elas estão completamente fechadas para ela. Nem em moral nem em estética existe, em geral, uma tira de couro, uma bala mágica a produzir que convencerá um oponente de outra forma, exceto casualmente. Confiamos em sua similaridade fundamental conosco, quer dizer, em sua capacidade de obter instrução. E pode ser o contrário. Nós somos aqueles que precisamos dessa instrução sem sabê-lo.

Hume era um conservador e acreditava que a uniformidade da natureza humana, embora nunca provável (Hume era um cético), era demonstrável na forma do teste do tempo. Ao longo do tempo, a variação é corrigida e o juízo estabelecido em termos mais elevados. Essa posição conservadora tem seus aspectos bons e ruins. Ela concerne ao estabelecimento de um *cânone* para literatura, música, arquitetura, vinho, comida, arte; concerne à elaboração do canônico, o que finalmente impede o reconhecimento do que esse século descobriu como a inelutabilidade da diferença humana. Com uma ênfase acima de tudo sobre o normativo e o canônico, o novo é, além disso, sempre suspeito, até que se prove o contrário, pois um autêntico juiz individual pode transparecer involuntariamente seus preconceitos, suas falhas ou as falhas (preconceitos) da época. Somente quando o juízo individual é confirmado por muitas épocas e gerações, é ele estabelecido como correto e confirmado. Essa definição do gosto como teste do tempo é um preconceito da época de Hume, uma crença da alta burguesia na eternidade da coisa e no reino da época singular com respeito à verdade dada pela civilização construída como eternidade. A civilização é o que está em questão aqui: o acréscimo de uma lista de verdades ao longo do tempo que evidencia "toda a humanidade". Esse método para estabelecer e sustentar o gosto tem sido ferozmente desafiado pela guerra das culturas das Academias Americana e Britânica durante a segunda metade do século XX, em que a todos os itens foi recusada a entrada na lista em virtude da sua novidade para a história e seu desejo de falar, não em uma voz universal para todos os homens civilizados, mas contra essa ilusão, em nome de novos povos, novas aspirações, novas causas, novos grupos de minorias específicos.

A guerra das culturas dos anos 1980 e dos 1990 lançou dúvidas sobre o teste do tempo, deixando-o vacilante e incerto sobre seu *status*, enquanto o do gosto supera todos os outros, ou é simplesmente um método de determinação do bom gosto entre outros. A nova arte não é feita para transcender as épocas, mas para ser adequada ao presente. A crença que todas as épocas históricas corrigem umas às outras confirmando ou negando ao longo do tempo juízos como verdadeiros é uma crença sobre a história que carece de compreensão de sua vasta diversidade, do fato de que a arte feita em uma época fala a ela, e talvez para além dela, mas outra idade é simplesmente outro momento de aspiração e preconceito, e não um modo de confirmar progressivamente ou negar algo julgado anteriormente.

O cânone de obras que sobrevivem ao curso de todo o tempo, de fato, existe, mas é pequeno e distinto, e as obras que o compõem podem ser contadas em uma ou duas mãos, creio (Shakespeare, Milton, Bach e assim por diante). O que dizer de tudo mais? É menor ou simplesmente mais conveniente para o momento? O gosto tem de ser mensurado por padrões universalizantes, ou ele é, como outras propriedades humanas, julgado nas diversas comunidades, conforme seus próprios propósitos, no curso de suas vidas?

Essa é uma questão de diversidade: a diversidade de prazeres, de experiências sociais do valor, a preferência de todo tipo. Ela surge na guerra das culturas na forma da política de identidade: grupos marginalizados afirmando que o gosto é uma imposição elitista que eleva indevidamente os sistemas de certos grupos sobre os sistemas de outros, sem arbitragem final possível. Deixe que floresçam mil flores, todas boas, cada uma a seu modo, em vez de singularizar uma classe de fina flor como os únicos árbitros do gosto e produtores dele. A progressiva interconexão do mundo torna o problema da diversidade inevitável para as práticas humanas relacionadas com a arte, com a comida, e assim por diante. Ranquear gostos em um padrão é problematizado pelo entendimento contemporâneo da diversidade humana. O padrão do gosto de Hume pressupõe uniformidade suficiente entre os juízes de modo a alcançar um consenso (veredicto comum). Sua relação com a diversidade dos objetos do gosto e das pessoas que gostam deles, creio, é ambivalente e não foi elaborada. Por um lado, Hume nos diz que um africano não pode apreciar o gosto do vinho, porque a experiência do africano é muito diferente da nossa. Por outro lado, ele diz que o juízo dos autênticos juízes estabelece o padrão, o teste do tempo. Essas observações não contam completamente, a menos que se considere que o africano não conta, que é aquilo em que, talvez, Hume, um *gentleman* de seu tempo, acreditava.

O que parece ser a perspectiva de um padrão único uma vez que seja dado ao africano o que lhe é devido, e ao chinês, e ao *tlingit*, e a todo o resto do mundo? Podemos imaginar um padrão único comparando seus tipos de objetos e gostos imensamente diferentes? Ou ocorre, em vez disso, que cada cultura tem seu próprio padrão? Nenhuma opção parece ser palatável. A primeira porque não sabemos como comparar – muito menos como classificar hierarquicamente – objetos tão diferentes a ópera, passando ao *jazz*, e do *jazz* à percussão africana, da percussão africana à música Koto, ao canto tibetano, e assim por diante, na imensa loja de departamentos da cultura do mundo. Para o século XVIII, essas vastas comparações, quer dizer, classificações, constituem um artigo de fé que o século XX desafiou. O trabalho recente em estética anglo-americana, apresentado por Richard Shusterman, Theodor Gracyk e outros, elevou a arte popular e outras artes ao *status* de objetos de gosto sérios.[12] Um acúmulo de escritos sobre o teatro nô japonês, a ópera chinesa, esculturas murais indianas, esculturas populares do oeste africano, pinturas geométricas em casas *ndebele* na África do Sul, a cerâmica americana nativa, as colchas *amish* também expendem o repertório do gosto sério para além dos objetos canônicos do padrão de Hume: Shakespeare, Milton, pintura renascentista e o que o valha.

Quanto à segunda, ela pressupõe a existência de uma unidade dentro de culturas específicas (o que é uma ilusão) e a incomparabilidade entre elas. Ambas são dúbias. Tradições, culturas, heranças culturais, tudo isso parece unificado apenas no olhar sinóptico do colonizador, do turista, do teórico essencialista. Elas não o são. Conhecer uma tradição é conhecer seus argumentos, suas diferenças, a amplitude de sua diversidade, bem como suas similaridades subjacentes e formas de unidade.

Quanto à comparação entre tradições, aqui é que está o problema. Algumas tradições – cada uma delas altamente desenvolvida – não são apenas diferentes, mas opostas umas às outras. Um gosto por ópera chinesa pode impedir ou diminuir um gosto pela ópera europeia. Quanto mais refinado você consegue ser para escutar o rítmico clangor e a canção coral chinesa, menos estará apto a suportar os sons altos, amplos e melífluos de Verdi. Quanto mais você educa seus ouvidos na tradição do bel canto, menos é capaz de suportar (muito menos apreciar) a aspereza dos instrumentos chineses, sua dissonância pungente, a longa fúria estridente e os altos tons nasais e mordazes da ária chinesa. Como, então, comparar os gostos nessa esfera? No entanto, outros colocarão esses gostos na mesma categoria: ópera. Qual é, então, o significado dessa categoria, pois certamente não é que todas as coisas que se incluem nela possam ser comparadas?

Isso não implica que essas tradições sejam incomensuráveis, não admitindo absolutamente nenhuma comparação. A ópera italiana e a chinesa têm, estruturalmente, muito em comum: um modo de contar uma história pela ária, o fundo instrumental, uma animação do libreto como música, uma história, e assim por diante. Ambas incluem canto de amor, vingança, perdão, o dever e seus conflitos, a esfera moral e a lealdade da família, luxúria, assassinato e morte – todo material que é posto em ação em toda parte. A diversidade é uma questão de qualidade de instrumentação, forma, articulação, linguagem e sua expressão em ária e fundo orquestral conduzido pela voz, o tipo de história e de conceitos morais subjacentes. Desse modo, o conflito sobre a inclusão categorial evidencia uma confusão com respeito à comparação: essas tradições são profundamente semelhantes e profundamente dessemelhantes, o que tem relação com uma observação tão rica quanto a que minha avó teria feito depois de me dizer para parar de me preocupar com a vida porque o sol nascerá amanhã. E junto a isso temos o compositor Bright Sheng, músico do Tibet por sete anos durante a revolução cultural chinesa, posteriormente aluno de Leonard Bernstein, cuja ópera (com libreto de David Henry Hwang) *The Silver River* incorpora ambas as tradições tão magistralmente que não se pode mais acreditar que elas não "foram feitas uma para a outra". Sheng vai mesmo tão longe a ponto de colocar uma das personagens tocando um instrumento clássico chinês, o peipá, em vez de cantando. A história é o mito chinês adaptado ao cômico contemporâneo que progressivamente se torna mais pungente e mais arioso, o que é comensurável com o fato de ser essa uma questão da capacidade humana de imaginar a sua conexão.

Desse modo, é muito simples tanto defender que um padrão único abrange toda a diversidade quanto não a abrange. Somos deixados com linhas de similaridade e diferença e sem resposta para a questão de saber onde se encaixa o padrão, classificado ou não. Em nosso mundo globalizado, Shakespeare e Charlie Chaplin são amados por quase todo mundo que tenha certa educação, mas muitas coisas não o são. Isso dá ao canônico um *status* especial, mas somente isso. Compete ao estudante continuar procurando uma resposta para essa espinhosa questão: como os gostos podem ser relacionados, dada a diversidade, e que modelo abrange a diversidade mais apropriadamente do que o padrão do gosto (ou muitos padrões)? O estudante deve também apreciar o melhor da contribuição de Hume: sem o comprometimento com padrões, perdemos de vista o ponto essencial do gosto ou, em todo caso, perdemos o interesse por ele; a saber, a sensibilidade é avaliada e quer e precisa ser aperfeiçoada.

Há outro problema com respeito à explicação do gosto que merece ser mencionado. O gosto está relacionado com o *consumo*, com o fato de você preferir um produto e de poder preferir um produto melhor. Essa posição consumerista considera o objeto do gosto, de fato, como uma espécie de produto. É um artefato da história da liberdade individual embutido nos sistemas de economia em desenvolvimento que o século XVIII estabeleceu para esse consumidor em posições privilegiadas. Com o surgimento da propaganda, o *status* de produto dos objetos do gosto torna-se explícito, pois os produtos serão vendidos e terão saída conforme sua imagem. No entanto, o consumerismo remonta ao século XVIII, quando as viagens, os vinhos, um bom cigarro, vinho do Porto de qualidade, belas-artes e colecionáveis foram todos agrupados sob a rubrica de prazeres para que a classe ociosa os desfrutasse. É comum considerar-se que a comoditização das artes começa no século XIX, com o surgimento do sistema de galerias e com a circulação dos objetos de arte por museus (onde eles são eternizados) e por galerias (onde eles são comprados e vendidos por um bom preço, pois o preço é estabelecido em termos de sua "qualidade musealizada sem preço"). De fato, suas origens estão no estado liberal de Hume, em que os objetos são agrupados conforme o prazer que eles propiciam ao consumidor.

Essa, para reiterar, é uma teoria baseada no consumo, oposta a uma teoria que dá precedência ao artista, ao valor expressivo do objeto, a seu valor ritual ou de culto, ao benefício social da arte. Benefício, aqui, é dirigido para os indivíduos, e classificado por eles. E refere-se àquilo que uma pessoa consome, a como ela o consome e à sensibilidade do prazer que ela obtém dos objetos. Para Hume, essa prática é dada, assumida e desfrutada, ao contrário de ser criticada. Seu prazer é o de uma prática nova na história, e o indivíduo está pronto a enaltecê-la. O juiz autêntico é importante, porque os homens de gosto desejam melhorar o prazer que têm nas coisas, desejam melhorar a escolha e o consumo. Estas são "as melhores coisas da vida", dizem respeito aos refinamentos da vida: parecer cortês e refinado em público, não querer humilhar a si próprio diante do Senhor ou do empregador, desejar ter orgulho por sua sensibilidade de espírito e por sua imaginação exercitada. Essas coisas talvez também aumentem o prazer – quanto mais refinado se é, mais satisfatório e memorável? A abordagem de Hume é uma que os novos ricos de hoje considerarão atraente, pois ela os incita a aprender com os melhores *chefs* toscanos, com os melhores *connoisseurs* da boa pintura, a se vestir com as vestes de uma casa da Renascença toscana com sua aura de oliva e seu pomar, a comprar um vinho feito na Província do Cabo da África do Sul e converter o dinheiro que ganharam como corretores de valores em uma boa safra de vinho.

O ponto fundamental é esse. O estabelecimento de padrões de gosto é uma *prática* em si mesma, cuja formação no século XVIII foi uma parte muito central no desenvolvimento do consumerismo. Homens tomaram assento como membros de clubes julgando cigarros, vinho, vinho do Porto, filés, poesia, ensaios, os melhores lugares da Europa, e assim por diante. Esse era um gesto de superioridade, acompanhando o percurso do champanhe e das ostras, pois o mundo era sua ostra. Tudo afluía da colônia e das conquistas para a Inglaterra e tudo era homogeneizado pelas instituições do museu, das lojas de Londres, dos juízos dos homens nos clubes, nas universidades e nos jornais.

Deveria essa prática ser considerada como um valor fundamental, incontestável? A que ponto a classificação dos objetos (gostos) torna-se uma obsessão, em vez de mera distinção na sociedade britânica do século XVIII, onde todo mundo e tudo tinha seu lugar, na qual tudo era hierárquico, entre todos havia os "melhores", e a sociedade dedicava-se a colocar as pessoas em seu lugar. Deve todo objeto do gosto ser classificado (colocado em um padrão), e todo crítico similarmente avaliado por sua potencial pertença ao *hall* da fama, como se pertencesse à Hogwarts School de Witchcraft e Wizardry? Essa é uma escola-internato onde crianças são classificadas em todas as coisas: desempenho escolar, polidez, habilidade para atuar em campos na preparação de uma futura Batalha de Waterloo. É essa uma prática que é a marca de uma sociedade disciplinar no sentido de Michel Foucault, uma sociedade que deseja o ordenamento dos prazeres e sua distribuição em formas de controle? É um jogo que você joga gostando ou não, uma questão de gosto: um gosto pela padronização? Algumas pessoas gostam de se sentar por aí todas as noites classificando vinhos ou registros de Mozart, outras acham isso ridículo, velhaco e, em todo caso, puramente subjetivo, um jogo de humilhação e exclusão sem mérito adicional. Quem está correto?

KANT E O CARÁTER DESINTERESSADO DO JUÍZO

Voltemo-nos para o outro lado do argumento: para a abordagem que procura, pelo conceito de desinteresse, demarcar claramente o gosto como um tipo de atividade único e autônomo. Kant é o representante filosófico mais poderoso dessa abordagem.

Immanuel Kant (1724-1804) começa com uma distinção que escapa a Hume: a distinção entre meramente gostar de alguma coisa e considerá-la bela. De acordo com Kant, isso é o que está em questão na compreensão do gosto como desinteressado (seguindo Addison). Quando eu digo que gosto de alguma coisa, isso significa que ela agrada meus sentidos. Meu gostar dela está, por isso, diretamente conectado com as propriedades da coisa. *I like-a coffee, you like a tea, I like-a cuppa cuppa coffee.* [Eu gosto de um café, você gosta de um chá, eu gosto de uma xíca xíca de café.] Essa cantilena americana dos anos 1940 diz tudo. Meu gosto é assunto meu, seu gosto é assunto seu. Sobre o mero gostar e não gostar não há nenhuma disputa. O que me satisfaz me satisfaz – ponto final. Não falo de nenhum ponto de vista além de mim mesmo e de minhas inclinações quando declaro minhas preferências. Posso convidar você a compartilhar meu gosto. Sim, prove esse vinho, espero que você o sinta tão suave quanto eu o sinto. Posso ser desapontado se meu gesto de compartilhamento malograr, mas não estarei autorizado a nenhuma persuasão moral, nenhuma insinuação de que você falhou de qualquer modo em espelhar-me. Eu não terei nenhum modo de justificar qualquer superioridade de juízo de minha parte.

Gostos são causados por propriedades objetivas do objeto do gosto que interagem com minhas inclinações psicológicas. Essa é uma questão a ser tratada pelo que Kant chama de antropologia filosófica. Trata-se de fatos orgânicos para mim, considerados como parte da natureza.

Nada disso pertence ao juízo estético. O juízo estético é desinteressado. Isso significa que o gosto não é uma relação causal entre fatos objetivos acerca do objeto e fatos objetivos acerca daquele que julga e, em segundo lugar, não significa que ele não expressa nenhum "interesse" pelo objeto. Quando digo que gosto de uma pintura, isso se refere a fatos objetivos acerca do objeto que me agrada. Porém, de acordo com Kant, quando eu o chamo de belo, meu juízo não está condicionado por nenhuma relação causal entre suas propriedades e meus prazeres. Tampouco ocorre que ele me agrada pelo que me ensina de botânica ou pelo que poderia obter de mim. Em razão disso, Kant acredita que o juízo de beleza (oposto a meramente gostar de alguma coisa) implica mais do que o *status* de uma declaração individual (eu gosto de café). Ele implica o peso de um "deve". Estou dizendo que você deveria gostar disso também. Estar comprometido com um juízo de beleza é estar comprometido com a pretensão de que outros – todos os outros, toda a humanidade –, de acordo com Kant, deveriam considerá-lo da mesma maneira. Isso não é pretender que todos os outros devam ter uma constituição física e uma formação social similar à minha, em que aprendemos a apreciar amoras silvestres, montanhas altas e íngremes, camisas vermelhas com colarinhos discretos, cabelos longos (se você conseguir), joias de ouro, óculos de grifes. Não estou impondo uma norma minha aos outros à maneira de um imperador que decreta que todas as crianças devem usar o cáqui britânico porque é um signo de sua civilidade, que elas não somente têm de cantar os campos verdes e alegres, elas têm de *gostar* de fazer isso. Como você vê, é uma questão interessante, um convite à polícia do pensamento. Minha declaração não é de onipotência ou de subserviência aos outros: se você não gosta disso, há alguma coisa de defectivo em você, pois você não é como eu sou.

Trata-se de uma declaração de outra ordem. Você também deveria considerá-lo belo, porque não há nada em particular que tenha causado o prazer que eu tive nesse objeto e que dê base a meu juízo. Ao contrário disso, argumenta Kant, a base de meu juízo é universal porque ele é "desinteressado". O prazer que eu senti e que sustenta meu juízo não assenta em nenhum interesse de minha parte, em nada que seja um privilégio para mim. Tal prazer é, por isso, um prazer que todos os outros seres humanos que sejam capazes de assumir uma posição similarmente desinteressada devem compartilhar. A alegação de beleza baseia-se na capacidade que uma pessoa tem de abstrair a si mesma e ter esse prazer raro, elevado, que Kant chama de desinteressado. O desinteresse está na base do juízo de gosto quando esse juízo não se refere a gostos ou aversões, mas à beleza. O desinteresse não significa falta de foco ou de absorção, consiste na capacidade de deixar de lado os próprios interesses e obter um prazer especial em um objeto independente de todos os interesses que possam existir em relação a ele.

Essa visão é tão paradoxal quanto poderosa. Como você obtém prazer em um objeto sem basear seu juízo em alguma de suas propriedades causais? Como você diz que uma pintura é bela (na medida em que dizê-lo se opõe a meramente dizer que você gosta dela), se as consequências causais das *propriedades* da pintura (cor, figura, meio) não baseiam seu juízo? Vimos que o desejo de Hume basear o prazer em um fato objetivo parcialmente fracassa, dando força à posição de Kant. No entanto, é estranho, para dizer o mínimo, se não há nada relacionado ao objeto que condicione o juízo de uma pessoa que diz que ele é belo, pois, se o juízo é incondicionado pelo objeto, por que, afinal de contas, ter um objeto? E por que esse objeto, o objeto sobre o qual a pessoa expressa seu juízo? Quando digo que um pôr de sol é belo, sim, posso estar dizendo algo mais e mais profundo do que "Eu gosto dele". Porém, certamente, tudo o que estou dizendo é baseado em minha reação ao pôr de sol, a seu matiz fusco estriado, à amplitude de sua abertura angular, seu último momento de esplendor transitório, seu suave declínio até o vazio, seu ritmo cotidiano habitual. Certamente, estou dizendo que todo mundo deve perceber isso como eu o percebo, se é que se deve acreditar que a voz com que falo é uma voz universal?

Felizmente, Kant aceita esse enigma acerca do objeto. Ao passo que Hume desejou basear os juízos de gosto em propriedades causais dos objetos de gosto, daí o exemplo de Sancho e da tira de couro. Kant argumenta o contrário. O juízo da beleza, sendo desinteressado, não é – estritamente falando – de modo algum um juízo sobre o objeto de gosto! Ele é um juízo puramente subjetivo, um juízo ocasionado pelo objeto, mas não sobre ele. Como, então, um objeto (pessoa, pintura, rosa) ocasiona a experiência do desinteresse, e sobre o que essa experiência está focalizada se não no próprio objeto? De que modo ela serve como um catalisador para o jogo de nossas faculdades, qual é o ponto do exercício considerado por Kant?

Kant responde à questão mediante seus quatro momentos da beleza na sua famosa *Crítica da faculdade do juízo*.[13] A resposta revela-se tão profunda quanto surpreendente.

O primeiro momento da beleza articula o que está em questão quando se diz que o juízo do belo é desinteressado. Não é apenas que o juízo não está baseado em nenhum prazer causado pelo objeto, mas também que ele tem lugar à parte de qualquer interesse moral que se possa ter no objeto. Um interesse moral consideraria que o objeto é algo a que devemos aplicar princípios morais, e a ação em relação ao objeto deveria ser tomada em conformidade com tais princípios. Ao agir moralmente, requeiro conhecimento do objeto da minha ação. Eu tenho de saber como ela contribuirá para algum fim moral. Não há nenhum lugar para tal interesse nos juízos do belo.

Esse é um resultado surpreendente. Para ser desinteressado, o juízo tem de ser não-cognitivo e, desse modo, a pessoa não precisa saber nada sobre o objeto que considera belo. Pode ser "algo" indefinível, um "Eu não sei o que é, mas eu o adoro", ou uma rosa comum. No caso de ser uma rosa comum, nós sabemos o que é o objeto, e isso é inevitável. Porém, nosso juízo segundo o qual ela é bela tem lugar independentemente de qualquer conhecimento que tal. O conhecimento pode, em um vago sentido, "entrar aí", mas não pode ser o que motiva o juízo. Desse modo, quando o objeto é "conhecido", esse conhecimento não gera o juízo estético. Pode-se tanto saber quanto não saber nada sobre ele. Isso é sério, na medida em que a estética torna-se uma atitude em relação ao objeto que dissolve o conhecimento e focaliza outra parte.

Essas três atitudes em relação a uma coisa (conceitos dela, interesse moral nela, prazer causado por suas propriedades) são todas abstraídas do juízo do belo. Ele é, portanto, *des-interessado* do objeto no sentido mais forte possível. Sobre o que, então, focaliza a imaginação, se seu foco difere de quaisquer desses modos de considerar o objeto?

Quando me encontro absorvido em um florido campo de peônias, não preciso saber nada sobre elas (nem mesmo que elas são flores), nem preciso ter nenhum interesse moral ou de outra espécie por elas (que poderia ter se fosse um financista ou um ambientalista). Estou livre de quaisquer interesses ou conceitos determinantes que eu possa ter e digo que as peônias são belas. Não apenas meu conhecimento da flor não vem ao caso, tornando-se irrelevante para a qualidade e para o tipo de absorção que tenho nela; o prazer que sinto e com base no qual eu faço meu juízo não é causado por nenhuma de suas propriedades. Se alguém perguntasse "O que a torna bela?", falaria em sua sensualidade, em sua floração exuberante, no frescor de seu perfume, no encantamento hipnótico de suas cores suaves. Na medida em que essas são propriedades da flor, minha resposta seria inapropriada segundo Kant, pois tudo que causa prazer em mim vindo diretamente do objeto (a peônia) é relevante para responder a questão de saber por que gosto dela, e não meu juízo da sua beleza. Essa é uma concepção estranha, para dizer o mínimo, tão abstraída do objeto quanto à de Hume está ligada a ele.

O melhor modo de compreender essa concepção é dizer que as qualidades a que me refiro ao falar no objeto não são, propriamente falando, suas propriedades, mas constructos da minha própria imaginação, meu próprio jogo de faculdades. Quando minha linguagem se torna metafórica ou projetiva, quando falo na floração exuberante, no encantamento hipnótico, no frescor ou na suavidade das cores, estou indo além do que está "na coisa" ou de sua posição (ela é sensual, sim), detendo-me no que eu vejo nela. Meu prazer muda sutilmente de um prazer causado de modo direto por ela para um prazer que tenho em minha própria representação dela, no jogo da minha própria imaginação em torno dela. Kant denomina reflexivo o juízo que deixa de referir-se à causalidade direta para reportar-se a um jogo livre da minha imaginação. Isso ocorre porque tenho prazer em minha própria faculdade de construção, e não na coisa.

A linha entre o prazer causado pela flor e o prazer gerado dentro de mim mesmo não é clara o bastante para que estejamos seguros, o que é finalmente um problema insuperável para a concepção de Kant. Enquanto Hume pretendeu estabelecer uma relação causal direta entre o prazer do juiz autêntico e a coisa julgada (e fracassou), Kant pretendeu fazer o oposto. Essencialmente, ele quis fundamentar o prazer que uma pessoa sente ao julgar um objeto belo dentro dessa pessoa. Essa empreitada também fracassa, pois não existe, afinal, nenhuma linha clara entre o prazer causado pelo objeto e o prazer condicionado pelo próprio jogo livre da imaginação em torno dele. Gostar de alguma coisa não é uma categoria de juízo diferente daquele segundo o qual algo é belo, mesmo que existam distinções suplementares a serem feitas. Posso achar uma obra de arte bela, mas considerá-la muito dura, severa, intolerante, católica, para que eu realmente "goste dela" de verdade. No entanto, na medida em que a considero bela, sou pelo menos afetado por ela. Alguma coisa nela causa e ocasiona um jogo livre de minhas faculdades e de meus interesses, eu não desgosto inteiramente dela.

O século XVIII é um século de extremos. De um lado, Hume e sua tentativa de conectar juízos autênticos às propriedades do objeto por meio da faculdade da "delicadeza de gosto", pondo, desse modo, o gosto na mesma posição que outras áreas do juízo. De outro, Kant, com seu desejo de distinguir clara e categoricamente o prazer causado pelo objeto e o prazer ocasionado dentro do sujeito (dentro do próprio jogo livre da imaginação do sujeito), obtendo, assim, o juízo de beleza puramente subjetivo. Entre esses extremos, reside a relação de prazer com o objeto ou obra de arte, do juízo com a propriedade causal e a imaginação autogerada. É um espaço amplo no qual reside a estética com sua objetividade parcial e sua subjetividade parcial.

Kant tem profundas razões para querer que o juízo de beleza seja categoricamente distinto do juízo de ligar alguma coisa. Essas – como nós veremos mais adiante – são razões morais, e não simplesmente razões que têm a ver com o desinteresse do juízo. É crucial para ele que o fundamento determinante do juízo do belo resida em mim, no sujeito que julga, e não no objeto, de modo que esse juízo seja "reflexivo", um juízo sobre mim, sobre o sujeito, e não sobre o objeto. Há algo a ser dito sobre esse ponto (do mesmo modo que há algo a ser dito sobre o lado humeano da equação). Quando conto uma piada, o prazer que sinto em rir não está simplesmente em seu desfecho, mas em seu desdobramento. Meu riso é preenchido pela autossatisfação que sinto em imaginá-la. Isso pode ser mero narcisismo, mas geralmente não o é. Há uma alegria na criação que resulta em toda arte; é por essa razão que a arte, como disse Hegel, é essencialmente alegre. O que está sendo compartilhado quando se compartilha uma piada ou uma obra de arte é o prazer de contá-la, não apenas a representação que ela transmite e, ou a qualidade de suas formas. O prazer na arte é sempre, em parte, reflexivamente ocasionado, pois ele é ocasionado pelo sentido do prazer das nossas faculdades. O prazer é sempre, em parte, um modo de ter prazer em nós próprios, quando fazemos coisas e elas funcionam. Em contrapartida, a profundidade da humilhação que uma pessoa pode sentir quando sua obra de arte (ou piada) fracassa vem de um desprazer no íntimo dessa pessoa em ver que sua capacidade falhou em funcionar e sob o foco de luz, para toda a plateia ver. A arte deixa a pessoa nua diante dos outros.

Contudo, para Kant, o juízo é puramente reflexivo, não-reflexivo (alegre). É um juízo inteiramente sobre mim, sobre a pessoa que julga. Se ele fosse parcialmente sobre coisas específicas em mim (meus interesses particulares, minhas preferências, carências, meus desejos), esse seria mais ou menos o fim da história, tanto quanto me concerne. É porque o juízo é sobre mim, mas *não sobre nada específico em mim* (meus objetos particulares de preferência, carência, desejo) que eu posso expressá-lo "na voz universal", como um juízo dirigido a toda a humanidade. Todo mundo deveria julgar a beleza similarmente aqui. A chave está no "deveria". Não estou dizendo que todo mundo deve julgar como eu julgo, o que em si mesmo seria dizer muito. Estou dizendo que toda a humanidade deve julgar o mesmo, pois nada condiciona meu juízo que esteja especificamente relacionado com meus interesses particulares, visto que a fonte de meu juízo é o prazer desinteressado, o prazer obtido no exercício de uma faculdade que todos devem ter e que todos devem exercitar similarmente e sentir o prazer. O que está sendo comunicado por meio desse juízo é uma sensibilidade compartilhada referente à própria faculdade: a faculdade que todos nós compartilhamos e que é decisiva no sentido de nos tornar humanos. O juízo é um chamado a fazer uso dessa faculdade com respeito a esse objeto. Veja aqui, eu posso fazer isso, você deve ser capaz de fazê-lo também, e é bom que você o faça (ter prazer como eu tenho), pois a faculdade de que você fará uso, como a minha, é o que nos torna humanos. O juízo universal é um chamado ao compartilhamento universal dirigido a todos no sentido de exercer a capacidade que exerço, porque é bom que o façamos.

Por que é bom que o façamos? A resposta de Kant virá aos poucos, embora pudéssemos parar por aqui. Supondo que o amor é uma coisa boa, não seria nenhum defeito de ação dizer aos outros "vejam, eu estou amando, vejam o quão maravilhoso ele é". Além disso, independentemente de meus interesses particulares (o tipo de pessoa que me atrai e meu jeito de amar), em sua essência, o amor é grandioso; ele humaniza a todos nós e você deve encontrar um jeito de fazer o mesmo. Todos vocês, quanto mais, tanto mais divertido. Esse "deve" não é o "deve" do dever exatamente: você tem um dever de achar isso bonito, sentir prazer nisso, deixando-se levar e seguindo desse modo meus preceitos! Essa seria a versão da Gestapo da *Crítica da Faculdade do juízo* de Kant. De fato, Kant, prussiano como ele é, acredita que nós temos dever de ser felizes, pois isso nos torna mais propensos ao bem moral, o que não é secundário para a *Crítica*, pois a *Crítica* trata da relevância moral do prazer, um prazer que nos reúne em comunidades do gosto, tornando-nos mais profundamente referidos uns aos outros e mais motivados a agir corretamente ou a respeitarmos uns aos outros. Portanto, isso não é apenas uma piada para ele, esse preceito de sentir prazer! No entanto, o tipo de "deve" em questão aqui é diferente em tom, ele é um "deve" que diz respeito à comunidade (*togetherness*), do prazer compartilhado de nossa faculdade compartilhada, o que, finalmente, pensa Kant, torna a vida (ou poderia tornar) mais moral em geral.

O terceiro momento da beleza especifica que a experiência da beleza é de "finalidade sem fim". Isso se relaciona com o modo com que nossa imaginação atua em e acerca do objeto. Visto que o prazer não é causado pelo objeto, mas em nossa faculdade, que forma ele tem? A resposta é formalista. Nossa imaginação conforma o objeto em um jogo de elementos sensíveis, cada um dos quais existe para contribuir para a realização de um fim. Todas as partes têm importância, nada é irrelevante para o propósito da obra. Contudo, estritamente falando, a obra de arte ou o objeto belo de qualquer tipo não têm nenhum propósito, meramente a forma de uma finalidade. Isso ocorre porque nem os conceitos nem os interesses constituem sua experiência. Alguns chamaram a estética de Kant de uma estética "como se". Encontramos no objeto um sentido de organização no qual todas as partes parecem conspirar para algum fim, tratando-o como se ele tivesse tal fim. Aqui reside o prazer, a percepção da perfeição, o sentimento de que tudo que está na obra nela está por uma razão.

Essa é a resposta de Kant à questão: o que nos absorve quando achamos bela uma peônia ou uma performance se não são conceitos, fins ou o que o valha? A resposta é que somos absorvidos pelo jogo dos particulares sensíveis organizados em nossa própria imaginação para algum fim, sem que exista aí qualquer fim real. Somos absorvidos no modo pelo qual os particulares sensíveis formam a organização formal. Isso é o que construímos: é o modo como a peônia termina por parecer suspensa como uma forma erótica exuberante e perfumada. Nós construímos isso, seu desenho geral, intensamente sensualizado e espontaneamente delineado.

A ideia de Kant é que tudo em uma obra de arte ou artigo da natureza deve parecer significativo, deve parecer conspirar para o desenvolvimento, para a adequação orgânica, para a realização de um propósito e para a clareza interna do modelo. A música é o exemplo mais claro dessa ideia, pois ela parece "mover-se" em direção à plenitude quando absolutamente nada se moveu: ela simplesmente foi ouvida. E uma boa obra de arte musical é uma em que nada parece extrínseco a esse propósito geral, a esse sentido geral de conformidade a fins. Desse modo, diz-se do grande Mozart que "sua peça é muito boa, mas... tem notas em demasia". "Quais notas você gostaria que eu descartasse?", responde o compositor, sabendo que a resposta é que nenhuma pode ser descartada, todas sendo necessárias para a apreensão do fluxo, do desenvolvimento, da resolução. Não é por nada que Walter Pater, seguindo o formalismo inaugurado por Kant, declarou que todas as artes aspiram à condição da música. Na música, o significado é mínimo e a forma predominante; do início ao fim o processo composicional introduz os materiais de modo que eles possam ser intensificados, tornados mais complexos para o ouvido e, finalmente, desenvolvidos até sua resolução. A fantasia de um movimento musical anuncia nossa percepção projetiva do som que literalmente não vai a lugar nenhum, exceto do instrumento até nós, talvez através de uma gravação, talvez em uma sala de concerto, talvez em nossos próprios ouvidos. Contudo, não podemos senão ouvi-lo mover-se, viajar para algum lugar desconhecido em que, pela repetição, variação, modulação, da retomada, geração cíclica e desvanecimento final, ele chega a seu fim.

O teórico da música Leonard Meyer foi quem primeiro descreveu esse processo como o das expectativas acumuladas da música que ficam sucessivamente indefinidas e são reformuladas apenas para, finalmente, serem levadas à satisfação.[14] A música tonal parece clara: a forma sonata introduz materiais que partem da tônica e ganham intensidade depois de serem expressos pelos princípios da variação e da modulação, retornando finalmente, mas dessa vez de um modo que visa a estabelecer uma solução final, e não seguir adiante. A cadência, esse momento da forma tonal em que uma frase é levada ao quinto grau para retornar ao primeiro (o acorde tônico), é sentida como a plenitude, é essencial à forma. A implicação rítmica, a estrutura da frase e a intensificação contrapontística têm toda relação com o aprofundamento e com a resolução das implicações. Quando é que a música é "executada" com sucesso? Quando nós a sentimos desse modo. Meyer substitui depois seu conceito de expectativa pelo de "implicações musicais" que se supõe estarem "na música".[15] Porém, se conectarmos a palavra "expectativa", que se refere a nós e a como experimentamos a música, com a palavra "implicação", que se refere ao modo como a forma é discernida, teremos a descrição correta. Se esses movimentos de complicação, incerteza, choque e depois desenvolvimento e resolução estão relacionados a nosso sentimento do som ou daquilo que está em seu conceito quando composto é algo impossível determinar do ponto de vista metafísico. A música ocasiona uma percepção em nossa imaginação da conformidade a fins que leva à "resolução" final, embora não exista nada que seja independente de nossa percepção dela.

A forma, é razoável argumentar, não é uma propriedade direta de um objeto (o modo como é a cor ou a figura), mas uma misteriosa sinergia entre ele e nossas mentes imaginativas. Quanto de apreensão da forma é objetivo, quanto é subjetivo, é outra das questões da estética para a qual nenhuma teoria satisfatória foi oferecida. Kant vai demasiado longe ao conceber a forma como uma propriedade que pertence completamente à nossa imaginação e como algo que não está de modo algum no objeto: é em uma sinergia alquímica entre os dois que a música é feita. Mas essa ideia é correta no sentido de elucidar o mistério desse processo, o mistério da arte. Como pode um objeto estimular o sentido da beleza com base em tão pouco? Como pode ser que as marcas em óleo sobre o papel causem o êxtase de todo um público com a percepção de sua força e unidade? Como pode ser que nós compreendamos que a música tem uma forma magnificente quando tudo o que ela é são sons? O formalista está totalmente tomado por esse mistério e deseja preservá-lo aberto em sua filosofia da arte. A arte é sublime, sua origem é desconhecida, e sua força é irresistível.

Para apreender os quatro momentos da beleza, é necessário trazer à baila outro episódio da história. Kant acredita que o juízo de beleza é reflexivamente composto, que ele é um juízo que flui de nossas faculdades da imaginação e em torno delas. Contudo, ele acredita em algo mais. Como ocorre com todos os juízos, pensa Kant, esse juízo deve ter um referente específico. Ele não é simplesmente um chamado a compartilhar: um modo de dizer, minha faculdade fez isso, a sua deverá fazê-lo também, nossas faculdades são uma coisa boa. É um juízo que tem prazer em uma coisa estranha, uma coisa que não é uma coisa, mas uma visão sublime de uma coisa. Esse estranho referente do juízo de gosto está aí para que à concepção moral que Kant tem da importância da estética seja dada uma articulação teórica.

O objeto de nosso juízo de gosto é um aspecto particular de nós próprios: é nosso substrato suprassensível compartilhado, a coisa que nos torna humanos – nosso substrato de humanidade compartilhado. A alegação segundo a qual o prazer que sentimos em nós próprios é diretamente referido a esse substrato que está para além da sensibilidade não faria absolutamente nenhum sentido em nossos dias. Ela seria considerada uma ilusão. No tempo de Kant, todo mundo a terá entendido como um modo de nomear a alma. E todo mundo tem acreditado nisso. A teoria de Kant é religiosa de um modo que a de Hume inflexivelmente não o é. Hume acredita que o conteúdo do juízo é a coisa invisível, misteriosa, maravilhosa, sublime, que não é uma coisa que todos nós compartilhamos em virtude de sermos almas humanas. Sem uma tradição cristã da "alma imortal" a dar-lhe suporte, uma tradição amplamente acreditada em seu tempo, a alegação kantiana seria absurda. Não existe tal coisa – que não é uma coisa – que todos nós compartilhamos e que nos torna humanos. Kant acredita que existe e, acreditando nela, ele está simplesmente seguindo a fé comum, falando indubitavelmente sobre as crenças mais profundas e mais morais de seu tempo. Para Kant, o juízo de beleza é um juízo sobre nossas próprias almas, o elemento que compartilhamos e que nos é comum, específico de nenhum de nós, que nos torna seres humanos, morais.

Ele é mais específico. O prazer que sentimos na beleza é sentido por nossas capacidades compartilhadas de sermos agentes morais, nossas habilidades de erguermo-nos acima da natureza das bestas e de tratarmo-nos uns aos outros com respeito. Isso é o que nos faz ter o valor que temos segundo o legado judaico-cristão. Visto que não podemos jamais experienciar nossas próprias almas diretamente, mas apenas por nossas ações e ações dos outros, e visto que a alma é sublime e supra-sensível, sendo um núcleo do ser que é conhecido somente por meio de suas apresentações, somente pelo que fazemos, nós precisamos de um modo de simbolizá-la e de sentir prazer nessa simbolização. A alma é simbolizada e abordada mediante o ritual religioso, mas, pela estética, nós encontramos um modo simbólico de ter prazer com ela. Nós o fazemos pelo emprego do livre jogo de nossa imaginação de um modo tal que simboliza o trabalho dessa alma, o modo pelo qual ela mostra a si própria no mundo, sua ação. Considera-se que o conjunto dos quatro momentos da beleza leva a esse resultado maravilhoso. A organização do juízo estético, bem como o prazer obtido em sua fonte, é delineada como um modo de obtermos prazer em nossos seres morais, misteriosos, sublimes, e obtê-lo estimulando a forma da ação moral sem envolver-se em nada.

Como isso acontece, esse modo simbólico pelo qual a estética se põe em contato com nossas capacidades morais internas, permitindo que tenhamos prazer nelas? Para responder a essa pergunta, convém dizer uma palavra sobre a teoria moral kantiana. Segundo a teoria moral kantiana, a moralidade é uma questão de agir segundo o dever, o respeito pela lei moral, e não uma questão de paixão ou inclinação (que é a concepção de Hume). Pensando estar fazendo nada mais que secularizar a tradição judaico-cristã, Kant argumenta que a ação moral segue seus comandos, e que todos os comandos se reduzem finalmente a um: aja para com os outros como você gostaria que eles agissem para com você. Na teoria filosófica kantiana, essa Regra de Ouro tornou-se a regra do agir com base no respeito por toda a humanidade. Tudo que uma pessoa faz, essa pessoa deve fazê-lo somente se todos os outros, na mesma posição que a sua, estejam autorizados a fazer o mesmo. Se você mente, somente mentir se todos os outros estejam autorizados a mentir na mesma circunstância. Se você escolhe não votar, faça-o somente se todos os outros possam fazer o mesmo. Não há nada de especial sobre você, nem classe, educação, renda, boa aparência, pertença ao clube certo, intelecto, espertez ou força bruta que lhe permita se safar fazendo algo que não seja correto para todos os outros, na mesma situação, fazer. Estamos todos conectados ao mesmo princípio, o princípio do agir de acordo com todos os outros. Trata-se, na concepção de Kant, de agir a partir do respeito pelas outras pessoas, pela semelhança que ela tem com você. Nenhuma pessoa é menos pessoa do que outra, nem merece menos de nosso mesmo e excelente respeito.

Quando uma pessoa age por respeito à lei moral, que significa respeito por todos os seres humanos, está agindo como um exemplo para toda a humanidade. A visão iluminista da igualdade entre todos os sujeitos, a vanguarda, naquela época, do pensamento democrático em um momento das Revoluções Francesa e Americana e retrocessos aos assim chamados direitos divinos da monarquia, é uma visão que confere ao sujeito moral a função de exemplaridade. Sabendo que está agindo do mesmo modo que os outros, todos e cada um de nós age em nome da humanidade. Nossas ações não constituem de modo algum privilégios para nós próprios: elas são universais.

É fácil ver que a estrutura disso, da concepção de Kant, é repetida nos quatro momentos da beleza. O primeiro momento distingue os gostos e as aversões pessoais do desinteresse. Essa distinção repete a distinção moral entre agir segundo a inclinação (o que você sente que gosta de fazer, o que passionalmente compele você a fazer algo) e agir por respeito. Sim, a inclinação pode estar envolvida na ação moral (você quer salvar o bebê, você não age somente por princípio). E, sim, gostos podem estar envolvidos na experiência da beleza: você gosta da rosa e acha que ela é bela. Porém, em ambos os casos, a base do juízo não é uma questão de inclinação ou de gosto. Goste ou não, esteja inclinado ou não a fazer, você está agindo/julgando de acordo com o motivo do respeito pela lei ou pela apreciação desinteressada. Portanto, o primeiro momento da beleza repete a estrutura, assim acredita Kant, da moral.

O segundo momento faz o mesmo. Exatamente como quando você age moralmente, por respeito, você está agindo em nome de toda a humanidade (fazendo o que está fazendo porque todo mundo deveria fazer o mesmo na mesma circunstância), de modo que na experiência da beleza você está julgando em nome de toda a humanidade (todo mundo deveria similarmente considerar isso belo, do mesmo modo que eu).

O terceiro momento da beleza simboliza a estrutura da ação moral simulando o fim por meio da conformidade a fins. Exatamente como a ação moral organiza o que é feito de um modo que deve levar à conclusão ou ao fim correto, assim na experiência da beleza todas as partes estão simbolicamente organizadas de modo a parecer conduzir a um fim conclusivo.

É porque todos esses momentos simulam a estrutura da ação moral que o quarto momento pode concluir: a beleza é o símbolo do bem moral. A experiência da beleza é nosso modo, nosso único modo de ter prazer (prazer desinteressado) em nossas capacidades morais compartilhadas. Nós assim fazemos ativamente e pelo livre jogo de nossa imaginação, engajando-nos simbolicamente na ação moral, isto é, *simulando sua forma e seu juízo*. Convocar os outros a achar algo belo é realmente convocá-los ao engajar-se em um juízo reflexivo sobre essa peça do substrato que é compartilhado por toda a humanidade, a alma. Essa é a razão pela qual nós temos um dever de ter prazer na beleza! Porque isso constitui uma base de treinamento para a ação e para o juízo moral, um modo de ter prazer nesse aspecto de nós mesmos, um modo de reconhecer nossa capacidade compartilhada do juízo moral quando não podemos jamais "ver ou conhecer" essa capacidade diretamente, mas apenas na forma de símbolos indiretos imaginados por nós próprios; finalmente, um modo de formar-se uma comunidade de julgadores referidos ao gosto, que torna os seres humanos mais profundamente unidos conforme o fundamento mais elevado possível. O modelo é a religião, algo ubíquo nos dias de Kant. Uma comunidade em prece é uma comunidade em reverência a Deus e em encontro com seu ser moral mediante esse ritual e com esse canto. Essa comunidade existe conforme um fundamento similarmente elevado e mantém a si própria reunida de um modo que cultiva o espírito moral pelo sentimento de amizade. Kant adota o ponto de vista religioso em sua visão secular da estética.

O BEM MORAL E O SUBLIME

Vimos que Kant investe sobre a experiência desinteressada da forma com uma perspectiva massiva. Essa perspectiva estabelece um modelo para a estética futura. A concepção e a obra de Kant conduzem diretamente a Friedrich Schiller (1759-1805), o grande dramaturgo das ideias sublimes e das liberdades humanas do início do século XIX. Suas peças e sua teoria estética (nas *Cartas sobre a educação estética do homem*)[16] discorrem sobre a elevação moral por meio da experiência da forma, mas também por seu conteúdo magnânimo e seus momentos sublimes (assim espera ele) de glória e reconhecimento trágico. Schiller deseja que sua arte produza uma sensibilidade humanizante nos outros, e tocar um clarim ou uma trombeta requer humanidade. Schiller acredita que, por meio do conteúdo de suas peças, bem como por sua unidade formal (conformidade a fins), os seres humanos são induzidos a ter prazer em suas capacidades morais mais profundas, tornando-se, desse modo, mais espiritualmente elevados. Suas peças são frequentemente sobre injustiça, dificuldade de agir moralmente, sobre a disposição magnânima de morrer por uma causa. Não simplesmente por causa do formalismo que a beleza se torna um símbolo moral (Schiller acredita que Kant está errado sobre isso), mas por uma combinação do tema e dos meios formais. Schiller está certo, seguramente, na medida em que o mero jogo da imaginação, sem uma ideia orientadora, não leva a nenhuma elevação moral, mas simplesmente ao prazer da liberdade imaginativa. Se isso pode incentivar as pessoas a resistirem à opressão ou a agirem de maneira mais moral, quem sabe? Os formalistas como Kant tendem a depositar demasiada confiança no poder da forma abstrata de aprofundar o autorreconhecimento e de melhorar as almas das pessoas.

Trata-se de uma combinação, nos diz Schiller, de ideias ou de ideais elevados com a excelência da forma que compele a imaginação e o espírito humanos. Esse é um modo de dizer que a categoria estética da beleza e a categoria estética do sublime estão mais intimamente conectadas do que Kant pensava. A *Terceira Crítica* trata de ambas. Visto que o objeto do juízo da beleza é algo sublime (isto é, o substrato suprassensível da humanidade), não se pode finalmente entender a beleza sem o sublime.

O sublime tem uma longa história, remontando aos tempos antigos e aos escritos de Longino. O sublime difere fundamentalmente do belo. Trata-se da experiência, e não da harmonia e do prazer (da conformidade a fins estruturada no sentido da conclusão sem fim), mas de algo que se considera ser tão superior, que apequena o sujeito em um estado de temor e tremor. O sublime é a experiência de um objeto cujo tamanho (magnitude) ou poder é tão grande, que apequena a mente, mesmo a imaginação experimentada. Confrontados com a grandeza da montanha mais alta, com o poder da mais bela sinfonia, com o céu esplêndido, grandioso e pontilhado de milhares de galáxias no fundo azul, com a luz monocromática do hemisfério sul, com a linha numérica que se estende para um infinito que não podemos imaginar, nós nos curvamos em reverência. Não podemos propriamente conceber, ter cognição, da coisa que nos é apresentada. Daí a mistura de prazer e dor que vem embutida na experiência. Nossas emoções são inundadas com o sentido de exaltação e levitamos. E somos reduzidos a quase nada por nossa inadequação diante dessa enormidade. "Diante de Deus não sou nada", diz o sumo sacerdote no dia mais sagrado do ano judaico, o Yom Kippur, o único dia em que lhe é permitido entrar na sala daquele que não deve ser nomeado, o santo dos santos, no templo. Superação e humildade, ele alcança o púlpito envergonhado de seus pecados, dos pecados de todos, implorando a Deus por outro ano no qual expiá-los por meio da ação. Isso é o sublime.

A experiência do sublime é uma experiência de reverência diante do caráter superior de uma coisa, é um estado de assombro diante dessa coisa. Se a estética, antes de qualquer coisa, refere-se ao juízo do belo, a religião, com sua imagem dupla e especular, antes de qualquer coisa, diz respeito ao sublime. No estado de assombro, a infinidade de uma ideia surge na mente: a ideia de um poder superior, de uma natureza demasiado vasta para que tenhamos cognição dela, do poder do próprio número (estendido ao infinito), da imensidão do topo da montanha. O sublime, diz Kant, é uma experiência em que grandes ideias – isto é, ideias tão maravilhosas que não têm nenhuma representação ou modelo claro no mundo – podem ser percebidas, ou melhor, recebidas, visto que, finalmente, fracassamos em percebê-las e somos simplesmente dominados por seu poder visionário. O sublime é nossa maneira de vir diante do poder de um universo cujo espírito precipita-se para além de nós: é a experiência do utópico, o momento em que nações, mundos, o futuro, o misterioso fato da vida e seu poder transcendente são revelados. Ele é nossa reação ao substrato suprassensível de nós próprios quando o contemplamos de maneira direta. Acima – ainda que também dentro – de nós, nossa atitude em relação a essa coisa (que não é uma coisa, porque não podemos conhecê-la diretamente como outras coisas) é uma atitude de dignidade e de identificação exaltada com seu poder. O sublime é uma força de apoderação. Tais ideias, segundo Kant, são as seguintes: o mundo moral perfeito, o próprio divino, o substrato suprassensível de nossa própria humanidade. Elas são importantes motivações humanas, motivações utópicas e, assim sendo, o sublime é a maneira que temos de nos submeter a sua força, uma força que pode nos compelir a agir de acordo com seu espírito.

O sublime está relacionado com o poder e, para Kant, isso significa o poder motivador das ideias: ideias dignas de reverência.

É crucial para o poder da arte que ela entrelace o belo e o sublime. Isso é o que Schiller entende imediatamente em Kant e de seu próprio trabalho como dramaturgo. É o que o mundo da Europa ouve em Beethoven, acredita ser verdadeiro em relação ao jovem Napoleão, encontra nos escritos apaixonados de Rousseau. Esse é o mundo de Kant, a urgência moral da segunda metade do século XVIII. Quando o tema e as variações do movimento final da *Terceira Sinfonia* de Beethoven atingem uma quietude e o tema é ouvido como um anseio, o movimento é pungente, mas também sublime, como se os céus tivessem abertos e a justiça tivesse sido ouvida. Essa é a música de toda a humanidade, seu ímpeto de movimento visionário na direção de um futuro inimaginavelmente extraordinário. "Como ele pode ter feito isso? Como é possível essa música?" é a questão que pretendemos superar pelo sublime. Beethoven intitulou originalmente essa obra "A Napoleônica", até que o próprio Napoleão declarou-se imperador e o compositor retirou o título em desgosto.

Desde os dias de Kant, a história tem mostrado que o sublime desempenha um papel gerativo nos históricos movimentos de massa: para bem ou para mal. Quando o sublime é conectado com as ideias sociais que vêm a ser aduladas como escrituras, ele se torna central para a formação dos cultos modernos, cultos do esteticismo, do nacionalismo, dos templos da arte. Ele é um culto do prazer e do assombro transcendental diante do que é glorioso. Nós o encontramos, por exemplo, na articulação da glória sublime e da beleza superior da Revolução Francesa presente nos escritos históricos (obras de arte, de fato) de Jules Michelet. Abel Gance (democrata nacionalista) baseia-se na aura, no carisma de Napoleão para denunciar o então recentemente escrito projeto de Liga das Nações (formada desde 1919) com seu espírito sobranceiro. Em seu filme (*Napoleão*, 1925), a figura de Napoleão é mostrada à parte, como se sob um halo. Ele interage com os outros, mas por meio de gestos de determinação superior levando à certeza de que está no comando. Ele é pequeno, mas filmado sempre de baixo para parecer grandioso ou em um perfil que enche a tela, fazendo tudo mais parecer menor. Dominando o espaço, Napoleão comanda o tempo. Finalmente, o filme o multiplica, partindo a tela em três, cada parte com sua forma colorizada ou com as tropas, que são seu alter-ego. É impressionante; o domínio do cinema, ainda maior que a vida, provou-se demasiado pequeno para a sua presença tumultuosa, para o seu talento monumental, para seus sonhos relativos ao futuro da humanidade. O céu é, literalmente, o limite, pois o plano recorta entre o azul e o imperador montado no dorso do cavalo, espreitando o futuro, a campanha italiana (ou ele está no século XX?) do topo da montanha. Esse filme aborda a segunda vida de Napoleão, seu futuro, uma Europa profetizada em seu nome, dando a ele essa segunda vida na tela. Sua multiplicação na tela significa sua universalização. Ele é todo mundo, está em toda parte, está por todos: como o filme, seu duplo (que é igualmente difuso e representativo). Que as cores das três partes da tela dividida reproduzam a bandeira francesa "tricolor" significa que a versão de Michelet para a sublimidade infinita da revolução francesa está sendo chamada ao acabamento. Napoleão e a nação são um, e ele é a bandeira. "De agora em diante", anuncia ele após comandar a campanha italiana, "eu sou a revolução". Assustadora, sim, essa tese do grande homem que o filme cultiva, embora com fins democráticos, é, no entanto, idolatria. O filme termina com a campanha italiana em plena marcha, mas ainda inacabada. Cabe a nós dar-lhe um desfecho em nossa própria época, assim sugere o filme, mediante a unificação da Europa e a nova Liga das Nações. Desse modo, nossa época redimirá Napoleão, o guerreiro, reunindo poder sob a bandeira de sua aura. Nosso desfecho para a campanha é seu desfecho. Desse modo, a aura de Napoleão perpassa todo o mapa de nosso futuro histórico utópico: nosso futuro é o seu, nós pertencemos a ele. Essa sublimação da ideia de um mundo perfeitamente justo a partir de um indivíduo é um modo de concretizar a admiração que temos por ele mediante sua aura, é um modo de transcendentalizá-*lo*.

Um crítico do século XX, Walter Benjamin, argumentará que essas táticas recrutam o sublime para o propósito de deificar o ídolo histórico e de fortalecer a emoção da massa e a ação em torno à sua significação. Por meio da identificação com ele e com todos aqueles a quem representa, temos a ilusão de que a reverência é por nós próprios em virtude de alcançá-lo, de que a distância impossível entre nós próprios e a ideia sublime está sendo mediada por esse sacerdócio. Ele é católico, uma linha telefônica direta entre nós, seres morais minúsculos, e o ser superior. Tanto o fascismo quanto o totalitarismo baseiam-se nesse lugar-comum. Nada pode ser mais historicamente perigoso do que o fato de ideias não serem mais discutíveis e pessoas não mais possam ser julgadas. Elas se tornam ídolos, e essa idolatria (a violação do primeiro dos 10 mandamentos: vós não deveis ter outros deuses além de mim) pode levar os homens ao cerco de Stalingrado (dois milhões mortos, famélicos até a morte, tentando manterem-se vivos comendo ratos), o genocídio dos tutsis, a limpeza étnica da Bósnia. Voltaire, essencialmente empirista e profundamente cético em relação à fantasia humana, certa vez disse algo como o seguinte: se você pode conseguir que uma pessoa acredite em um absurdo, você pode conseguir que ela cometa uma atrocidade. Ele sabia: ele assistira ao que o catolicismo tinha feito. Felizmente, ele não assistiu ao século XX em razão de estar morto.

O sublime é aquilo que resiste a encarnar em um indivíduo, em uma nação, em um grupo, pois ele é a experiência de uma ideia que não têm nenhuma representação, nenhum modelo no mundo real. Considera-se que ele causa a humildade. Quando concretizado como a aura da nação, do grupo, do indivíduo, ele causa o oposto, a identificação da massa. Muito da estética do século XX descreveu a importância do belo que há nisso. Beethoven, sim, é tanto belo quanto sublime. Quando a política é embelezada pelo estereótipo representacional e o recrutamento de Beethoven, Bach, mesmo Wagner (ele próprio um ídolo) o é para a cultura Nazi, a ideia sublime é concretizada no embelezamento das coisas, dando a ilusão de que sua realização é igualmente bela. Esses símbolos da nação fascista, lançados na paixão ou na aura da religião perfeita, seduzem e energizam, gerando a aura do culto e sua histeria. Desse modo, o italiano fascista transforma a ideia sublime do mundo clássico em uma série de formas arquiteturais de massa cinzelada que dizem à população que eles são realmente guerreiros romanos mascarados, e o nazista emudece os camponeses alemães e eleva-os a deuses sagrados, o stalinista (do outro lado do pêndulo) lança um trabalhador sujo como um homem de maratona pronto a empurrar o Estado adiante com a força de Arnold Schwarzenegger e a perfeição do próprio Nexus Modelo Seis, Rutger Hauer.

Isso é o que a Escola de Frankfurt famosamente chamou de estetização da política.[17] Trata-se de uma guinada moderna na formação dessas categorias do século XVIII, significando que essas categorias não são simplesmente abstrações, mas correspondem a movimentos profundos na cultura e na vida modernas. No Capítulo 5, falarei sobre o que está em questão na compreensão de um novo meio de arte. Nesse capítulo, focalizarei as características estéticas do filme. Visto que não falarei sobre isso neste capítulo, notar-se-á aqui que desde o início o poder político do filme esteve em questão para os estetas da Escola de Frankfurt, bem como a democracia liberal. Escritores como Benjamin e Siegfried Kracauer estavam preocupados em entender o potencial revolucionário desse meio de comunicação de massa, um meio capaz de sublimação e sedução, tanto quanto de poderosa revelação social. Se suas esperanças – e seus medos – utópicos com relação ao meio não foram confirmadas pela história posterior, é, contudo, verdadeiro que apreender um novo meio, central para a imaginação pública, é fazer afirmações sobre sua política, e essas afirmações estão conectadas às características estéticas que se pode nela discernir. Daí o poder do sublime em mover os homens e as mulheres francesas, os europeus, a reafirmar Napoleão no início do século XX. A estética não é jamais totalmente dissociada da política, dadas as poderosas funções sociais das artes e o modo pelo qual as categorias estéticas são requeridas para a compreensão dessas funções.

Não há nada mais humano na criação de arte ou na religião ou na filosofia estética do que o desejo de atribuir aos juízos abstratos sobre a forma significado e valor simbólicos e culturais profundos, pois esse é o desejo de fazer da arte e da natureza os veículos para a comunhão em torno das ideias mais amplas possíveis, transformando assim a arte e a natureza em templos da religião, lares da intimidade humana e veículos de poder. O formalismo posterior que fluiu de Kant abandonará radicalmente a grande imagem kantiana da arte e da moralidade, escriturada sobre a experiência da forma, e dirá simplesmente: o valor da arte consiste no único poder de absorção na forma que ela fornece. Quando nos envolvemos na experiência da conformidade a fins sem fim, nenhum significado adicional se associa a ela. Essa experiência não diz respeito à simbolização do bem moral; seu valor consiste no fato de que ele é um fim em si mesmo, um modo de absorção em profundidade dentro da própria imaginação que não diz respeito a absolutamente nada, sendo, ao contrário disso, um mistério. Esse desejo de libertar o foco e o prazer estéticos do peso do significado e da simbolização é tão profundamente humano e central para a teoria estética e para a prática artística quanto o é a tendência oposta de atribuir valores sublimes à experiência. Por ser o foco sobre a forma abstrato e tão pouco significado por estar presente quando alguém acompanha o fraseado musical ou os desenhos abstratos de um quadro de Mondrian é que a forma pode tornar-se uma mera cifra para qualquer maneira de simbolização e significação adicional. Quando não há nenhum significado com o qual começar ou pouco significado até o momento, as possibilidades de fornecer um roteiro são grandes. Assim sendo, nenhuma experiência da forma é simplesmente a seguinte:

sempre produzimos significado na ocasião. No entanto, menos é mais, significando que quanto mais reduzida seja a forma do significado, mais a pessoa pode tentar supri-la a partir de fora. O filósofo que atribui significado ao objeto, então, torna-se o artista da ocasião, ou pretende sê-lo, sendo o único a criar o significado que se supõe estar ali. Kant faz isso com sua imagem [da arte] aplicada à experiência da forma, na qual ele considera que essa experiência simboliza o bem moral e explica a razão disso. Ou, é o caso de dizer, ele o faz parcialmente em sua imagem, pois há um contexto cultural a partir do qual ele escreve, vendo a estética do seu modo religioso, uma civilização a que Schiller se refere e que se orienta segundo essa concepção.

O projeto de Kant de responder a esse modelo cultural já existente e também de ajudá-lo a ir adiante, provendo uma teoria do modo como a estética serve ao propósito simbólico apropriado, é um modelo para a história da arte e para a estética posterior. Veremos que ele ocorre nas vanguardas (Capítulo 5), onde a teoria e o manifesto pretendem emprestar à abstração uma força política, transformando a abstração em uma chave para o sublime e fornecendo a "grande ideia" que se supõe que a obra significa. Esse desejo de controlar conceitualmente uma experiência abstrata se aproxima da corrupção do sublime que ocorre quando todo o procedimento da política é convertido em arte. Quando grandes ideias resultam de experiências abstratas e quando uma cultura tenta convertê-las artificialmente em um procedimento estereotipado é algo difícil determinar, pois grandes ideias (as ideias morais de Kant) brotam de obras de arte e de experiências da natureza em contextos culturais e para culturas preparadas para senti-las e conhecê-las. Qualquer um pode sentir a respiração e o vazio do universo ao olhar fixamente um céu estrelado no hemisfério sul. Kant dirá que ele vê (contemplando aquele céu da Prússia, ou escrevendo como se o estivesse contemplando) a lei moral nele. Esse ver-como, esse modo de perceber mais do que está na própria coisa, é gerado por nossas posições culturais, e não simplesmente por nossa humanidade compartilhada. Mesmo na época de Kant, Hume terá entendido de outra maneira que as pessoas consideram obras de arte e coisas belas como meras comodidades a serem desfrutadas, como instrumentos da civilização, coisas a serem discutidas em clubes de homens. De quem o céu é contemplado e estrelado e representa a lei moral nele, e de quem é uma ocasião para um bom vinho do porto e um cigarro?

As vanguardas tentarão (com sucesso duvidoso) investir suas obras de significações políticas profundas. Que significado se atribui à cifra vazia de uma experiência abstrata é uma questão de saber o que uma cultura está preparada para aceitar ou não, ou debater sobre, ou permanecer incerto sobre. A cultura moderna pretende ter experiência estética de ambos os modos: como uma coisa singular, mágica em si mesma, sem a atribuição

Estética **85**

de nenhum significado adicional, liberado do peso do interesse e do propósito; como um ritual massivamente simbolizado que serve aos mais amplos propósitos imagináveis. Finalmente, não há nenhum juízo verdadeiro em tais matérias, e essa é a razão pela qual, desde Kant, a estética esteve associada à crítica social.

NOTAS

1. Hume, David, "Of Tragedy", *Selected Essays*, ed. Stephen Copley e Andrew Edgar (Oxford, The Clarendon Press: Oxford e London, 1998) p. 127.
2. Hume, David, *Treatise of Human Nature*, ed. David e Mary Norton (Oxford University Press: Oxford e London, 2002), p. 316.
3. Hume, David, "Of the Delicacy of Taste and Passion", *Selected Essays*, p. 11.
4. Ibid., p. 10.
5. Ibid.
6. Hume, David, "Of the Standard of Taste", ibid., p. 136.
7. Ibid., p. 137.
8. Cohen, Ted, "'The Philosophy of Taste", in *The Blackwell Guide to Aesthetics*, ed. Peter Kivy (Blackwell: Oxford, 2004), p. 170.
9. Hume, David, "Of the Standard of Taste", Selected Essays, p. 147.
10. Ibid., p. 141.
11. Goehr, Lydia, *The Imaginary Museum of Musical Works* (Oxford University Press: Oxford e London, 1994).
12. Ver seleções feitas por ambos os filósofos em Goldblatt, David e Brown, Lee, *Aesthetics: A Reader in Philosophy of the Arts* (Prentice Hall: New Jersey, 1997).
13. Kant, Immanuel, *Critique of Judgment*, trad. J. H. Bernard (Haffner Press: New York, 1951).
14. Meyer, Leonard, *Emotion and Meaning in Music* (University of Chicago Press: Chicago e London, 1956).
15. Meyer, Leonard, *Music, the Arts and Ideas* (University of Chicago Press: Chicago e London, 1994).
16. Schiller, Friedrich, *Letters on the Aesthetic Education of Man*, trad.,. Elizabeth Wilkinson e L. A. Willoughby (Clarendon Press: Oxford, 1982).
17. Os escritores significativos nessa área são Theodor Adorno, Walter Benjamin, Georg Lukacs, Bertolt Brecht e Ernst Bloch. Para quem se interessar por esses debates, ver Ronald Taylor, ed. e trad., *Aesthetics and Politics*, com um posfácio de Fredric Jameson (New Left Books: London, 1977).

4
Arte e Experiência

AS QUATRO PRINCIPAIS CARACTERÍSTICAS QUE DISTINGUEM O SÉCULO XIX E O SÉCULO XVIII

O século XIX se distingue do século XVIII por quatro características decisivas. Primeiramente, ele separa o estudo da arte do estudo da natureza. Não será mais suficiente apenas uma estética para ambas. Em segundo lugar, ao colocar o foco quase que exclusivamente sobre a arte, ele invoca o conceito de arte como expressão humana. Em terceiro, ele demonstra por que e quão profundamente a arte tem uma história, bem como o quanto a compreensão dessa história é importante para compreensão, experiência e apreciação da arte. Por último, ele torna claro que as artes devem ser estudadas mediante a abordagem dos meios individuais da arte, e não simplesmente como um todo categórico singular. Para saber o que é a arte, uma pessoa precisa saber o que torna um meio (a pintura) diferente de outro meio (a música), e por que, em virtude de suas características particulares, esse ou aquele meio predomina em um dado momento histórico. Escrever no início do Romantismo, que mistura as artes transformando a pintura em mito e poesia, a poesia em música, música em pintura, e todas as artes em forma de memórias fantásticas, o século XIX começa o grande e contínuo ato de separação das artes, organizando-as segundo suas possibilidades e suas limitações diferenciais, segundo suas possibilidades de prevalência e de combinação. Todas essas ideias encontram sua exposição mais detalhada na obra-prima de G. W. F. Hegel (1770-1831), da qual resulta grande parte da estética do século XIX e do século vinte.

Poderíamos muito bem ver a história da estética como um legado triplo de Hume, Kant e Hegel. De Hume, as questões sobre gosto e qualidade do juízo de (o juiz autêntico) permanecem atuais. E, de Hume, a estética retém uma tendência para a explicação naturalista: a tentativa de enraizar a experiência estética em fatos sobre a natureza humana, particularmente os fatos sobre percepção e psicologia humanas (a "percepção vivaz e a delicadeza de paixão" de Hume). Essa tentativa de encontrar bases psicológicas para a criação e experiência da arte pode ser encontrada no trabalho de John Dewey e Richard Wollheim, dois autores que irão aparecer neste capítulo, ambos naturalistas.

De Kant, recebemos o legado do formalismo e da simbolização da moralidade por meio da arte. Encontramos o formalismo na obra de Eduard Hanslick sobre o belo musical (em um livro que tem esse título),[1] em Clive Bell e Roger Fry sobre a arte visual, e nos escritos de muitos outros. O formalismo pós-kantiano deseja restringir a arte a um conjunto de propriedades pequeno e estritamente definido: as propriedades do meio. O objetivo do formalismo é argumentar que a arte é geralmente mal compreendida. Embora acreditemos que a representação ou a expressão sejam características centrais da música ou da pintura ou da arquitetura, elas não o são. O essencial da arte é a forma significante, no sentido de Bell, e somente ela é uma experiência da fluência, da conformidade a fins, da finalidade que arrebata. O valor real da arte é místico, irresistível, sublime, insondável e intraduzível.

O problema com o formalismo é sempre a dificuldade de distinguir adequadamente as características formais e não-formais de um meio. Música de câmara, arte abstrata: esses são os exemplos mais persuasivos. Porém, mesmo no repertório sinfônico, sucessivas obras-primas foram criadas que desafiam a distinção entre características formais e características não-formais, induzindo a crer que é a sinergia dessas características (não importa como tenham sido definidas) que conta para a arte. Conforme qualquer teoria formalista da música, as palavras ficam à margem desse meio. A forma musical é uma questão de fraseado melódico, harmonia, ritmo, tom, primeira voz, timbre, cadência, repetição, variação, e assim por diante. E ainda: na *Nona Sinfonia* de Beethoven, o movimento final, a famosa ode à alegria ("Freude, Schoene Gottenfunkeln . . .") aparece primeiramente na seção dos violoncelos, que a canta sozinha. Não há qualquer dúvida de que eles estão cantando uma canção, e não se pode ouvi-los de outra maneira. Simplesmente não sabemos que canção, se haverá palavras, até que a música seja repetida pelos cantores que cantam a ode de Schiller com as palavras. Retrospectivamente, nós compreendemos que a seção dos violoncelos estava ansiosa por cantar palavras, como se o instinto para a palavra estivesse em toda parte na música. Isso é decisivo para a integração dos elementos orquestrais e corais nesse movimento e, portanto, para sua forma, pois os violoncelos são investidos da glória das palavras, e o som e a palavra parecem se tornar um. Tão logo uma característica seja estigmatizada como "não-formal" e relegada a um *status* marginal em um meio artístico, pode-se geralmente encontrar um exemplo importante no qual essa característica não-formal mistura-se na construção da forma de um modo bastante central.

Além disso, é perverso pretender eliminar elementos não-formais (não importa como tenham sido definidos) tais como conceitos, interesses, paixões, emoções, fins e função social da experiência estética como uma regra geral! Por exemplo: o formalismo tem pouco a dizer sobre o poder comunal da Tragédia Grega, que envolve reconhecimento, identificação, processo de purgação. O formalismo é uma poderosa concepção da pureza e da intraduzibilidade que inevitavelmente fracassa como teoria. Ele é mais bem compreendido como um ponto de vista sobre a arte, uma perspectiva que procura elucidar a percepção da organização mais que a percepção do tema, da expressão ou da história.

De Kant, a estética também retém o legado moral: sua ideia de que o objeto belo, sendo um juízo final sobre o ser e seu sentido interior, é o símbolo do bem moral. Uma pessoa está diante do objeto belo como diante de um exemplar e, sendo a obra uma experiência simbólica subjetiva das nossas capacidades morais, também ela se apresenta como um exemplar. Para Hegel, ela representa algo mais: a aspiração de uma época, e algo menos: isto é, algo menos universal, mais exatamente algo que fala em um momento da história.

Isso nos leva a Hegel.

A ESTÉTICA DA EXPRESSÃO SOCIAL DE HEGEL

A obra-prima de Hegel tem como título – bastante direto ao assunto – *Estética* e como subtítulo "Lições Sobre as Belas-Artes". Isso é suficiente para nos dizer como o foco de sua obra mudou em relação ao de Hume e ao de Kant. O livro não trata mais de algo que se chama gosto ou sobre a experiência do belo: ele trata da arte. Hegel introduz a distinção entre um livro sobre a natureza e um sobre a arte, baseando-se na ideia comumente aceita (tanto em sua época como na nossa) de que a arte é um produto da atividade humana e é apreciada como tal. A arte é feita pelos seres humanos como um modo de se adaptarem a seu mundo e é entendida nesses termos:

> O homem se faz diante de si próprio por meio da atividade *prática*, pois tem o impulso de produzir-se em tudo aquilo que lhe é diretamente dado, naquilo que se apresenta a ele externamente, e nisso tende igualmente a reconhecer a si próprio. Esse objetivo ele alcança alterando as coisas exteriores nas quais imprime a marca de seu ser interior, nelas encontrando novamente suas próprias características. O homem assim faz para, como sujeito livre, despir o mundo exterior de sua estranheza inflexível e para desfrutar, na forma das coisas, apenas a realização externa de si próprio. Até mesmo o primeiro impulso de uma criança envolve essa alteração prática das coisas exteriores; um menino joga pedras sobre a superfície do rio e então se maravilha com os círculos desenhados na água como um efeito diante do qual ele tem a intuição de algo que é

produzido por ele próprio. Isso precisa percorrer os fenômenos das mais diversas formas até que o modo de autoprodução nas coisas externas esteja presente na obra de arte.[2]

A arte responde a uma necessidade humana universal de "elevar o mundo interno e externo até a [nossa] ... consciência espiritual, como um objeto no qual ... nos reconhecemos a nós próprios,[3] e que ". . . na sua duplicação de [nós próprios] ... traz o que está em [nós] ... à visão e ao conhecimento"[4] dos outros.

Hegel acreditava que a atividade humana organiza-se em torno de uma meta geral. A meta da atividade humana (isto é, da história humana) é conquistar seu próprio ambiente, é criar um mundo para nós próprios no qual sejamos livres para ser livres. Isso significa remover (superar) a alienação de nosso ambiente social e natural, tornando-os conformes com nossas aspirações mais profundas. A meta é construir um mundo social no qual nossas aspirações mais profundas possam ter expressão. E isso significa ao mesmo tempo saber quais são nossas aspirações mais profundas. A meta da história é construir um mundo em que a emancipação humana seja possível, onde isso possa ser feito ao mesmo tempo em que venhamos a compreender o que nos torna parasitas, o que verdadeiramente queremos e como, juntos, pertencendo a um mundo social, nós podemos facilitar a realização disso. A teoria da história de Hegel é simples, sendo um resultado da proclamação da liberdade humana universal feita pelo Iluminismo. A meta é tornar o mundo o nosso mundo, habilitando, desse modo, nossa emancipação e nosso devir.

Escrevendo em um momento em que acreditava que toda a história do mundo, com seu sangue, seu sofrimento, seu desgaste evidente, de fato, resultara progresso, a ideia de Hegel é que a formação do indivíduo moderno pode ocorrer somente por meio da ação humana. É somente procurando fazer do mundo um reflexo de nossos interesses que podemos compreender que falhamos e obter uma melhor ideia de como progredir a partir do que deu errado. A ação humana é o propulsor do conhecimento humano. Ao construirmos um mundo, nós viemos a conhecer melhor quem nós somos e o que queremos, compreendendo quais são as limitações desse mundo. O progresso é histórico.

Esse é o modelo da dialética hegeliana, crucial para a estética tanto quanto para a religião, para a filosofia e para a política. De estágio em estágio, fundindo o mundo de uma forma particular, uma forma de monarquia, de dominação religiosa, de cultura filosófica e de instituições legais específicas, os seres humanos tentaram articular sua própria liberdade, procuraram conhecer por meio desse ato criativo de construção de seu mundo quem eles são e quais instituições, formas de cultura, conceitos, arranjos de poder os expressam. A meta da história é o conhecimento: o conhecimento que tornará possível o – e será modelado pelo – mundo que nós, simultaneamente, construímos (*homo faber*: o homem criador). Esse moto se estende desde a construção de leis e de cortes à criação de arte. É somente a partir de um salto confiante em uma nova forma histórica, uma nova consciência da utopia, uma nova estrutura que faça a vida humana se empenhar em um tipo particular de jogo (grego, romano, medieval, renascença, iluminismo) que os limites de cada um podem ser conhecidos e alguma coisa melhor ser imaginada a partir dos arquivos e das ruínas do antigo. É somente no fim da história que podemos entender propriamente a que a ação humana realmente conduziu. No tempo, corremos um risco, inseguros quanto às consequências de nossa concepção de lei, de igualdade, de comunidade humana, de cultura, de filosofia. Felizmente, para Hegel, a vitória final da história, a captura do seu informante precioso e o fim do jogo dessa magia acontecia – assim pensava ele – exatamente em seu ponto terminal. Isso aconteceu com a Revolução Francesa e com as ideias iluministas de Immanuel Kant. No entanto, o pensamento de Kant sobre vida, justiça, conhecimento, arte, permanecem abstrato, carente da percepção – acreditava Hegel – de quão a moralidade, a beleza, a cultura, a lei constitucional pairam abstratamente no ar, sem bases para interpretações na vida real, quando concebidas à parte das instituições sociológicas (cortes de lei, igrejas, universidades, museu, sala de concerto, capela, formas de conhecimento e de ciência) que dão às ideias abstratas e aos ideais o corpo da crença e da ação humanas. Um verdadeiro juiz da cultura é aquele que não apenas possui as faculdades por natureza e treino, mas uma pessoa fundada em – e limitada por – sua sociedade e suas aspirações. A arte não é uma coisa consumível feita para o gosto, ela é uma parte integral da história mediante a qual os seres humanos tentaram – e, segundo Hegel, conseguiram – construiu um mundo que reflete suas aspirações. Ela é uma forma de construção do mundo e de conhecimento, um modo de as pessoas virem a conhecer quem elas são e o que querem.

Hegel refere-se a isso dizendo que a arte é uma forma de espírito absoluto. Por meio de símbolos sensíveis, a arte fornece imagens não da própria moralidade abstrata (ideia que Kant faz da beleza), mas uma imagem idealizada de uma nova ordem social, uma ordem de harmonia, unidade, forma intencionada, na qual os fragmentos alienados e os aspectos contraditórios do mundo histórico real em um dado momento são simbolicamente unificados. Na arte, espaço e tempo encontram-se corporificados de um modo que tenta conciliar contradições e resolver problemas. A arte é utópica ao expressar o que o mundo poderia ser, se ele fosse, e o quanto os seres humanos poderiam desfrutá-lo. Como tal, ela é um modo de trazer à luz as contradições, os problemas e a aspiração a resolvê-los.

Um exemplo se faz necessário. Os dois volumes de Hegel estão cheios deles, e constituem, para ele, a história pregressa das artes. Contudo, um exemplo contemporâneo pode ser melhor. Tendo vivido na África do Sul durante a década de 1990, em meio ao tumulto da transição do regime de Apartheid para a democracia, permitam-me abordar a arte feita nesse momento de turbulência. Voltemos a 1992, um ano após o término formal do regime de Apartheid. Nelson Mandela havia sido recém-libertado da prisão. Havia um "governo provisório" no poder, elaborando os termos da transição, com o Partido Nacional, sob F. W. De Klerk, no processo de urdir um arranjo com Nelson Mandela, que representa o Congresso Nacional Africano. Esse é um momento em que as delicadas negociações sobre o novo Estado democrático podem colapsar a qualquer momento. É um momento de permanente violência. O momento conduzirá – como, de fato, aconteceu – à Constituição Provisória de 1994, que ordenou as primeiras eleições democráticas nesse ano (com Mandela eleito Presidente de Estado) e os Comitês de Reconciliação e Verdade que começaram seu trabalho em 1996. A constituição final fora completada em 1996. No entanto, ninguém sabia disso ainda, o ar está inebriado com a mudança e cheio de incerteza.

Nesse momento inebriante, o cenário da arte pareceu expressar os anseios de as pessoas estarem em contato com os estilos e com as vidas umas das outras, de escutar na arte uma da outra a possibilidade de conexão de cada uma *com* a outra, de ouvir nessa arte o coro da liberação de restrições de separações impostas pela vida social, pela ideologia cultural e racial e pelos fatos políticos. À medida que a nova África do Sul tomou essa consciência mútua do seu ser, os artistas pareciam ter descoberto o fato de que compartilhavam – mesmo que a partir de perspectivas altamente distorcidas – uma paisagem e uma história comuns. Esse foi um momento de expansão dos estilos de inúmeras maneiras. Um pintor africano se apropriaria do Expressionismo Abstrato, relançando-o com os padrões das vilas ndebele, os vasos zulus ou a paisagem arbustiva; um jovem escultor cujos pais são da Inglaterra, mas que cresceu nesse mundo de serpentes, terra vermelha e de sublime violência da natureza, descobriria as formas naturais da África Ocidental.

Nesse lugar limiar, misturado, chamado África do Sul, primeiramente um entre os experimentos decisivos da dominação de Estado racista/modernista ocidental, os sonhos pós-modernos de tolerância pluralista (ausência de exclusividade) e a pandisponibilidade de diversos estilos culturais finalmente vieram à luz do dia – pelo menos na arte. Eu considero o cenário da arte desse momento na África do Sul como utópico: utópico no sentido de seu otimismo, de sua indeterminação inebriante e de seu exemplo de capacidade dos artistas de restituir a conexão entre estilos e pessoas, tudo existindo como modelos ideais para o futuro da própria nação. O sentido de emergência de um passado branco liberou um desejo tenebroso de futuro, e o mundo da arte da África do Sul foi um breve instante inflamado por vastas quantidades desse desejo: desejo de uma sociedade melhor, desejo de uma nova nação, desejo de melhores termos para o acordo entre as pessoas, desejo de diversão e de natureza.

É somente em certas épocas da história dos Estados-nações e geralmente no momento de suas formações ou reformações que a arte pode experimentar, embora também expressando novos termos de cidadania. A experimentação artística na África do Sul tem sido profunda porque ela se constituiu em um modo de experimentar – na esfera da arte – com relações novas e idealizadas entre pessoas que habitarão conjuntamente uma nação. E trata-se de experimentação sem uma narrativa singular da unidade nacional, mas, em vez disso, com a dinâmica genuína da compatibilidade e da inter-relação. Na medida em que as pessoas se descubram compartilhando estilos, elas se tornarão mais semelhantes e, paradoxalmente, mais capazes de expressar, de comunicar, suas diferenças. O que significa que a arte é uma prática que estabelece os termos utópicos da comunicação nacional ao tornar populações diversas mais semelhantes e a diferença mais comunicável e negociável. Tais práticas de amizade, de entrelaçamento, de aliança, de tornar-se como o outro, e o outro no ser precedente que ele foi, tais práticas que resultam em tornar-se um ser mais rico, menos reprimido, são, no campo da subjetividade, um tipo de obra experimental. Essa obra é muito mais difícil de levar a cabo nos campos social e político, e, como ocorre com o progressivo movimento na Índia, a arte torna-se, por isso, um farol para o que é mais difícil de realizar em outra parte. Sua energia é alimentada, sua função utópica tornada possível por essa razão. A política de estabelecimento (ou re-estabelecimento) da nação requer que um acordo real seja forjado entre grupos raciais, étnicos, linguísticos e geográficos imensamente diferentes (o Congresso Nacional Africano, o Partido Nacional, o Partido da Liberdade Inkatha, os Zulu, o Africâner, etc.), cada um com interesses imensamente diferentes e, de fato, pouca uniformidade interna. Fora desses grupos, deve emergir um acordo para estabelecer a fundação da nação – se a nação deve durar. Mesmo quando existe o desejo de acordo, quem pode concordar com o que será a declaração mínima de direitos, quando alguns rejeitam a própria ideia de direito à propriedade privada, enquanto outros desejam manter os meios de produção largamente como estão?

Isso deixa a esfera da arte na posição de um exemplo idealizado do que acontece lentamente – ou absolutamente não acontece – em outras arenas da vida da África do Sul. A arte surge como um exemplo por conciliar contradições e superar problemas. E isso acontece, nesse momento, para os sul-africanos, por meio da polinização cruzada de estilos.

Em nenhum lugar esse estado de coisas foi mais bem exemplificado do que na Everard Read Contemporary Gallery, em sua exibição inaugural em setembro de 1992. A exibição inaugural da galeria continha pintura, escultura, cerâmica e coleções mescladas. Variava desde a arte de resistência (uma excelente pintura multimídia, "Tumulto", de Kendell Geers, com um buraco na forma de explosão de uma bomba recortado em sua superfície pictórica) ao mobiliário (feito por Stephen Cohen e coberto com imagens selvagens de danças e tumultos). A meu ver, o trabalho mais excitante da exibição inaugural da Everard Read Contemporary foi o de escultura. Em um país onde o entrelaçamento das árvores, a disponibilidade de madeira dura de todos os tipos, as antropomorfizações sugeridas pelos animais e a *ambiência* da escultura africana tradicional são ubíquos, a escultura sugere a si própria como uma dramática possibilidade de resposta. A obra *Pioneiros*, de Joachim Schonfeldt, uma vaca esculpida com várias cabeças e posta sobre um pilar, é um manifesto alusivo às antigas raízes da vida campeira "bôer" e, correlativamente, ao enquadramento dos pretos africanos pelo colonialismo. A escultura é talhada em madeira marrom e parcialmente pintada de branco. Em suas laterais, há pequenas pinturas de pretos africanos com ternos e gravatas feitos em um estilo e em um modelo que encontraríamos em um leilão irregular daquele país. A obra é, ao mesmo tempo, descaradamente nostálgica e crítica. Em resumo, ela está aberta ao fato total de seu passado. Em uma veia similar, a coleção de esculturas "Naufrágio", de Guy Du Toit, consiste de 36 frontões triangulares de cerca de um metro e meio de altura e arranjados em fileira. Sobre eles estão colocados pequenos objetos de bronze comuns do passado africano/bôer: bigornas, sinos, tambores, selas, um ganso, etc. A peça pode ser vista como uma ocasião de se exibir os objetos desse passado, objetos que significam uma vida rústica, simples, mas também bela. Porém, os frontões também parecem versões em miniatura das lajes de concreto enormes, cruéis e desprovidas de ornato que compõem a arquitetura fascista e totalitária do regime de Apartheid.

Essa obra renunciava ao passado com um gesto decidido, mas era também sanguínea ao referir-se ao modo como esse passado permanece como um traço na paisagem, bem como nas ações e nas atitudes das populações sul-africanas (tanto antes quanto agora). Havia também a escultura "O Homem Rico", de Johannes Maswanganye. Uma escultura em chumbo, enorme, homem de chumbo vestido com um terno, uma gravata (que ele também segura) e uma camisa amarela. O rosto do homem é uma paródia estendida do rosto de um homem branco, e a obra como um todo soa como paródia. Contudo, Maswanganye deu a esse rosto de homem branco as feições de um homem preto africano. Um esculpe o outro – finalmente – na imagem de si próprio, sendo, ao mesmo tempo, ele próprio, incluindo suas diferenças em relação aos outros, com as quais, finalmente, ele deve aprender a ter prazer. No entanto, a imagem de si próprio projetada sobre o outro – esse também era o argumento das esculturas de madeira e das pinturas recém-compostas para a exibição – não é jamais, por sua vez, modelada na pedra. As identidades estavam prontas para a mudança naquele momento, para uma perigosa mescla com aqueles longamente excluídos de sua própria autoimagem e de seu sentimento de poder.

Essa exibição ilustra a terceira ruptura decisiva de Hegel com o século XVIII. Porque a arte é uma expressão das aspirações do lugar e da época, a arte tem uma história e essa história é essencial para a sua compreensão e sua apreciação. Os sul-africanos praticaram essa arte instintivamente, ou escravizada com sua visão ou enfurecida o bastante para sair da galeria (na esperança de encasularem a si próprios contra os ventos da mudança social). No entanto, o que dizer de outros, em outras partes do mundo e, posteriormente, em outros lugares e épocas? A explicação do contexto será requerida para animar os gestos, para expressar suas mensagens internas e para explicar tudo o que está envolvido na mescla de estilos. Esse é o projeto da história da arte. Sendo assim, se formulamos a questão "Por que teria a arte uma *história*?" e "Por que essa história teria qualquer interesse para nossa apreciação de sua beleza e de seu poder?", seria a seguinte a resposta de Hegel: a arte não é mero entretenimento, um artigo de consumo para os prazeres do gosto (Hume). Tampouco é um exemplar moral universalizado em virtude de sua forma abstrata, como Kant pretendia. A arte é uma ação concreta mediante meios concretos que é expressiva das aspirações de uma época: esta é, para Hegel, a razão de a história ser essencial para sua compreensão: porque ela fala à história (ao espaço e ao tempo).

O CONCEITO-CHAVE DE UM MEIO DE ARTE

A importância de definir a expressão e todos os outros valores da arte em temor de *meios particulares* é quarta inovação da estética do século XIX. Foi Hegel quem deu a essa ideia a sua formulação mais poderosa, quando ele disse que a história da arte é aquele em que certos meios são favorecidos em certas épocas da história. Isso ocorre porque essas épocas estão paradigmaticamente habilitadas a formalizar as aspirações culturais que, no momento relevante, requerem expressão. A escultura, afirma Hegel, é a arte central para o mundo clássico, porque ela harmoniza o mundo ideal dos deuses pagãos e o mundo físico do homem. A arquitetura é a arte central para os judeus antigos devido à sua prescrição contra a idolatria de imagens esculpidas e ao fato de eles praticarem sua adoração na sublime casa do Senhor. Para os românticos, a principal arte é a poesia, e assim por diante, até o fim da arte, que termina na época de Hegel, assim ele o afirma, porque, dada a complexidade da vida moderna, a arte não é mais capaz de expressar as aspirações mais profundas. Como veremos no Capítulo 6, as vanguardas terão contas a ajustar com essa visão.

Hegel convida o leitor a aceitar uma análise hierárquica das artes. Cada época compartilha uma única aspiração, a qual apenas um tipo particular ou tipos particulares de arte estão aptos a expressar – daí sua predominância nessa época. Se essa análise hierárquica das artes é aceitável – cada época com sua aspiração única e compartilhada, cada época com sua única e principal arte para expressá-la e todas as outras desempenhando um papel subordinado –, é uma questão que tem sido um intenso debate na guerra das culturas dos últimos 20 anos. Nesse debate, a principal alegação tem sido que a hierarquia é a máscara do poder: um meio de suprimir a diferença humana estabelecendo certos protótipos culturais como dominantes e outros como insignificantes. Isso marginaliza outras vozes e inibe o reconhecimento da diversidade. A política da identidade nos Estados Unidos, na Grã-Bretanha e em outros lugares tem resistido a essa alegação.

Contudo, há algo plausível na ideia de que, em certas épocas, certos meios predominam. Hoje em dia, os meios (o filme, a televisão) provavelmente são as formas de arte centrais. No mundo da sala de concerto da Alemanha e da Áustria do século XIX, a música e a literatura eram, talvez, centrais. Contudo, por quê? Porque unicamente esses meios têm o pulso das suas épocas, os desejos compartilhados que uma cultura adota como seus preferidos. Ou, antes, por razões relacionadas ao sistema econômico e à organização social: porque o dinheiro é investido nelas sob todos os argumentos possíveis e porque elas são favorecidas como lugares de circulação. Com os meios (e a Internet) isso é óbvio: suas tecnologias têm um alcance expansivo não-igualado por qualquer outro. Isso é verdadeiro também em relação à circulação da imprensa na Alemanha e ao desempenho da música em casa, na igreja, na escola, na sala de concerto. Melhor conceber a relação entre os meios favorecidos e a aspiração social como dialética. Esses meios são em certo grau favorecidos, porque eles expressam o que uma sociedade deseja; mas eles também desempenham uma função crítica ao formar o modo como a sociedade concebe suas aspirações, o que constitui a razão pela qual essas aspirações são favorecidas! Não é simplesmente que os meios expressam nossas aspirações mais bem do que outras formas de arte hoje (isso talvez seja verdadeiro). Ocorre também que nossas aspirações, elas próprias, são formadas pelos mecanismos de sua representação. Os meios favoritos *formam* o modo como nós pensamos sobre nosso futuro. A televisão produz nossos horizontes de expectativa social como espetáculo, série, por meio de ilusórios anúncios publicitários de dois minutos – para melhor ou para pior. Aspiração e meio formam um sistema dialético.

De fato, há muitas razões pelas quais o conceito hegeliano de um meio é indispensável para o pensamento moderno sobre a arte. Uma delas é a seguinte: saber sobre uma arte a partir de sua história e de seus projetos contemporâneos é saber o que é difícil (ou impossível) realizar por meio dela e, em contrapartida, saber o que acontece naturalmente em comparação com outras. Fácil e difícil são termos relativos, e o modo como eles são pensados depende da comparação com outros meios. E aquilo a que a comparação se refere tem muito a ver com o modo como se responde à questão. Nenhum fotógrafo com uma câmera digital que funcione, usando óculos para corrigir uma miopia total, pode obter a imagem de um metrô cheio de pessoas que obteria o pintor mais habilitado a pintar – um Chuck Close, um super-realista, um mestre holandês do pássaro empalhado, da maçã reluzente, da mesa repleta de bens. Um violino pode fazer coisas que um violão não pode, por exemplo, deslizar pelos tons, gerar uma variação inteiriça de sons. Um violão permite a execução de uma melodia que mesmo um bom estudante levará anos a arranhar o violino para executá-la. A televisão pode desfiar histórias à maneira da novela dickensiana do século XIX de um modo que o filme não pode, pela simples razão de que ela é episódica. A obra de Ted Cohen sobre a virtuosidade se incumbe dessas observações: ela trata da habilidade de fazer parecer fácil de fazer em seu meio (arte, esporte, seja o que for) algo que, de fato, é muito difícil de fazer, bem como das implicações disso para a apreciação. Apreciar Chuck Close é apreciar quanta virtuosidade há nele. Apreciar a foto que fiz da minha casa é compreender que não há muita virtuosidade nela. Compreensão e apreciação em arte requerem o reconhecimento do meio pelo qual a obra é feita. Isso o século XVIII soube ver claramente.

Como veremos, a estética tem persistido no pensamento segundo o qual a questão "O que é a arte?" pode ser levantada independentemente dos traços diferenciais dos meios: Arthur Danto fez isso no século XX. Contudo, trata-se de uma questão geralmente destinada ao fracasso. As diferenças entre os meios impedem uma resposta fácil e direta a essa questão. Além disso, a habilidade de definir precisamente qualquer meio de arte é também um problema, talvez insolúvel. Os meios formam um sistema complexo. Se eles não fossem de muitas maneiras diferentes uns dos outros, não haveria absolutamente nenhum fato coerente relativo às artes. Conhecemos muitas maneiras pelas quais eles diferem. No entanto, isso não significa que essas diferenças formem uma definição clara. Ao contrário disso, o sistema das artes é complexo, definido pelas linhas de similaridade e diferença que se sobrepõem umas sobre as outras, no sentido de Wittgenstein ou no sentido da *différence* de Derrida.

Foi esse moderno sistema das artes – cada uma delas enredada nas outras, desejando aparecer à maneira das outras (pintura como novela, novela como música, música como teatro, teatro como etc.), cada uma insistindo no desejo de ultrapassar seus limites, cada uma desejando adquirir as qualidades das outras, mas também ansiosa quanto à sua identidade, desejando esclarecê-la – que deu origem ao conceito central de um meio para a estética. Hegel dirigiu sua atenção para o conceito de um meio particular de [criação ou produção de] arte em razão de seu historicismo. Ao voltar-se para os meios particulares de produção de arte e ao desafiá-los quanto ao que eles podem e ao que não podem, Hegel está em conformidade com eventos já presentes na estética de seu tempo. Schiller, Lessing e outros estavam interessados em questionar o drama, a escultura, entre outros, sobre suas capacidades e limitações. Essa interrogação de um meio de criação de arte com base em suas capacidades de [produção de] beleza, de expressão, de significação, não havia ocorrido antes na história de tal âmbito.

O trabalho anterior sobre o que hoje podemos considerar meios ou gêneros não pensou sobre o assunto dessa maneira. Não houve nenhuma ansiedade sobre o que uma arte é em relação às outras, nenhum conceito diferencial de "o meio de arte" em questão. Em contrapartida, houve um encontro direto com os termos dessa ou daquela arte: período. A obra de Aristóteles sobre o drama trágico e a de Platão sobre a poesia definiam o que era uma arte particular e não estavam interessadas em compará-la ao domínio de outras artes. Aristóteles e Platão estavam ambos interessados em saber se a arte tinha ou não um valor social. Aristóteles defendeu que o drama trágico tinha valor para a sua sociedade em virtude seus poderes de purgação comunal que eram condições do conhecimento e do reconhecimento do destino trágico que o drama proporcionava à sua audiência. Platão argumentou que a poesia deveria ser banida em razão do "conhecimento" social que ela fornece ser fraudulento. Nem reconstruindo o conceito de um meio no sentido mais moderno, muito embora a obra de Aristóteles o tenha feito ao dissecar o drama trágico hierarquicamente (a trama e o personagem são os elementos mais importantes, enquanto outros são menos), veio a ser um modelo para o estudo posterior, moderno, de um meio.

Como veremos no Capítulo 5, uma corrente central do modernismo e das vanguardas faz um grande barulho no intento de levar a arte para além das normas e dos limites existentes, investigando quão longe uma arte pode ir se impulsionada nesse sentido, fazendo isso mesmo de um modo mais central ao colocar em primeiro plano o conceito de um meio. Porém, a experimentação artística significa para as vanguardas *pureza*: reduzir uma obra de arte a seus elementos de construção mais básicos, a seus ingredientes essenciais, simultaneamente a conduzindo para além de toda forma reconhecível. É como se o outro lado do experimentalismo fosse uma prova química, sendo o artista um químico filosófico assegurando de uma vez por todas a essência de uma forma de arte, de modo a tornar sua experimentação menos ansiosa, menos confusa no terreno do desconhecido e do incognoscível. Na medida em que as artes se expandem, seus anseios de recuperação da "identidade" também se expandem, e elas aspiram à redução aos elementos essenciais. O formalismo satisfaz essa necessidade, tanto no interior da experimentação artística quanto na teoria estética, mesmo que ele esteja destinado a fracassar em razão de deixar sempre de fora uma grande parte da história. Seu desejo (na prática artística e na teoria estética) é recuperar aquilo que pertence àquele e somente àquele meio: seus elementos essenciais; ao fazê-lo, ao elucidar tais elementos e ao tornar apenas suplementares (e não essenciais) todos os demais elementos, retornar ao "que realmente importa para o meio". Na medida em que ocorre, esse é também um retorno a algo misterioso: a capacidade de tais blocos de construção simples, das pedras da arquitetura e seu espaço, do tempo, do tom e da pulsação da música, da pintura de tela e do modelo da pintura, de fazer música e provocar a absorção. Está sempre em jogo algo mais do que essas meras combinações químicas de elementos, como se a arte estivesse na base da química. E, ao deixá-la de fora da história, a arte parece mais alquímica, estranha, mágica. A arte é mágica o bastante sem formalismo para pretender deixar tudo mais de fora. O ponto é que o formalismo é como uma teoria estética, um legado da teoria estética de Kant que também pertence ao sistema moderno das artes e ao modo como os meios vieram a ser elucidados como um sistema: um diante do outro, cada um pretendendo tornar-se o outro e querendo permanecer fundamental e unicamente si próprio. A autonomia é difícil de ser mantida, e é tão excitante mantê-la, em um meio de arte quanto o é na vida de uma pessoa! Nós somos criaturas dos tempos modernos de conformidade, mas também criaturas da diferença obsessiva. A explicação da razão disso não é menos complicada do que a própria vida moderna!

 Um aspecto significativo disso está relacionado com o surgimento constante de novos meios nos séculos XIX e XX. Da fotografia ao cinema, do cinema à televisão, da televisão à Internet, artes foram geradas a partir das novas tecnologias. As vanguardas foram motivadas a trabalhar constantemente entre os meios e a forçar o nascimento de novos meios. Em cada um desses casos, o modo como compreendemos um meio depende do tipo de comparações que fazemos entre os novos e os antigos, entre o novo meio que nasce e os meios já existentes e normativos. O cinema foi, durante anos, entendido erroneamente como um tipo de teatro sempre em seu detrimento, pois ele sempre fracassa quando seus atores são comparados a membros da Royal Shakespeare Company, seus roteiristas a George Bernard Shaw e suas tramas à tragédia grega. O cinema é uma grande arte e entendida como tal somente quando, historicamente, sua diferença em relação ao teatro torna-se compreensível. Demorou algum tempo até que a crítica de cinema viesse a compreender o débito que o cinema mudo tem com a ópera, com os poderes e com as limitações daquele meio, destacando sua habilidade de animar os temas mais simples do mundo (amor, morte, vingança, loucura, ciúme) e de fazê-lo pela ária fisionômica dos olhos da atriz de cinema mudo, seu prolongamento de movimento, seu contorno estilizado de gestos. Ver isso como ária, e não como uma atuação característica do teatro, tornou-se crucial para a apreensão da profundidade: a profundidade é apreendida, em resumo, por meio do realinhamento do sistema de diferenças de acordo com o qual a identidade é apreendida, ou aquilo que Jacques Derrida chama em francês de *différence*. O que é mais importante no conceito de meio é uma ideia moderna, crucial para a estética moderna, pois as artes existem nessa rede de diferença.

De fato, o modo como a teoria estética aborda uma arte depende de seu ponto de comparação e de contraste. Se a questão "O que é literatura?" é levantada pela comparação entre a linguagem literária e a linguagem filosófica, como tem sido a prática na teoria literária e na desconstrução em particular, a fronteira entre literatura e filosofia torna-se obscura. Ocorre que a filosofia é mais literária do que se pensa; e a literatura, mais filosófica. Esse ponto de comparação, no entanto, é completamente diferente em perspectiva daquele associado a Aristóteles: aquele que concebe a literatura, o teatro e mesmo a poesia como artes cuja substância é constituída da trama e dos personagens. Enquanto esse último começa com a ideia segundo a qual o que faz a literatura ser literatura é uma história absorvente com personagens vívidos, o ponto da comparação com a filosofia parece diferente quando se começa com a questão "que tipo de linguagem é a linguagem 'literária' e em que medida essa linguagem está relacionada com o que a filosofia chama 'linguagem filosófica'?" Quando se começa a partir da trama e da personagem, a comparação mais correta será com a história, onde a queda da Bastilha e os heróis da revolução são dignos de qualquer novela e têm sido objeto de um milhão de filmes. Aqui a questão das similaridades e diferenças entre esses "meios" contratará um excelente elenco, focalizando sobre a questão envolvendo realidade *versus* ficção, interpretação *versus* invenção. Fosse alguém chamado a questionar essa linha de demarcação, teria de argumentar que a escritura da história é, de fato, ficção, o que vai ao encontro do que Hayden White disse.[5]

Não explorarei questões sobre ficção, história e linguagem filosófica aqui, assinalando apenas que muito da estética da crítica literária, dos estudos históricos e similares depende do modo como a comparação e o contraste são elaborados. Isso, novamente, aponta para o modo como as artes modernas formam um *sistema complexo*: são várias perspectivas, diferenças e similaridades tomam diferentes formas e diferentes aspectos dos meios são iluminados. É somente quando a literatura é situada em relação à filosofia, mas também em relação à história, à pintura, em relação ao cinema, à crítica social, à poesia, ao teatro, que sua identidade dentro do sistema é propriamente pensada. Isso, bem como nossas *experiências intuitivas* da literatura, o modo como ela nos introduz em seu relato, apresentando-nos personagens, passa despercebido à leitura arrebatada, o que não deveria ser esquecido como central para o que sabemos ser verdadeiro a seu respeito. É na totalidade dessas sobreposições que a identidade de uma arte em epecial é entendida, razão pela qual nenhuma arte pode ser definida categoricamente.

LEGADOS DA EXPRESSÃO E DAS IDEIAS DE PROCESSO

Desse modo, para Hegel, um meio é entendido unicamente em termos de suas possibilidades expressivas. A ligação entre meio e expressão tem se mostrado crítica nas estéticas subsequentes, embora ela não tenha sido sempre apreciada propriamente. Além disso, a expressão não foi sempre concebida como uma propriedade social: a expressão de uma *época*. À medida que o século XIX transcorre, a arte passa a seguir uma tendência expressionista; conforme a liberdade individual e o desejo tornam-se temas discutidos nas sociedades, o conceito de expressão torna-se mais pessoal e individual. Encontramos isso na obra de R. G. Collingwood, que escreveu na Oxbridge dos anos de 1920, e que foi longe a ponto de afirmar que a expressão é arte onde quer que ela possa ser encontrada, seja na pintura, na linguagem seja na terapia.[6] Collingwood chega à ideia notável segundo a qual a arte é linguagem, pois, para ele, a obra de arte é o veículo para a comunicação de expressões interiores, e isso é, de fato, linguagem. Essa é uma ideia que não vale a pena ser explorada aqui, exceto em um aspecto. Com o pensamento de que uma obra de arte é um veículo para a expressão, vem a ideia de que ela é um tipo particular de ação, na qual o artista/criador trabalha por meio de seus estados emocionais interiores. Esse pensamento, coincidente com o nascimento da psicanálise e sua ênfase sobre interioridade e expressão humanas, conserva seu interesse, pois as artes do século XX enfatizaram em certos momentos exatamente isto: trazer para a pintura, escultura, música, mesmo para a arquitetura, o sentimento humano carente de reconhecimento, carente de compartilhamento com os outros. O artista é visto, às vezes, como uma pessoa sozinha cuja alienação e desespero requerem confirmação por meio da intimidade, cuja alma dostoyevskiana precisa ser sondada e cujos estados interiores demandam expressão exterior.

O fascinante correlato da ideia de Collingwood é que a arte é processo, e não produto. O espectador recapitula o ato de expressão do artista em sua própria imaginação ao experienciar a obra. De fato, a verdadeira obra é esse livre jogo da imaginação a partir do qual o espectador expressa a mesma emoção do artista. Collingwood é Kant tornado psicanalista. Nenhum considera o objeto de arte físico como o centro da experiência estética, mas, antes, o livre jogo da imaginação que ocorre em torno dele. Para Kant, o objeto físico é simplesmente uma ocasião; para Collingwood, ele é um tipo de mapa que dirige o espectador para a mesma experiência (ou similar) que o artista teve ao criá-lo. Para ambos a experiência estética real é um ato que tem lugar dentro das almas geminadas do artista e da audiência, e não na página do livro ou na composição da pintura.

Essa ideia, segundo a qual conhecer uma obra de arte é recapitulá-la do mesmo modo como o artista a fez enquanto a compunha, favorece a ideia de *processo* em relação à ideia de produto. Ela favorece o processo de envolvimento com um objeto, a luta com ele até o fim da linha, o uso dele pela imaginação, que é posta a trabalhar. A visão transforma a arte em um gesto, enfatizando o "trabalho" acima de tudo. A arte é um tipo de labor, um labor da imaginação com materiais e formas, um gesto de investi-los com os traços do próprio espírito de alguém e de obrigá-los a se encaixar em padrões de conclusão. E apreender a obra é para a audiência moderna submeter-se a um labor similar, chame-se a ele um labor de profissão e amor, dependendo do caso.

Expressar uma emoção em uma obra de arte, para Collingwood, é trabalhar a partir dela. Tristeza, alegria, desespero, amor, ciúme e medo são transpostos do coração humano para a imaginação ativa, daí comunicado pelo artista mediante o mapa do objeto físico. Se Aristóteles pensa o drama trágico como um ato de purgação, Collingwood pensa toda a arte como uma purgação por meio da qual o fogo é transmutado em ouro e na esteira da qual podemos viver sem fardo que não possa ser superado. Uma obra de arte vive na história pela história de cada pessoa que a refaz. Desse modo, a reatualização permite o conhecimento de si e do outro, o compartilhamento dos sentimentos em cada caso trabalhado. A concepção que Collingwood tem da história é, de modo similar, a concepção da reatualização. Conhecer a época medieval é conhecer seu espírito, e isso é reatualizar seu curso de ações, da motivação à intenção e ao efeito. Conhecer outra alma é fazer arte de sua arte, compartilhando, desse modo, seu espírito. A audiência é transformada em artista ativo trabalhando com sua própria emoção similar.

Naturalmente, essa visão padece da supersimplificação de qualquer explicação radical. Conhecer uma emoção na arte (ou na vida) não é necessariamente senti-la. Quando eu acho a música de Brahms triste, sim, ela me inspira alguma tristeza e eu geralmente sou tingido de melancolia. Porém, também sinto simpatia pelo que descubro nela. Sinto a tristeza de Brahms por meio de minha empatia, e não por tornar-me similarmente triste – e isso, às vezes, ocorre de qualquer modo. Quando comovido pelos tortuosos escritos teatrais de Strindberg, seu autodesprezo perverso, sua crueldade sempre incontida, seu anseio violento por paz, isso significa que eu esteja invocando sobre mim coisas similares e "expressando-as" horrorizado durante a apresentação no teatro? Ele está me revelando uma nota oculta de minha alma, uma que o espelho escondeu durante muito tempo? Talvez sim, mas talvez também esteja a inspirar alguma coisa em minha capacidade de empatia, alguma faculdade da imaginação da minha parte, algum senso de interesse humano com o qual eu devo estar em contato dentro de mim mesmo. Em vez de pensar que a arte causa um ato de autoexpressão de minha parte, é mais plausível pensar que ela excite a minha imaginação. Quanto disso envolve a autoexpressão é difícil dizer. Em todo caso, precisamos de uma teoria psicológica da emoção humana, mesmo para decidir isso.

A visão que Collingwood tem da história, bem como do reconhecimento humano, está presa a uma visão da reinterpretação quando nosso modo de conhecer – e de sentir – é muito mais diversificado. Tampouco é sempre verdadeiro (essencial) que um artista use uma obra como um veículo para a autoexpressão, mesmo que isso seja uma preocupação central de pelo menos uma região do modernismo, aquele de Proust, do expressionismo abstrato, do teatro moderno, de certos desenvolvimentos da poesia. Em um livro excelente, Peter Kivy argumentou que o nascimento da ópera italiana tem lugar sob um discurso da teoria da música de acordo com o qual o objetivo da composição era inventar o poder de transpor o discurso humano feito sob a influência da emoção em uma ária e acompanhamento musical.[7] O objetivo, similar ao da invenção literária de caracteres, não era a autoexpressão, mas o controle sobre o material. Tratava-se de aprender como fazer a música *parecer* expressiva, como fazer a ária parecer como se o cantor estivesse dominado pela emoção. Esse objetivo – o controle sobre a habilidade e sobre a representação da profundidade humana – é tão central para a arte quanto aquele da autoexpressão. Tem a finalidade de acrescentar algo profundo ao mundo, seja isto um traço do eu, seja um ponto de vista sobre a vida. Brahms seguramente contempla ambos os casos: sua própria necessidade profunda de encontrar paz e relevar a solidão por meio do compartilhamento da paixão por meio do som, e o desejo de fazer a música soar tão comovente que ele próprio será comovido por ela tal como eu sou.

E este é o verdadeiro ponto: a expressão em arte diz respeito também ao prazer kantiano que temos em nossas capacidades do livre jogo da imaginação e da livre criação. Esse comprazimento preenche tudo mais que esteja sendo apresentado na novela ou no drama, no poema ou na pintura, mesmo que em forma de determinação, de obsessão, de manipulação. A expressão é um ato reflexivo, e não simplesmente uma operação direta que se dá pelo sofrimento ou pela tristeza. Ele é um ato que toma forma mediante o fazer e celebra seu próprio talento e absorção no meio. Essa é uma das muitas razões por que a teoria de Collingwood não pode negar o lugar central do objeto de arte. Veremos, em poucas palavras, que Richard Wollheim corrige isso. Tudo o que um artista está ou não expressando é parte da criação, mas é também (dialeticamente) modelado por ela. Por esse processo de operação sobre uma coisa (tela, filme, novela), fascinação, alegria, alívio, amor, grandiosidade e muitas outras emoções têm lugar, juntamente com a cuidadosa modelagem dos materiais pelo espírito. O efeito de rede é o resultado de impulsos profundos, sim, mas também do modo como muitas outras emoções entrem no processo de criar e são habilitadas pelo que é possível representar e expressar nesse ato. A teoria de Collingwood, ironicamente, descarta o que Hegel já havia destacado: que tudo o que acontece na arte acontece porque acontece em um meio particular.

As teorias da arte e da história de Collingwood dependem da simetria absoluta entre as forças expressivas que um artista sente enquanto realiza uma obra e as forças expressivas que nós recriamos dentro de nós próprios quando a ouvimos ou a vemos. O foco sobre o produto como *aquilo que deve ser desempacotado como processo* é um tema central na estética. Ele também pode ser encontrado na obra de seu contemporâneo americano John Dewey, filósofo, educador, esteta. Essa ênfase sobre o processo é uma ideia moderna, a qual tem origem na romantização da corrente da vida atual, e nela a arte é definida. É uma perspectiva que vê a vida como uma efervescência do espírito, uma alma que se revela continuamente para além de si mesma nos espasmos da realidade, uma visão que celebra os contornos transitórios, mutantes e caóticos da vida, rejeitando significados e valores fixados como um xeque-mate. Dewey escreveu seu livro *Arte como experiência* sob a influência da importante e então nova coleção de arte moderna de Albert Barnes.[8] Ele escreveu no contexto da vasta novela proustiana do retorno, da recuperação, do autoconhecimento por meio de uma jornada que poderia ser caracterizada como uma jornada de autoexpressão, de concentração sobre o eu, em todo caso. Ele havia tido contato com as distorções furiosamente coloridas e intensamente figurativas das pinturas pós-impressionistas de Gauguin e de Van Gogh. Flutuando no ar do tempo estavam palavras de Baudelaire, cuja poesia fala sobre um mundo de correspondências dentro do templo da natureza, onde as emoções e os sentimentos humanos encontram a si mesmos projetados em formas naturais a partir de uma adequação entre forma e sentimento, o salgueiro gotejando então em tristeza (embora ele não sinta nada), o grande lago falando em solidão (da qual ele não sabe nada, não sendo algo que ele possa em todo caso conhecer), o topo da montanha da glória (quando se trata apenas de um bocado de pedra e lama), a folha em queda da dança do amor (embora sua época seja apenas passado), as longas, encurvadas figuras da pintura sienita ("Sienese") de uma lamentosa intensidade e ânsia lírica que podem ser, por outro lado, chamadas devoção e humildade. Que as obras de arte explorem a característica humana básica da projeção mediante a qual a natureza e o artefato adquirem as propriedades de transmitir, estimular, sugerir e representar humores humanos, parecendo como se elas próprias executassem o gesto em questão, era para todos indisputável.

A obra de Dewey é de interesse para a estética porque ela localiza a expressão dentro da experiência e concebe a estética como um momento de materialização que toma forma no interior de uma experiência completa. A arte é experiência, um fragmento completo de vida provisoriamente abstraído da vida considerada como uma corrente, mas de todas as maneiras contínuo com essa corrente. O que isso significa? Embora Kant também tenha enfatizado a experiência como o domínio da estética, ele tinha reservado um lugar autônomo para a experiência estética: no domínio do desinteresse. Para Dewey, nada poderia ser mais distante da verdade. A arte tem valor somente porque tudo que acontece dentro dela já aconteceu fora dela, em todas as outras esferas significantes da vida. De fato, a estética é uma característica da experiência *per se*, onde quer que essa característica possa ser encontrada. Estéticas são uma questão de experiências vividas radicalmente e levadas à conclusão. É na profundidade e no desfecho do evento que a estética reside. A arte é simplesmente um modo de fazer isso acontecer. Dewey chama a isso a satisfação oferecida pelas experiências reais. Sobre a qualidade da qual nós dizemos: "Isto... isto foi realmente algo". Dewey é um naturalista: o valor é explicado por referência ao organismo humano e sua biologia, à psicologia, às suas faculdades.

Se a explicação é naturalista, o tema não é em si mesmo inteiramente não-kantiano, porque uma experiência que importa é aquela que é formulada intencionalmente, projetada, modelada, que acontece tendo em vista uma conclusão:

> temos *uma* experiência quando o material experienciado segue seu curso para a realização. Então, e somente então, é ele assimilado e demarcado na corrente geral de experiência de outras experiências. Uma parte do trabalho é terminada de modo satisfatório; um problema recebe sua solução; um jogo é jogado; uma situação, seja ela fazer uma refeição, jogar uma partida de xadrez, levar a cabo uma conversação, escrever um livro ou tomar parte em uma campanha política, é tão circunscrita que o seu término é uma consumação, e não uma interrupção. Tal experiência é um todo e traz consigo sua própria qualidade individualizante e autossuficiência. Ela é *uma* experiência.[9]

E,

> há esta refeição em um restaurante de Paris, da qual dizemos "esta *foi* uma experiência". Ela persiste como uma lembrança duradoura daquilo que a comida pode ser. Do mesmo modo, ocorre com a tempestade ao

atravessar o Atlântico – a tempestade que, em sua fúria, na medida em que era experienciada, parecia resumir em si mesma tudo o que uma tempestade pode ser, completa em si mesma, persistindo na lembrança, porque demarcou o que veio antes e o que veio depois.[10]

A estética é marcada pela intensidade, pela realização por seu caráter memorável. Os inimigos da estética não são nem os práticos nem os intelectuais (contra Kant). Eles são "os enfadonhos; a negligência dos fins vagos; a submissão à convenção, na prática e no procedimento intelectual".[11] São os fiscais tributários que nós tememos, a-estéticos, a maçada da repetição, o tédio da previsibilidade (a menos, talvez, que traga a marca do poder do ritual).

Claro, certas experiências intensas, quando levadas à conclusão, provam-se menos aprazíveis do que traumáticas! O filme *Titanic* é uma coisa (talvez um desastre em si mesmo, senão qualquer coisa, um filme de entretenimento), já o choque real do navio com um *iceberg* na vida real é completamente outra coisa para a experiência. Ambas as experiências podem provar-se "memoráveis". Ambas têm a forma de uma experiência levada à conclusão! No entanto, a coisa real dificilmente é uma experiência estética, a menos que alguém seja masoquista. Dewey obviamente tinha em mente aquelas experiências que, embora misturadas com dor, finalmente realizam algo que leva à satisfação. O que significa que não é a forma da experiência apenas que conta, mas o prazer ou, pelo menos, a intensidade real envolvida. Pelo menos isso Dewey aprende do século XVIII. Ninguém *pagaria* para estar em um navio naufragando; muitos pagaram para ver o filme.

Assim, a experiência precisa ser tanto formalmente organizada tendo em vista sua completude quanto também uma experiência de satisfação. Isso a distingue do trauma, mas ainda não é suficiente para explicar o que é único acerca da arte. Tendo explorado um profundo canal de continuidade entre a experiência na arte e a estética da experiência em geral, Dewey deve agora explicar o que é único acerca da experiência na arte. De outro modo a arte simplesmente desaparece na categoria geral. O que é especial em relação às artes, segundo sua visão? Por que nos importamos com elas como o fazemos?

A resposta de Dewey é que a arte é experiência controlada, a experiência de criar, a criação de mundos. Similarmente, o espectador diante da obra de arte faz um trabalho de observação da coisa dentro do objeto intencional que ela é, o produto acabado em que ela se constitui, a atividade na qual ela foi baseada para tornar-se o que ela é:

> Para perceber, um espectador deve *criar* sua própria experiência. E a sua criação deve incluir relações comparáveis àquelas que o produtor original experimentou. Elas não são as mesmas em nenhum sentido literal.

Porém, tanto com o espectador que observa quanto com o artista, deve haver um ordenamento dos elementos do todo que está na forma, embora não nos detalhes, o mesmo ocorrendo com o processo de organização do criador da obra conscientemente experienciada. Sem um ato de recriação, o objeto não é percebido como uma obra de arte. O artista selecionou, simplificou, clarificou, reduziu e condensou de acordo com seu interesse. O espectador deve passar por essas operações de acordo com seu ponto de vista e interesse... Em ambos existe uma compreensão de sua significação literal – isto é, uma coleta conjunta de detalhes e elementos particulares fisicamente dispersos em um todo experienciado.[12]

Diante de um produto acabado, de uma obra de arte, o espectador descobre o processo pelo qual ela foi feita, e isso é o que a obra o convida a fazer. Ao fazê-lo, o espectador a anima, a experimenta, a conhece, pode avaliá-la. Toda experiência estética é ação, nos diz Dewey, um ato de vir-a-ser que o espectador descobre ser. Nesse sentido, toda arte aspira à condição da música. A música é algo que ouvimos do início ao fim como um processo ativo de desvelar a construção, a transformação, a conclusão de implicações, as expectativas, os fraseados, independentemente de que se queira pôr isso em palavras. E assim é igualmente com todas as artes.

Como em Collingwood, a ideia central é a simetria do processo entre artista e audiência. Contudo, processo não é simplesmente expressão no sentido usado por Collingwood; trata-se do processo de modelar algo para a "experiência". Paradoxalmente, a arte é reflexiva, porque ela ocasiona um processo experiencial que modela o objeto de tal modo que ele ocasionará um processo experiencial, levado à conclusão. Penetrar a textura da obra é instituir novamente esse processo levado à conclusão ou ao produto. Uma obra de arte é como um *videogame* em que é dado um elemento acabado e você tem que reelaborar o processo de operação até seu ponto de encerramento (até o ponto de sua completude em termos da coisa que foi proposta). Esse espírito dialético é o que marca a arte como algo único e ativo. Uma obra é como um mestre que dá ao estudante instrução sobre como ele pode tornar-se ele mesmo e, por meio disso, sobre como ele pode crescer.

Há algo a dizer sobre essa ideia segundo a qual o produto é uma mera rota para o processo de sua feitura. Toda uma geração entendeu *Les Demoiselles d'Avignon*, de Picasso, em termos formalistas. O recrutamento por Picasso das formas esculturais africanas e da arquitetura romanesca foi explicado como a convocação de veículos que permitem ao pintor reconstituir cubisticamente o espaço pictórico: compondo figuras por meio de múltiplos planos espaciais interseccionados e de figuras integradas, bem como tomando como base uma única tessitura geométrica na qual tudo aparece a partir de uma perspectiva de primeiro plano e a partir de outra recessiva.

O grande crítico de arte Leo Steinberg formulou para essa geração de críticos formalistas de Picasso uma questão simples, semelhante a uma questão formulada por Dewey. Por que as mulheres do quadro estão em um *bordel*? Por que elas respondem ao meu olhar com esse olhar intenso, cruel, implacável e resoluto? Por que seus olhares fixos parecem quase como uma ameaça? O que tem isso a ver com a forma?[13]

Ninguém formulou essas questões, que são levantadas diretamente a partir do próprio quadro. Elas implicam argumentos contra uma interpretação puramente formalista da máscara e da escultura, visto que a máscara parece esconder um poder primitivo que circula no coração desse quadro,

Ilustração: Les Demoiselles d'Avignon
Picasso, Pablo (1881-1973) © ARS, NY
Les Demoiselles d'Avignon. Paris, Junho-Julho 1907. Óleo sobre tela, 8' x 7' 8''.
Adquirido por meio do Legado de Lille P. Bliss Bequest. (333.1939)
Localização: Museu de Arte Moderna, Nova York, NY, USA.
Créditos da Foto: Digital Image (c) Museu de Arte Moderna/Licenciado por SCALA/Art Resource, NY
Referência de Imagem: ART162072

um poder que vem das mulheres. A intensa sexualidade do tema sugere que está em jogo nessa geometria resoluta, descomprometida, obstinada de formas sólidas algo mais do que o mero estabelecimento da perspectiva.

Steinberg retorna à juventude de Picasso, à sua vida na Catalunha em que os olhares dados e recebidos entre homens e mulheres já carregavam o ato e a culpabilidade do sexo. O *olhar* para uma mulher era penetrá-la; um homem poderia ser punido por isso. No universo brutal de Picasso, olhares eram formas primitivas de um ato já primitivo, o ato da cópula entendido em sua intensidade, e não em seu refinamento sensual. Este não é, por oposição, o rococó italiano, o prazer do ócio com um ou uma amante em alguma vila construída por Palladio. Trata-se de um ato tão terrível, tão potente, que o olho clama para se tornar em pedra ou para ser atingido com uma brutalidade tal que castigue a violação. Nesse quadro, as mulheres detêm o poder da castração e o poder da companhia em um destino de sexo tão primal que se corre o risco de encontrar a morte. Tudo se torna grave quando olho encontra olho, repele em rechaço, recebe em fascínio e choque, retorna o olhar de vencedor edípico que já espera retaliação pela conquista. O bordel filosófico é a arena da pintura onde homem encontra mulher e adquirem forma à maneira da combustão. As máscaras, diz Steinberg, são quase inabilmente superpostas sobre as faces, como que escondendo seu primitivismo mais profundo e mais terrível.

Até aqui essa interpretação é brilhante, mas ainda não se trata de processo no sentido empregado por Dewey. Trata-se mais daquilo que alguém vê e sente no quadro. Porém, aqui está o ponto. Steinberg retorna aos muitos esboços que Picasso produziu para esse quadro no curso de seu processo artístico. Por um tempo, os desenhos de Picasso continham um estudante de medicina segurando uma caveira. Essa figura foi finalmente removida e não aparece no produto acabado, as *Demoiselles d'Avignon*. Em todo caso, estudante de medicina e caveira são elementos que sugerem mortalidade, e a interpretação que Steinberg apresenta do processo utilizado por Picasso conclui que o que Picasso havia feito era ter encontrado e, então, banido, a morte de seu quadro, um quadro de tal modo intenso que virtualmente identifica sexo com morte e retribuição. Retornando ao processo, o produto é animado como um ato expressivo, um ato de inclusão, exclusão, temor e tremor.

Uma análise brilhante, que, mesmo que você discorde dela (eu não discordo), elabora a questão: a arte parece acabada, mas suas intensidades, mesmo de forma, são desvendadas apenas por meio de um retorno ao processo. E o processo não é externo ao quadro, ele está implicado pelos detalhes pictóricos encontrados no produto final. É somente vendo o produto acabado como um ato no qual algo é deixado para trás que o verdadeiro significado pode ser conhecido.

O problema de uma teoria da arte que considera o produto como um conjunto de materiais que permite elaborar o relato de seu processo de realização é que essa teoria deixa de apreciar a relação dialética entre esse ponto de vista e o próprio produto acabado. O ponto é capturado no próprio termo "obra de arte", que se refere a um ato de fazer e a uma coisa feita. O processo só é relevante se ele aprofunda a compreensão do produto, que é o que Steinberg mostra em relação a Picasso. Isso é completamente diferente de afirmar que o produto é o mero veículo para o relato de sua realização: sua realização até a conclusão. Além disso, o relato correto do processo não pode ser feito sem que se reconheça a alegação óbvia e inelutável segundo a qual o processo é instaurado para produzir o produto. Um artista pinta com seus olhos, diz Richard Wollheim, examinando constantemente para ver como a obra aparece como um todo, continuando ou revisando de maneira correspondente. O processo de criar está focalizado sobre o produto acabado. Não há nenhum processo independente dele. É aí que a arte se assemelha com a terapia, na qual o processo é a meta (mudança obtida gradualmente pelo encontro entre o paciente e o terapeuta, talvez com o auxílio de prescrição de drogas). Ou com o relato de uma vida, que pode ser entendido como a meta para a qual é orientado o discurso, mas também como um processo sempre em andamento. Expressão e perícia, ambas dependem da meta de acabar algo de forma coerente e quase independente, algo que será encaminhado ao mundo como um órfão diante de uma audiência desconhecida. Uma artista lida com essas ideias de completude e de separação na mente. Quando amamos a arte, não a amamos porque amamos repetir o esforço de nos dirigirmos a ela. Essa é a versão hollywoodiana de Michelangelo, com Charleton Heston praguejando em um rude inglês americano teatral do alto do sistema de andaimes da Capela Sistina. É a apoteose da biografia sobre tudo mais. Biografia, incluindo a biografia da criação da obra (versão após versão das *Demoiselles*) é algo decisivo no sentido de aprofundar o relato daquilo que é o produto acabado. Porém, apenas confere relevância à coisa feita, à coisa acabada, cuja integridade e mágica formal não devem, desse modo, dissolver-se no relato do processo.

A PINTURA COMO UMA ARTE

Uma teoria da arte, portanto, deveria ser uma teoria desta ou daquela arte, de um meio específico e de como ele elabora o processo à luz do produto acabado. Uma teoria da arte, em primeira instância, não deveria ser categórica: sobre a arte como um tipo geral de coisa. Nenhuma arte faz completamente a mesma coisa que a outra. A melhor explicação psicológica de uma *arte particular* apresentada no século XX, creio, é a explicação da pintura formulada por Richard Wollheim. Ela reserva um lugar central para processo e para expressão, posicionando-se, todavia, criticamente em relação à Collingwood e Dewey.

Na obra de Wollheim, duas ideias de Hegel estão ligadas: aquela segundo a qual o estudo da arte é o estudo de um meio e aquela segundo a qual o estudo da arte é o estudo da expressão. Para Wollheim, a expressão é sempre liberal e singular, sempre a expressão do sistema de referências do mundo de uma pessoa, sua psicologia profunda. Já o processo é aquilo que é disposto por um conceito emergente de produto, que supera o processo, mesmo que o processo aprofunde o sentido do resultado final. Finalmente, a obra de Wollheim pretende fornecer uma teoria do significado para uma arte individual (pintura) que adquire significação a partir de categorias psicológicas. O que é distintivo das artes, acredita Wollheim, é o modo como o significado é gerado por meio de capacidades e atos psicológicos, por meio de intenções e desejos, e não a linguagem, que se refere à semântica socialmente dada. Na linguagem, nós nos conformamos ao discurso dos outros; na arte que importa, o que é revelado são os microcosmos da diferença, a especificidade da voz individual, com a qual a verdadeira crítica pode comungar – dado tempo e esforço. A arte refere-se a esses idiomas individuais da voz em que reside sua singularidade.

A obra-prima de Wollheim, *A pintura como uma arte* (*Painting as an Art*), pretende produzir uma teoria do significado pictórico que, por ser psicologicamente fundada, é naturalista. Ele enraíza as formas do significado pictórico nas faculdades psicológicas específicas e em referência às intenções do artista. O lugar onde devemos procurar as intenções do artista, no entanto, é na própria pintura, naquilo que ele ou ela fizeram, e não no que ele ou ela quiseram fazer – embora isso também possa ser relevante, juntamente com a informação básica sobre a vida conjugal, a psicologia, o lugar, a época, a classe e o local de trabalho do artista.

Vejamos essas capacidades psicológicas resumidamente. Note-se que o trabalho de Wollheim é único em sua mistura de perícia de especialista e psicanálise. O objetivo de uma obra de arte é fornecer experiência profunda e duradoura, e isso Wollheim acredita vir da profundidade da alma. Vem, como eu disse, da alma individual: a experiência desse homem, não a de outro. Seu débito é com Collingwood e Dewey e suas noções de processo e expressão. Porém, também à perícia de especialista e à sua ênfase sobre os mínimos detalhes de uma obra de arte que o artista trabalha para produzir e que são seus elementos autorais específicos. No prefácio escrito para *A pintura como uma arte*, Wollheim revela o seu método:

> Voltando às obras que já conhecia ou, em alguns poucos casos . . . vendo uma obra pela primeira vez, desenvolvi um modo de apreciar pinturas que era extremamente demorado e recompensador, pois percebi que sem-

pre gastava a primeira hora ou mais diante de um quadro fazendo associações vagas ou motivando percepções equívocas, até sossegar, e era só então, com a mesma quantidade de tempo ou mais a observá-la, que poderia ser confiado à pintura revelar a si própria tal como ela era. Eu gastava longas horas... trazendo um quadro à vida. Para a experiência, para a difícil experiência da pintura, convoquei, então, os resultados da psicologia e, em particular, as hipóteses da psicanálise, tendo em vista capturar a intenção do artista na medida em que o quadro a revelava.[14]

Essa convocação da psicanálise visava a derivar do idioma do quadro tal "como ele era" e a identificar com precisão as profundezas da arte. Essa visão, adotada por gente como Walter Pater (formalista) e Adrian Stokes (crítico psicanalista), encontra seu legado no esteticismo de Wollheim:

> Se eu estou certo ao pensar que a arte pressupõe uma natureza humana comum [como Hume acreditava], e que o significado pictórico opera por meio dela, então, deve ser absurdo trazer para o entendimento da arte uma concepção da natureza humana menos rica do que é requerido em outra parte.[15]

O que Wollheim faz nesse livro é nada menos que restaurar para a psicologia seu lugar óbvio e inevitável na explicação da arte. A tentativa de assegurar o nível correto de profundidade é admirável. Essa profundidade é alcançada pelas capacidades psicológicas básicas que o artista compartilha com o espectador e pela psicologia profunda, a profunda revelação da visão, do ponto de vista motivo, da *persona*. Portanto, um conceito de psicologia rico o bastante para dar conta das capacidades básicas compartilhadas [pelos seres humanos] e da revelação mais sutil dos motivos (do artista) deve ser tomado como base para explicar o significado e o valor pictóricos.

Wollheim põe o foco sobre três categorias do significado pictórico: representação pictórica, expressão pictórica e o que ele chama de metáfora pictórica. Cada uma dessas categorias é derivada de algum aspecto da psicologia humana e assegurada em relação às intenções dos artistas tal como o crítico as interpreta.

A base da representação, diz Wollheim, reside na capacidade psicológica de "ver-dentro". Essa está entre suas principais contribuições à estética. Espectadores veem simultaneamente a superfície de uma pintura e as coisas dentro dela. Toda pintura é superfície na medida em que ela é pintada sobre alguma coisa (tela, muro ou teto). Entender a pesada melancolia de Van Gogh, com seus êxtases visuais, é sentir simultaneamente por meio da pintura densamente aplicada sobre a superfície, como que as platitudes inertes da pastosa terra holandesa. E ver os sapatos ali dentro, incansavelmente trabalhados, laços desfeitos, línguas de couro abertas, como se a esperar o humano que os calçará ainda outro dia em um estado de exaustão, solitude, isolamento. A inovação de Wollheim foi ter reelaborado o conceito de Wittgenstein de "ver-como" segundo o qual nós vemos um objeto oscilar entre uma coisa e outra (pato e coelho) e ter também reelaborado o conceito de Ernst Gombrich de percepção pictórica como uma constante alternância entre ver a superfície e ver dentro de suas profundezas. Fazemos simultaneamente ambos. Essa é a característica distintiva da pintura. A escultura não tem nenhuma profundidade para ver dentro (normalmente), é simplesmente superfície e massa. O filme não tem nenhuma superfície, apenas profundidade, visto que ele é luz projetada sobre uma tela. A pintura é a única arte que se estabelece a partir da interação entre ambas [superfície e profundidade]. Wollheim chama a isso de "duplicidade". Leonardo disse aos pintores para fazerem um estudo dos murais. Aqui essa relação parece já estar presente, pois a superfície rachada da pedra ou a do estuque parece apresentar exatamente esse tipo de duplicidade pictórica.

A expressão está baseada no que Wollheim chama de capacidade psicológica de projeção, algo que Baudelaire já conhecia quando escreveu sobre o mistério das correspondências, modos que temos de amalgamar o que vemos no mundo com nossos próprios estados expressivos, com nossas próprias capacidades imaginativas de ver o mundo como expressivo. E assim o salgueiro-chorão, o rosto patriarcal gravado na montanha, a nuvem alegre cor de pele, a noite estrelada estática que fez Van Gogh dançar no sul da França. Para Wollheim, a projeção é sempre também expressão de sentimentos profundos dentro de nós, geralmente inconscientes. Esse é um artefato da teoria psicanalítica no qual ele acredita. Pode-se adotá-lo ou abandoná-lo.

Um dos pensamentos mais ricos contidos no livro de Richard Wollheim refere-se à capacidade que certos quadros têm de corporalizar suas superfícies, isto é, de investir suas superfícies pictóricas (ou partes delas) com os traços antropomorfizados do corpo humano. Quando quadros são transformados em carne ou em pele, quando eles são tocados com a ressonância da vida, o observador deseja, de acordo com a ideia de "duplicidade" perceptual desenvolvida por Wollheim, pelo menos ver *dentro* deles e discernir sobre suas superfícies os traços vivos da vida. A interação entre, de um lado, significado representacional e significado expressivo e, de outro, os efeitos corpóreos irá sinergizar a experiência e a interpretação pictóricas. Wollheim ilustra isso em uma interpretação brilhante de Titian, que é apresentado como um pintor que reveste suas pinturas com o sentimento do corpo erotizado e abundante. Trabalhando a partir da figura em geral, torcendo ritmos contrapontísticos, Titian parece fazer suas telas incandescerem com vida. O efeito é que natureza e corpo, mundo e pessoa, sujeito e objeto entram em uma *correspondência* ou unicidade misteriosa, erotizada. O sentimento que o espectador tem de que a tela está viva com os traços do movimento da figura não pode ajudar senão a ler para trás o que esses quadros apresentam. Eles apresentam um ser que vibra com desejo, com erotismo, medo, excitação, um ser capaz de antropomorfizar o mundo e descobrir seus traços nesse mundo. Para Wollheim, a corporalização da superfície pictórica permite aos quadros exibir nada menos que as condições da corporalização humana, mostrar (isto é, lembrar) ao espectador o que é ser física e psicologicamente corpóreo em um mundo de pessoas e objetos cujas condições de intimidade, erotismo e fusão se estabelecem e se sustentam pelo corpo que percebe, a partir do olho, do desejo e do sentido do toque, além de sustentar, como em sonhos, o anseio por plenitude táctil e emocional.

Essas intimidades entre o espectador e o quadro excitam o próprio corpo e a sinestesia do espectador, tornando-o consciente do seu próprio corpo como uma coisa sensível, desejante, posicionada diante e dentro do gesto pictórico, além de uma fonte de significado e interpretação (do mundo que é sinestesicamente experienciado). A vida é assim.

É um grande esteta aquele que pode descrever um único poder de um meio de um modo que demonstra como a percepção nesse meio leva a um dos grandes temas do meio. Pintar tem a ver com incorporação em virtude do modo sinestésico como os próprios espectadores se encontram postos diante dos quadros. Similarmente, Sergei Eisenstein descobrirá e explorará um poder sinestésico do filme. Hegel o fez com a escultura grega, Kierkegaard com a ópera,[16] a arte que ele chama paradigmaticamente erótica em virtude do caráter sedutor operístico da voz, da melodia, da orquestra. Daí ser Don Giovanni, para Kierkegaard a ópera paradigmática, a ópera que revela o que a ópera é.[17]

A pintura é importante como uma arte por evocar essas particularidades da experiência formadas pelo que ela e unicamente ela, sobretudo sem par, pode fazer. Por que mais, pergunta Wollheim, ela deveria sê-lo?

Sim, por que mais? Hegel nos diz que a pintura e outros meios são importantes como artes porque expressam os princípios da época, idealizam-nos, levam-nos ao reconhecimento. O que Hegel está dizendo é que as intenções de um artista não dependem de sua psicologia, mas têm a ver com sua formação histórica, e o gênio (aquele que importa para a época) é aquele que apreende as possibilidades históricas do meio de um modo que permite abordar os problemas e as perspectivas dessa época. A arte como experiência, em seu melhor caso, é a elaboração dos desejos profundos, *públicos*, de liberdade, igualdade, novas relações sociais, novos modos de encarar a si e aos outros. Essa foi a minha leitura do momento da África do Sul, um momento no qual a história da arte é crucial, juntamente com a análise social e política, pois a intenção humana tem uma direção e a arte está na vanguarda.

Entretanto, poder-se-ia adotar a perspectiva de um esteta e simplesmente observar esses quadros durante horas, treinando um brilhante, devastador olhar investigador sobre suas formas. Porém, essa atividade revelará suas intenções, suas necessidades, sua elaboração das formas, suas mensagens? Falhar-se-á em entender suas mudanças de forma, seus estranhos, abruptos empréstimos (cada um dos quais é emprestado da tradição do outro), seu discurso codificado. Se pensarmos em tudo o que é irrelevante para a pintura como uma arte, a visão resultante de arte é final, sócia e historicamente datável e datada. É datável para uma concepção de arte chamada esteticismo – a posição de Pater e de Stokes –, que aborda as tradições conhecidas e passadas requerendo pouco conhecimento histórico novo, conhecimento esse que é dado por certo, e então se referem a essas obras com a aura do grande circuito do século XIX. E então você vai a Veneza e observa e absorve e introduz o seu espírito em um receptáculo de sutilezas da forma, limpando, assim, um caminho do passado até o olhar museológico sobre pintura e catedral que permite um olhar infinito. Isso está também muito presente na tradição do século XIX, é a estética da remoção: removendo a arte de sua corrente de vida, colocando-a em museus onde o olhar imaginativo do observador sobre o objeto é permitido, pois o objeto não pode mais remontar ao seu lugar na corrente da vida, ou fazendo-a participar da aura do grande circuito como um lugar venerável, uma estranha, indecifrável ruína, um eterno portal para coisas e saberes esquecidos.

A abordagem abstraída de Wollheim é perfeita se a perspectiva em que se quer abordar a arte é a *psicanálise*, pois essa é uma atividade que envolve longas horas de absorção, de modo a que, gradualmente, conclusões (interpretações) possam ser elaboradas. Trata-se de uma abordagem que, acima de tudo, favorece a expressão e a revelação individual. Gostaria de dizer que por si só a psicanálise pode contribuir para arte, por vezes generosamente, mas apenas quando o conhecimento está estabelecido, e de modo algum em detrimento da história da arte. Para entender a arte da África do Sul externamente, deve-se trazer mais sobre o relato: uma leitura do contexto social e da contribuição artística dada a ele. Essa não é uma interpretação psicológica, embora seja razoável imputar essas intenções ou algo similar aos artistas, que são os indícios do redemoinho de vento da mudança.

A teoria psicológica de Wollheim é, finalmente, um modo de atribuir à arte a função do objeto de museu, contribuindo para a absorção e para a meditação, baseado na psicologia humana. Ela não é simplesmente uma teoria do significado pictórico, mas refere-se ao modo como abordar a arte, com a exclusão de outras abordagens. O que importa são os elementos da assinatura individual, e esses são apreendidos a partir do olhar abstraído, focalizado, do espectador/psicanalista. Tudo isso tem lugar no espaço rarefeito do museu, independentemente da corrente da vida social na qual o quadro realmente foi feito e para a qual, mais frequentemente do que parece, ele fala. Existe, assim, outro modo, concorrente, por meio do qual se pode apreender a assinatura e o significado: como uma transação social complexa entre artista e patrão, obra e mundo, pintura, igreja, catolicismo, devoção, economia. Wollheim rejeita explicitamente essa abordagem em seu prefácio, mas de modo algum para além do pessoal. Isso autoriza sua posição abstraída, museológica, a ter absoluta precedência, da qual ele não deve, contudo, valer-se.

Os propósitos sociais aos quais serve uma obra de arte são decisivos para revelar as qualidades que ela então oferecia, para iluminar sua estética. O que é possível em filme depende do processo de seleção de Hollywood. O que os filmes fazem com os espectadores é uma questão que envolve as pressões da ideologia, o voyeurismo e o poder em larga escala. A arte articula o conhecimento e é limitada pela forma do conhecimento relativa ao poder. Suas possibilidades de crítica estão por ser entendidas à luz dos princípios da coação social vigentes em um dado momento, juntamente com as pressões da economia, do patrocínio, do processo de transformação de bens e serviços em mercadoria/comoditização. Essas coisas são agora bem conhecidas na disciplina da história da arte, desde a obra de Michael Baxandall sobre os significados devocionais da arte do Renascimento e dos conceitos linguísticos pelos quais tais objetos eram avaliados,[18] até o estudo de uma vida inteira de T. J. Clark sobre os modernos, inseridos na comercialização da arte e na ascensão e queda das utopias políticas que formam parte da história da massa à qual eles pertencem tão completamente.[19] Quando Clark nos mostrou que os impressionistas compensavam rotineiramente a ferrugem das fábricas e a fumaça, que eram também parte e parcela de seus domingos fora de Paris, pelo rio e pelo parque, pintando paisagens de prístina redolência e idealizando um mundo que estava já começando a desaparecer, mesmo em seu momento de glória, com o *status* da impressão passada, ele está nos contando algo sobre como suas experiências estéticas foram formuladas em condições sociais deletérias e projetando fantasia em um quadro. Uma impressão abstrai do que está aí, exatamente como faz a memória (não nos lembramos da fábrica suja quando passamos rapidamente de trem, mas, em vez disso, da espuma da água e do piquenique à beira do rio).

Não há exemplo mais claro da importância do papel social na formação da intenção artística do que o trabalho de Edouard Manet. Wollheim interpreta a obra de Manet de um ponto de vista psicanalítico, como um convite a entrar em um espaço onde o fugaz e o onírico geram devaneio, mas também uma espécie de vazio. É sobre a fantasia que há algo a dizer. Quando a mulher em *Um Bar em Folies-Bergère* (1882) olha fixamente o espaço, capturada em meio a uma impossível colisão de espelhos e perspectivas, ela está inserida em nosso mundo, mas também, fora dele, e sua alteridade confirmada. Manet se dirige ao observador, permitindo a ele ou ela ter acesso a esse espaço dentro do bar que é também um espaço da mente fora dele, dentro da subjetividade, mostrando-nos que subjetividade é alteridade, e que a coisa que é o quadro, apesar de suas fantasias de entendimento onipotente, não pode capturar. Ele a deixa sozinha, posicionando-a separada de nós. Mostrando-nos que, em uma sociedade como a da Paris do século XIX, onde o museu, a galeria, os sistemas de conhecimento asseguram ao patrão burguês que o mundo é sua ostra, que seu olhar sobre a prostituta e sobre o quadro é permitido, que seu entendimento é não problemático, que não há qualquer problema de alteridade, nenhuma quantidade desconhecida, onde tudo está para ser comprado, vendido (incluindo mulheres) e avaliado por meio do olhar e da fantasia desejante da possessão, figuras são apanhadas, abandonadas a sonhar, flutuam separadas de nós, em um mundo vazio. E manipulando o espaço como um cozinheiro, ele nos permite a entrada em seus quadros e, então, se recusa a assegurar perspectiva e posição para nós que, assim, sonhamos, flutuamos, ficamos desorientados. Esse é seu modo de provar a alteridade das coisas, nossa falta de compreensão delas, é seu modo de inseri-la no mundo da arte que ele despreza e ao qual pertence totalmente, dizendo: o mundo em meus quadros não está assegurado, você não deve usá-los para sustentar sua complacência. Sua obra é parte desse sistema, mas, em forma e conteúdo, crítico, nós temos um ato de recusa. Esse ato de sonhar, fantasiar e também recusar, é paradigmaticamente moderno. É um convite psicológico, mas também uma lição social, sendo altamente didática nisso.

Essa lição social, que Wollheim não enfatiza, só pode ser entendida se nos colocarmos na perspectiva das experiências burguesas da modernidade parisiense. Esse é um terreno altamente batido na estética, não apenas por Wollheim, mas por aqueles críticos e historiadores dessa modernidade, T. J. Clark e Walter Benjamin.[20] A sua Paris se assemelha a algo como o seguinte: o mundo da arte parisiense era um mundo, e um mundo desconhecido até o século XIX. O anterior era um mundo de clero e nobreza, uma arte de comissões feitas pelos papas, de glorificação do palácio e da catedral. As culturas do modernismo surgiram no contexto da urbanidade. Críticos, jornalistas, novelistas e cidadãos privados mantinham uma conversa infinita em meio a cafés e garrafas de Pernod, recitando notícias e fomentando a opinião pública enquanto falavam e escrevinhavam para os seus jornais. O burguês lambiscava, provava e consumia. As instituições de produção (estúdio, ateliê) produziam. As instituições de exibição (museu, galeria) exibiam. Tudo era parte de um padrão mais amplo de espetáculo, comoditização veloz, urbanização, nacionalismo e capitalização industrial que constituíam a modernidade parisiense e global. Para melhor ou para pior, Paris foi atravessada por um sistema de olhares: frequentadores de museus com um senso de propriedade sobre objetos trazidos das colônias, a burguesia assistindo a si própria e mostrando os bens à venda nas lojas recém-criadas nos recém-criados bulevares, homens voltando um olhar apreciativo sobre as muitas prostitutas da cidade. Tudo isso colocou a arte no ápice do prazer, da propriedade e da comoditização.

O modernismo em arte e arquitetura nasce e habita o centro desse mundo urbano. Os quadros críticos de Edouard Manet somente poderiam ter surgido em virtude da rede de museus, exibições, críticos, interesses burgueses, a compra e a venda tivessem lugar em Paris, "capital do século XIX", para usar o termo de Benjamin.

Contra esse pano de fundo podemos entender o desejo de Manet de escapar pela fantasia, para um lugar além da comoditização, mas também autorizado pela instituição do museu, onde uma pessoa como Wollheim pode ficar quieta, em contemplação, de um modo mais fugaz que o trabalhador no bar. Ela tem menos tempo, menos educação, mas quer algo similar. Ela quer cair fora, está aborrecida com toda essa bebedeira machista, esses eternos homens de meia-idade dando em cima dela, essas pessoas compartilhando com ela os seus sonhos intoxicados porque estão bêbadas. É trabalho para ela, é solidão e uma interminável fieira de dias. E nós podemos entender seu desejo de interromper a complacência do burguês, seguro em suas intoxicações, feliz com suas prostitutas, completamente crédulo de que o mundo é seu. Esse é um ato de interrupção da experiência, um recado para a economia (para as transações da arte que situarão sua experiência e a de todos na galeria), é uma resposta aos críticos que zombam dela, levando-a e a seus companheiros impressionistas para os salões dos rejeitados. Seu *Cristo Zombado* (1845) é sobre isso, com ele no papel principal e os críticos de Paris levando-o pelas estações da cruz; ele é sobre o sistema de prostituição que transforma *Olympia* em uma cama por hora e também projeta sobre ela a crença de que ela ama isso, pois, como prostituta, foi-lhe ensinado jogar o jogo de suspirar com prazer 12 vezes por dia de modo que os homens possam brincar com a ideia de que eles são desejados. Olhe nos olhos de Olympia, veja a rigidez da sua posição, seu estridente arranjo floral (flores onde o sexo está), sua frieza, e você será rejeitado, rejeitado por ela. Quanto mais você olha para ela, menos você pode decifrar o que ela realmente sente, se é algo que está de algum modo para além do tédio e da hostilidade (em relação a você). Em qualquer caso, ela rejeita sua fantasia (você, o espectador burguês francês) de entrar nesse quadro e encontrar a confirmação de sua luxúria ali pela flor desejante de uma mulher que o deseja, você, o espectador, para aproximar-se e examiná-la de perto. É essa fantasia que o museu tem cultivado. Cansado, entediado, sentindo-se um pouco para baixo, a namorada o deixou? Ótimo, passe no museu e dê uma boa olhada no quadro de Titian (depois Giorgione) e você se sentirá amado novamente, pois Vênus estará lá, toda em braços e bela, deslumbrante, perfeitamente representada, esperando. Ela está sempre lá para você, essa é a beleza da arte.[21]

E assim é posta em questão uma crítica do modo como a beleza é representada e institucionalizada como forma de experiência estética. Manet é um filósofo que pinta a estética do mundo a que ele pertence e suas limitações para ele próprio (seu próprio trabalho, seu destino na sociedade) e para todo mundo. Ele aborda o modo como os sistemas de crença, a proteção social e todo um mundo criam e sustentam formas de experiência da arte e as contribuições da arte para essas formas. Ele é um crítico social abordando a sociedade na qual ele e sua obra circulam. A estética trata, em geral, das formas de experiência cultivadas como práticas sociais por meio dos mundos da arte e da função dos objetos de arte dentro deles, para eles, emitidas por suas lentes. A perspectiva de Wollheim surge a partir de tal prática, mas a de Manet por outra. E a de Benjamin, a de T. J. Clark. A de Hume é ainda outra. Para Hume a questão de Olympia seria uma questão de gosto. Eu gosto, eu não gosto e por quê? Isso também é uma prática.

Qual prática é a correta? Existe um modo coerente de responder a essa questão, ou trata-se antes de uma questão de mover-se com desembaraço entre perspectivas, historiando cada uma de modo a obter alguma compreensão de onde ela se origina e do que ela pretende deixar de lado. Talvez ela seja um movimento entre múltiplas práticas estéticas que definem as mais significativas e aprofundam a experiência e o reconhecimento de como os outros têm experienciado a obra de arte que se está contemplando. Essa seria uma questão a ser encarada no espírito de Friedrich Nietzsche, cujo perspectivismo insiste nas mudanças de perspectiva mais do que no consenso conclusivo entre elas. Talvez a razão por que se queira estudar a história da estética seja o tornar-se consciente dessas múltiplas práticas interpretativas, de modo a aprofundar o repertório das maneiras possíveis que temos de abordar a arte: também entender, pelos debates, algo das limitações de cada uma dessas maneiras. Ele poderia situar a espécie de tentativa de definição feita por Wollheim, Kant, Hume, cada uma em seus devidos lugares, mostrando-nos onde elas se originaram e quais são seus limites. Se a arte pode ser definida e como pode tem sido um tema permanente de discussão na modernidade, dentro da estética moderna. É a ele que retornaremos no Capítulo 5. Mas antes de voltar a ele, é importante observar que a questão da experiência estética, relacionada àquela da prática estética, está muito presente em nossos dias. Penso que há uma lacuna entre as experiências dos jovens e a minha própria que é discutida de forma inadequada pelos filósofos da estética ou mesmo pelos críticos de arte. Uma das razões para que os estudantes de hoje achem os museus tão desinteressantes e gastem tão pouco tempo neles é que o ritmo de mudança dos contornos que envolvem a experiência do século XX tem se acelerado tanto e constituem uma questão de clicar de *website* em *website*, de considerar produto a produto, tudo se tornando tão rápido que raramente a arte é feita hoje de modo a requerer o tipo de intensidade de experiência, a longa estada no museu por horas: um Jackson Pollock, um Michelangelo, uma Louise Bourgeois, falto, procurado, uma Agnes Martin, cujas mudanças minimalistas em uma superfície uniforme por meio de uma tela requerem o tempo mais longo para animar, como um estado meditativo estranhamente mínimo que, por si só, é enorme, e sobre ser enorme, é poético, lírico. Ninguém tem tempo nem para isso nem para fazer um objeto que o fará gastar o tempo envolvido nisso. Há uma lacuna geracional atualmente, considerando a natureza da experiência dos mais jovens que os mais velhos não conseguem entender. Eu sou um filho da televisão, mas eu ainda cresci em um tempo anterior aos computadores, antes dos circuitos intermináveis dos aeroplanos e telefones celulares, Bluetooth, Blackberry e dos frutos e vegetais das modernas tecnologias, quando as pessoas escreviam (mais lentamente) cartas umas para as outras, quando editávamos livros com mimeógrafos, quando nós caminhávamos mais do que dirigíamos. Maybe Damien Hirst é um tipo de objeto de arte que já estou velho para apreciar: um objeto que atinge ferozmente a experiência à maneira de um produto de consumo imediato. Talvez seja por essa razão que os jovens vão aos museus progressivamente por causa das coleções de DVD e dos fogos de artifícios multimídia. Eles caminham através da seção da Renascença como se ela fosse um "mini" *shopping center*. É fácil dizer que isso é uma perda de profundidade. Talvez seja uma mudança na qualidade da experiência de um registro mais sutil. Concertos de música de câmara e de orquestra são mantidos por médicos de cabelos brancos. A idade média faz com que eu me sinta um menino. Quem está falando, então, para quem, a partir de qual arte? A estética como uma história é importante, porque, em meio ao vasto oceano de mudanças na natureza da experiência humana, na medida em que o tempo se comprime e as imagens nos bombardeiam, ela é importante para recuperar algo do mundo do passado, quando a experiência levava ao prolongamento da devoção em vez de levar à impressão de apreender rapidamente algo consumível. Talvez a arte na atualidade necessite de uma nova estética da experiência, e talvez você, leitor, será quem irá escrevê-la.

NOTAS

1. Hanslick, Eduard, *On the Musically Beautiful*, trad. Geoffrey Payzant (Hackett: Indianápolis, 1986).

2. Hegel, G. W. F., *Aesthetics: Lectures on Fine Art*, trad. T. M. Knox (The Clarendon Press: Oxford, 1975), p. 31.
3. Ibid.
4. Ibid., p. 32.
5. Cf., por exemplo, White, Hayden, *The Content of the Form* (Johns Hopkins University Press: Baltimore, 1987).
6. Collingwood, R. G., *The Principles of Art* (Oxford University Press: Oxford, 1958).
7. Kivy, Peter, *The Chorded Shell: Reflections on Musical Expression* (Princeton University Press: Princeton, 1980).
8. Dewey, John, *Art as Experience* (Paragon Books: New York, 1959).
9. Ibid., p. 35.
10. Ibid., p. 36.
11. Ibid., p. 40.
12. Ibid., p. 54.
13. Steinberg, Leo, "The Philosophical Brothel", *October 25* (MIT Press: Boston, 1983).
14. Wollheim, Richard, *Painting as an Art* (Bollingen Series, Princeton University Press: Princeton, 1987), p. 8.
15. Ibid., pp. 8-9.
16. Ver Kierkegaard, Soren, *Either/Or; Part 7*, trad. David Swenson e Lillian Swenson (Princeton University Press: Princeton, 1944).
17. Para uma discussão dessa opera e o seu vasto legado, ver Goehr, Lydia e Herwitz, Daniel, eds *The Don Giovanni Moment* (Columbia University Press: New York e London, 2006).
18. Baxandall, Michael, *Painting and Experience in Fifteenth-Century Italy* (Oxford University Press: Oxford e New York, 1972).
19. Clark, T.J., *The Painting of Modern Life* (Princeton University Press: Princeton, 1984); e Clark, T.J., *Farewell to an Idea* (Yale University Press: New Haven e London, 1999).
20. Clark, T.J., *The Painting of Modern Life*; e Benjamin, Walter, *The Arcades Project*, trad. Howard Eiland e Kevin McLaughlin (Harvard University Press: Cambridge e London, 1999).
21. Clark diz que Olímpia é um signo da própria classe burguesa opaca com suas visões mercantilizadas do eu e da sociedade.

5
Definições Modernas da Arte e o Problema dos Novos Meios

O DUPLO USO DO MEIO NAS VANGUARDAS

O problema de definir a arte, presente na estética desde o século XVIII, torna-se um desafio à luz da nova arte do século XX. Na primeira parte do século XX, o livro de Dewey não é tanto uma definição quanto uma abordagem, mas Collingwood certamente procura uma definição: a arte é expressão e, sendo expressão, é linguagem. Sua definição, além disso, é intencionalmente independente de meios particulares, os quais, na verdade, não importam para ele, exceto à maneira em que um hotel de beira de estrada difere de outro porque tem um letreiro maior ou um tapete colorido no saguão. Porém, os colegas formalistas de Collingwood, Clive Bell e Roger Fry, estavam atentos a essas diferenças. Suas definições, formalistas, especificavam a arte como "forma significante" e nada mais que isso, significando que cada uma das artes era definida como o tipo de forma que a torna significante (e nada mais). Desse modo, existem pelo menos três modos pelos quais o conceito de um meio tem curso, e aqui eu me baseio em ideias de Ted Cohen.[1] Em primeiro lugar, um meio é concebido como o material físico de que qualquer arte é feita, como no caso de meu meio ser pintura a óleo ou afresco ou madeira ou vidro cerâmica. Aqui, a literatura é deixada de lado, visto que o material físico do qual ela é feita são, poder-se-ia dizer, marcas sobre o papel, mas, de fato, seu meio é linguagem, palavras, sentenças, parágrafos. Em segundo lugar, há a noção de um meio em um sentido mais abstrato e metafísico, o tipo de sentido que abrangeria a literatura. Tem sido dito que o meio da arquitetura é o espaço; o da música, o tempo e o tom; o do filme, a luz projetada em duas dimensões (em um sentido mais físico, celuloide); o das artes digitais, os sistemas computacionais. Em terceiro lugar, um meio é algo como a substância viscosa através da qual flui uma mensagem, um meio é um campo particular de representação e expressão, ação social e meditação individual. Hegel concebia os meios deste modo: como rotas de comunicação.

Essas noções não estão inteiramente separadas: elementos físicos e metafísicos unem-se para constituir o significado e limitam suas possibilidades; para formular as condições do modelo e da expressão e, similarmente, limitá-los. O formalismo pretende excluir completamente o terceiro sentido. Um meio não é essencialmente verdadeiro em si mesmo se ele se ocupa com transmitir mensagens. Ao contrário disso, seu interesse está na formalização dos constituintes físicos e abstratos. Esse sentido redutivista da arte, sugeri no último capítulo, foi um aspecto da aventura modernista, visto que ela pretendeu, na teoria e na prática, legitimar todo e qualquer meio em termos das características específicas atribuíveis somente a ele, provando-o, desse modo, incontestável como um tipo de coisa no mundo, único em seu giro mágico. Fry foi um pintor cubista, e a interpretação formalista do cubismo (ver Capítulo 6) se constituiu em um relato sobre o restabelecimento cubista do espaço pictórico a partir da geometria dos planos intersecionais múltiplos. O conteúdo era um mero suplemento: se um cigarro ou uma mulher na praia, quem, de fato, importava-se? O ponto era colocar em primeiro plano a forma pictórica significante (a representação cubista da realidade). Nessas energias formais, a pintura viveu como arte, e não por mostrar a você um belo chapéu sentimental. Essa concepção arduamente depurada era a própria concepção de Fry, uma concepção filosófica radicalmente oposta à interpretação que Leo Steinberg apresenta de Picasso e da pintura em geral, diga-se. O formalismo começou – e acabou – com a importância do meio específico.

Clement Greenberg, escrevendo para o *New Yorker* nos anos de 1930, 1940 e 1950, argumentou, em "Avant-Garde and Kitsch",[2] que a reviravolta para a abstração na pintura e na escultura era um mecanismo de autoproteção de uma arte da qual era agora requerido, segundo o que ele chamava bases kantianas, "justificar" sua existência em uma cultura do materialismo, do fetiche da mercadoria e da função econômica. Essa justificação também tinha relação com o fato de a espécie de experiência que as novas obras de arte pretendiam engendrar estar progressivamente fora de sintonia com a demanda pública. A visão que Greenberg tinha da reviravolta abstracionista era uma visão preservacionista. Removendo o mundo (ou tornando-o periférico) e focalizando sobre as especificidades do meio, as artes lançavam luz sobre as coisas que as tornavam autônomas em relação ao ganhar e gastar do capitalismo, à brutalidade da guerra, à função antropofágica da mercadoria que estava assimilando as artes. Porém, sua visão era também filosófica essencialista das artes, que as concebia atuando como autorreveladoras de sua própria química, exploradores cartesianos que chegariam seus próprios primeiros princípios e construiriam uma arte filosófica a partir deles. A palavra-chave para Greenberg era "reducionismo". Em ensaios como "The New Sculpture",[3] ele avaliou a reviravolta abstracionista como uma que reduziu a escultura seus elementos únicos, materiais, corporalização tridimensional, forma. O "qual" da representação (um papa de Bernini fundido em bronze, um nu reclinado de Canova, um Balzac de Rodin alcançando heroicamente a humanidade revolucionária) estava felizmente removido de modo que a escultura poderia existir puramente, em si mesma, em suma, em um estado de pureza.

Essa reviravolta interna, celebrada como formalismo, tenho dito, sempre foi mais do que isso, pois o gesto carrega inevitavelmente significados representacionais, poéticos, retóricos, que o aprofundam. O formalismo é quase uma definição das vanguardas que esses significados amplificaram de ambas as maneiras: no sentido da simplificação e do reducionismo, e no sentido do peso da retórica política que as afirmariam no – e mudariam o – mundo. A abstração foi uma contração e um aprofundamento do significado, e se isso parece paradoxal, não é mais do que o modo como os seres humanos geralmente vivem no mundo em tempos de ruptura, querendo livrar-se dele ao mesmo tempo em que inflam suas identidades com imagens ampliadas de (ilusões de) poder.

As obras dos Construtivistas, do movimento em torno de Mondrian (De Stijl), dos Futuristas, do Bauhaus, pretenderam reconstruir a completude da geografia humana, dos edifícios à música, à vestimenta, ao ponto de vista. Visto que seus gestos experimentais estavam necessariamente à frente dos tempos, quer dizer, à frente da opinião, da experiência e do conhecimento públicos, elas requeriam uma guinada no sentido da teoria e da crítica para explicar, invocar e provocar, para comunicar, de fato definir, suas próprias obras.[4] Ao mesmo tempo, elas aspiravam ao reducionismo da linha, das cores primárias, da transparência do aço e do vidro, dos usos mais simples seus meios imagináveis. Essas simplificações falavam identidade, mas também se tornaram em cifras vazias que os artistas pensaram que poderiam suprir o poder gerador da teoria. Uma pintura representativa de Cristo na cruz não poderia ser interpretada de mil maneiras diferentes, mas um mero borrão preto sobre uma tela branca, um diamante desenhado com linhas intersecionadas poderia gerar mil relatos sobre si, de modo que parecesse, em cada caso, significar o que as palavras dizem sobre eles. O abstrato satisfazia a misteriosa meta formalista da mágica e da simplicidade, do gesto transcendental intraduzível e sublime, ao mesmo tempo em que se constituía em uma mera lente para tudo aquilo que as palavras pareciam querer dizer sobre e com ele. Nessa duplicidade, a aura de transcendência alimentou-se no peso das palavras, fazendo com que o gesto parecesse nada menos que religioso. As vanguardas foram uma espécie de religião secular, uma série de cultos.

Não foi por nada que os movimentos giraram em torno daqueles que escreveram: poetas, críticos, teóricos. Um novo gênero, adotado desde o *Manifesto Comunista* de Marx, invadiu as artes: o manifesto, que anunciava o credo, definia as intenções, dizia o que a nova arte seria, explicava, denunciava com violência, limpava o caminho para o novo. Imagens da arte como um laboratório, de um modo misterioso associadas às ciências, parte da nova engenharia, vieram à luz do dia. Imagens de apagamentos: apagar o passado, limpar a mesa para a nova arquitetura e para novas pessoas, imagens de construção e constituição histórica, que vieram a dominar. Precisamente no momento em que Hegel acreditava em que a arte já estava completa, não mais falando nas mais altas aspirações do gênero humano, porque não era filosófica o bastante, as vanguardas pegaram o porrete combinando experimentalismo no estilo e nos materiais com experimentalismo na teoria. O teórico era agora um artista, um tipo de filósofo, cientista, sociólogo, crítico literário, jornalista e retórico, tudo isso em um. Ele explicava, descrevia, definia, estetizava. E assim as novas estéticas foram, de um lado, estéticas do silêncio: uma recusa total da voz, uma reviravolta abstrata para o transcendental e sublime, ao passo que, de outro lado, foram estéticas de uma barragem interminável de palavras, uma *bavardage*, como se diria em francês, uma torrente visando a expandir o poder político da arte a partir da mensagem.

Escrevi sobre a frágil aliança entre essas vozes, geralmente dentro do mesmo artista: Mondrian e os artistas do movimento artístico holandês De Stijl em torno dele é, em uma só voz, um abstracionista *par excellence*. Seus quadros reduzem o conteúdo a um quadrado pictórico abstrato e a uma grade em forma de diamante, suas cores não são nada senão cores primárias, a margem de suas telas desaparece em sua lógica abstrata de um modo que elimina a relação figura/fundo e toda figuração. Esses quadros têm uma energia musical e um registro dinâmico enganoso que é sobre absolutamente nada senão simplesmente evocar a música pelo olho. Não é por nada que seu último quadro, *Broadway Boogie Woogie*, é uma homenagem ao *jazz* e ao caráter jazzístico do horizonte e das ruas deslumbrantes de Nova York à noite, quando tudo que pode ser visto de cima é uma trama rítmica de luzes. No entanto, essa própria guinada para a abstração permitiu a Mondrian também tratar – ou acreditar que estava tratando – suas telas como meras cifras vazias para o significado. Mondrian, o teórico de vanguarda, acreditava que suas obras eram demonstrações filosóficas de tudo, da harmonia social até a vitória da tecnologia sobre a natureza, e que eram ícones feitos para fazer nascer um novo e perfeito mundo à luz dessa mensagem pictórica/teórica. Para as vanguardas, uma pintura é silente, mas também digna de mil palavras em virtude do modo como sua abstração serve para "falar a linguagem da teoria". Eu escrevi um livro sobre esse assunto: o jogo da vanguarda era fazer arte abstrata que então parecesse uma mera cifra para a teoria, enquanto, simultaneamente, fazia obra abstrata e obra em novas tecnologias, que preservaria a autonomia da obra de arte e permitiria a ela uma força transcendente (o sublime). Visto que o sublime é precisamente aquele atributo estético que produz ideias grandiosas e impenetráveis, esses dois lados do jogo reforçaram um ao outro, pois, por meio da natureza sublime do objeto abstrato, a teoria foi apresentada na obra como uma espécie de halo, uma imagem grandiosa e insondável do futuro sublime (no qual ela falava). A aura silente da obra de vanguarda permitiu que suas teorias aparecessem na forma de algo utópico e grandioso.[5]

O que isso tem a ver com estética no século XXI? Duas coisas, pelo menos: em primeiro lugar, que a teoria estética acontece dentro da arte, dentro de sua prática, na forma de sua guinada teórica. Esse é um requisito da interpretação, visto que os objetos visuais precisam de explicação para que possam ter a mínima esperança de "falar" ao futuro. Normalmente, o meio visual não é um meio de fala e, assim sendo, é preciso escrever para dotá-lo de uma mensagem. Em segundo lugar, que a nova arte requeria uma nova filosofia para dar sentido a seu escárnio em relação à arte do passado, para o fato de levar a arte à beira do absurdo e de deleitar-se nele. Quando Duchamp ofereceu um urinol em uma exibição de museu, ou ele estava louco, ou era um charlatão, ou estava fazendo algo que requeria desenvolvimento filosófico para dizer de que modo essa coisa poderia se adequar aos cânones da arte ou mesmo falar neles. A nova arte já tinha em si filosofia (na forma de teoria da arte) e requeria mais para explicar o que estava fazendo.

Onde uma vanguarda abre uma lacuna entre seus gestos e a audiência que existe para entendê-la e é movida por ela, a teoria é requerida; a estética, exigida; a crítica é desejada para preencher a lacuna e levar a audiência aos portais da experiência. O século XX autorizou imensamente a função do crítico, e Clement Greenberg terminou tendo um poder de iniciar ou terminar com carreiras de artistas em uma única revista. Isso ocorreu porque as vanguardas já haviam estabelecido palavras que conferissem significado a seus gestos reducionistas, seus experimentos com novos materiais, tecnologias, formas. A verdadeira tarefa da estética tornou-se entender esse jogo duplo que as vanguardas estavam jogando, entre reducionismo e manifesto, de encontrar uma via para criticar a bravata de suas conclusões, a desmedida de suas políticas pela arte. Criticá-las, sim, mas também contar sua história, entender o contexto de sua proclamação. Ver a qualidade no silêncio e explicar o gesto.

As vanguardas surgiram entre as duas grandes guerras, na esteira do choque sísmico que essa primeira grande guerra (a guerra para terminar com todas as guerras!) produziu. Como poderia a vida moderna ter levado a tal devastação quando tudo o que o mundo de Paris, "capital do século XIX", havia ensinado era que a vida era uma permanente intoxicação com velocidade, cor e espuma de cálices de champanhe transbordando com luxúria e efervescência. E eis que essa velocidade tinha levado a bombas, gás de mostarda e morte em uma escala devastadora. A Alemanha ficou devastada, a França ficou em ruínas, e Winston Churchill perdeu uma geração inteira de companheiros. Como a vida moderna havia sido levada a isso, empreendendo explodir a si própria tão completamente e com todas as técnicas do pensamento positivo e da engenharia para fazê-lo? Claro, eles ainda não tinham visto nada, e tudo o que tinham a fazer era esperar mais 20 anos pelos genocídios, os campos de concentração, os tanques da linha de frente russa, as cidades e a alvenaria humana sendo bombardeadas, e eles simplesmente teriam um colapso. As vanguardas chegaram a seu auge entre as duas guerras, uma clamando por mudança radical na sociedade, por um melhor uso das novas tecnologias; a outra, fechando o livro da utopia de modo mais ou menos geral.

Greenberg sustentou que a guinada para o abstrato era um modo de salvaguardar a dignidade da experiência, do poder de absorção que a arte tinha herdado de Courbet, de Manet, do século XIX, aumentando a autonomia das artes concedida no século XVIII e usando isso como um mecanismo de proteção. A pureza da abstração era uma defesa contra os assaltos, argumentava Greenberg, do *kitsch* social. Nos anos de 1930 e 1940, o *kitsch* foi profundamente associado com a política, com a transformação do sublime em uma imagem concretizada do império romano (Itália fascista), da vila rural alemã e do wagnerismo *art deco* (Alemanha), fundição de minérios com trabalhador russo (Stalin), o assunto discutido anteriormente neste livro quando o sublime veio à baila. Era a charada das representações proclamando todo tipo de ideologias absurdas e decorando-as com formas ordinárias de modo que elas parecessem parte da vida cotidiana. Era também um modo de levantar a crista dos políticos radicais, tanto à direita quanto à esquerda. As vanguardas tinham duas faces: de um lado, a face da abstração, da autonomia, do silêncio, do sublime, da pureza, da simplicidade e da dignidade da recusa. De outro lado, a face das vanguardas era política, a face do manifesto, da demonstração social (dadá), do desafio retórico às instituições da arte (o museu, a galeria, a função de mercadoria) e a face de um revolucionário resoluto e otimista quanto a seu desafio à autoridade e sua habilidade de manter-se na moda. De um lado, as vanguardas escolheram o afastamento e o silêncio, a recusa do significado e da mensagem; de outro nada senão polêmicas, teorias, em seus gestos de afronta à autoridade política. Esses dois lados das vanguardas foram variadamente enfatizados por críticos significativos da época, e continuaram a ser no final do século XX. Greenberg, de um lado, enfatizou a estética da absorção e da sublimidade a partir da redução da arte a seus meios formais mais simples; de outro lado, críticos como Peter Burger e John Berger enfatizaram o aspecto político.

Essa é a razão pela qual tantas posições foram exploradas em estética na medida em que as próprias artes assim o fizeram: formalismo, expressionismo, teóricos da antiarte, e assim por diante. A paisagem moderna das artes exigiu isso. Porém, quando a filosofia entrou no jogo, ela tendeu a usar os instrumentos anunciados pela estética do século XVIII e a definição platônica tradicional: procurando uma essência da arte na forma de uma definição de seus ingredientes básicos. Esse não era o modo como a teoria ocorria nas artes, que era mais da ordem da retórica, da frase de efeito e da experimentação. No entanto, os métodos tradicionais da filosofia alcançaram igualmente (e apropriadamente) resultados radicais. Dizer que toda arte é linguagem (pois a obra de arte é um mero veículo da expressão), como disse Collingwood, era dizer algo tão radical (se não tolo) quanto se poderia dizer sobre esse assunto, dado que muitas pessoas que apreciavam arte iam a museus e a estudavam, contemplavam, devotando-se a ela do modo como os conhecedores o fazem, ou eram fãs ou pessoas que queriam sair e ter bons momentos. Dizer que a arte é simplesmente uma forma de experiência, parte da corrente da vida (Dewey) era dizer algo próximo ao chocante. O choque do novo, para usar a expressão de Robert Hughes, aconteceu na estética filosófica exatamente como aconteceu na arte e por ter acontecido na nova arte.

A DEFINIÇÃO VANGUARDISTA DE ARTHUR DANTO DA ARTE DE VANGUARDA

O teórico mais refinado e celebrado das vanguardas, o melhor dos que pretenderam definir a arte em seu rastro, é Arthur Danto. Sua sintonia com a nova arte foi sem paralelo, sua voz tão radical quanto à de qualquer vanguardista. A filosofia da arte de Arthur Danto é tão importante para a última metade do século XX, que eu não consigo imaginar filosofar sobre as artes plásticas sem levá-la em consideração.[6] Para a minha geração, foi seu texto sobre as vanguardas mais do que qualquer outro que nos levou a pensar sobre o caráter filosófico putativo dessa arte, sobre sua explicação histórica e sobre sua relevância para a definição filosófica de arte. Suas concepções foram tão surpreendentes para nós, tão originais, que nós as sentimos como algo que possuía a originalidade e o escândalo das próprias vanguardas: Danto é um filósofo de vanguarda das vanguardas. Sua crítica de arte – escrita geralmente para a revista *Nation* e coligida em uma série de volumes – trata do contexto local; sua filosofia busca a universalidade do escopo. Ele busca uma definição filosófica de arte: sobre as condições gerais de acordo com as quais objetos podem ser corretamente chamados de "arte". Para ele, isso depende do corpo de teoria que subjaz ao objeto, e não, por assim dizer, do próprio objeto. É a teoria que permite que uma "coisa real" venha a ser uma obra de arte. Essa teoria emerge historicamente de modos que alteram os tipos de coisas que podem vir a ser arte e (está relacionada com) os tipos de enunciados que as obras de arte podem fazer.

Essa teoria, embora completamente enraizada na nova arte plástica do século XX, tendo pouco ou nada a dizer sobre música, arquitetura, teatro ou filme e sendo congruente com as metas da vanguarda referentes àqueles meios – na medida em que eles funcionam como partes da vanguarda –, é desinteressada dos detalhes de qualquer meio particular em seus fundamentos. Ela adota a linha de raciocínio segundo a qual a arte é uma propriedade estabelecida em um nível mais abstrato do pensamento humano do que a partir do interesse humano nas particularidades dos meios. É importante que se entenda isso. Eis um filósofo que trabalha entre dois níveis de pensamento. De um lado, ele escreve tendo em vista o interesse por uma arte particular em um século particular; de outro, ele afirma que o que torna arte essa e qualquer outra arte é algo mais abstrato do que as especificidades desses meios e dessa história. Os dois níveis de pensamento estão unidos em seu pensamento, pois é pressuposto que a arte visual do século XX é a arte que finalmente se tornou filosófica e em si mesma concerne à verdade filosófica sobre o que torna arte qualquer arte. Enquanto afirmo que a função da teoria da vanguarda é autorizar politicamente a arte, Danto acredita que, juntamente com o reducionismo e com a purificação dos modernismos, ela serviu ao propósito de alcançar um nível mais alto de abstração que a arte pode alcançar em sua própria autodescoberta e definição filosófica. Danto, como Hegel, fornece uma grande interpretação da história. A interpretação de Danto é que a arte em seu século alcançou sua definição filosófica e o fez em um nível de abstração mais alto do que o faria referindo-se a qualquer meio particular. Wollheim aborda a pintura como uma arte (o tipo particular de arte que ela é); Danto aborda a arte *per se* e universalmente. Danto, portanto, é o herdeiro do século XVIII, o período que fez da estética um projeto de definição geral.

Exceto que seu estilo modernista de definição evita qualquer qualidade estética, este também é um legado das vanguardas, de sua interpretação de Duchamp e de Picasso como químicos e alquimistas da forma significante e do pensamento. Visto que o construtivismo alegou (em uma voz) ter pouco tempo para a beleza e desprezou o gosto, Danto pensa que o que tal construtivismo mostrou é que a arte é definível independentemente de qualquer dimensão estética. Considerando que o século XVIII tinha pouco interesse pela arte, agora Danto tem pouco interesse pela estética até recentemente, isto é, quando ele e outros retornaram (inadequadamente, creio eu) ao tópico da beleza. Obras de arte específicas podem ser palatáveis e belas, mas isso não as torna arte. O que as torna arte é a teoria que lhes é subjacente, o modo pelo qual elas são construídas por aquela comunidade interpretativa que está por trás delas chamada mundo da arte. Uma obra de arte é "proposicional", ela formula um enunciado. Esse enunciado torna-se arte por meio de uma teoria de (seu) significado, uma teoria que investe sílabas, formas, materiais, montagens, de uma interpretação. Em uma época da história, não teria sido possível virar os martelos e transformá-los em obras de arte; a comunidade de crenças nunca as teria interpretado como tal. A história precisa causar a mudança na interpretação da arte, propondo a teoria a ser adotada pela comunidade relevante para desenvolver conceitos que permitam a inclusão.

A arte é definida apenas por uma coisa: uma comunidade de crenças historicamente emergente ou teoria que estabelece seus termos. De um só golpe a estética torna-se irrelevante, a menos que a comunidade, em um dado momento da história (digamos, o século XVIII), empreste a essas características uma função central na interpretação constitutiva da arte (à maneira de Hume e de Kant, em suas teorias do gosto). A arte é e sempre foi uma entidade impregnada de teoria, pois é a teoria que transforma uma coisa comum (vaso de cerâmica, casa, peça de madeira flutuante) em uma obra de arte.

Tocado pela lacuna entre Da Vinci e Duchamp, entre uma *Mona Lisa* e um *ready-made* (a pá de neve de Duchamp, *En Avance Du Bras Cassé*), ele julga que nenhuma estética ou nenhum significado único poderia explicar as mudanças de paradigma de interpretação que resultaram na conceitualização de itens tão diferentes como arte. Outro tipo de teórico poderia levantar as mãos e dizer: não há nada em comum entre esses itens, ocorre apenas que a arte mudou muito radicalmente para que uma definição universal seja encontrada para ela. A resposta de Danto é: o que reúne todas essas diferenças é a propriedade da crença ou a teoria compartilhada! Em um momento, a teoria decreta X; em outro, Y, e o modo como essas mudanças ocorreram constitui a história da arte. Que elas ocorreram é o que a definição de arte compreende.

Contudo, nada é mais modernista do que a concepção de Danto, pois ela é exatamente o que as vanguardas lhe ensinaram: uma obra de arte é gerada pela ideia subjacente a ela, e essa é mantida como existente por uma comunidade de vozes, um movimento. O conceito de Danto é o conceito da vanguarda ampliado e combinado com os recentes debates na filosofia da ciência que insistem na natureza teoricamente orientada da linguagem e do conhecimento. A formulação mais recente de Danto dessa concepção pode ser encontrada no livro que se originou de suas Mellon Lectures na National Gallery of Art, nos anos de 1990. Aí ele formula a alegação de um modo que é de certa forma crítico de sua concepção anterior:

> Meu interesse em [meu artigo anterior "O Mundo da Arte"] . . . era por obras de arte que se assemelham tanto com objetos ordinários, que a percepção não pode seriamente discriminar entre eles. A tese foi enunciada assim: "Para que veja algo como arte, o olho não pode distinguir –

uma atmosfera de teoria artística, um conhecimento da história da arte: um mundo da arte." . . . Eu penso agora que o que eu pretendia dizer era o seguinte: um conhecimento de quais outras obras faz com que a obra em questão seja considerada como arte, um conhecimento de quais outras obras torna uma dada obra possível. Meu interesse era por objetos de certo modo atenuados da arte contemporânea – a *Caixa Brillo* ou a escultura bastante flexionada de Robert Morris... Esses objetos tinham poucas afinidades interessantes com qualquer coisa na história da arte... meu pensamento em "O Mundo da Arte" era que nenhuma pessoa sem familiaridade com a história da arte ou com a teoria artística poderia ver esses objetos como arte; portanto, era a história e a teoria do objeto, mais do que qualquer coisa palpável e visível, a que se tinha de apelar para vê-los como arte.[7]

A tese apresentada anteriormente, baseada em um uso notavelmente inventivo do enigma filosófico relativo à identidade dos indiscerníveis, propôs que o que faz da *Caixa Brillo* de Warhol arte por oposição à sua caixa-prima de supermercado não é nada que o olho possa discernir, pois ambas as caixas no estoque (para todos os efeitos) são visualmente o mesmo indiscernível; no entanto, uma é arte, mas a outra, não. Daí que a propriedade constitutiva da arte, a coisa que faz da *Caixa Brillo* arte, deixando a caixa do estoque fora dessa categoria, deve ser não perceptiva. É razoável dizer que essa propriedade é uma teoria, porque as histórias da arte do século XX haviam se tornado claramente teóricas, jogando jogos com a teoria e iluminando sua função decisiva e inflacionando seus significados, valores e sua política.[8]

A obra de Andy Warhol pareceu a Danto feita sob medida para ser uma demonstração do ponto. A diferença entre os dois objetos, *Caixa Brillo* e uma caixa Brillo, dadas suas grandes similaridades, era que uma fez um manifesto acerca de sua relação com a outra, enquanto a outra permaneceu essencialmente muda sobre tudo. Uma era proposicional, mas a outra, não. Isso foi o que colocou o Warhol no centro das atenções da arte, e não seu protótipo de supermercado. Rabiscos não adquirem significados por meio da mera percepção, mas, antes, em virtude de uma base conceitual; o objeto de Warhol obtém seu significado da base da teoria adotada pelo mundo da arte. Foi tudo isso que a obra de Warhol implicitamente *demonstrou*. Warhol assentou o fundamento para as palavras de Danto, como se Warhol mais ou menos já "as adivinhasse" por trás dos óculos escuros do filósofo. Há uma claridade acerca da obra de Warhol que somente Danto viu em 1964, pois o que torna a obra de Warhol arte excelente não é apenas seu *status* único, mas, mais do que isso, seu complexo *questionamento*, sua invocação do pensamento tanto quanto sua recusa dele, seu ambivalente brinquedo de jogar, sua mágica conceitual, sua hilaridade paródica. Ne-

Andy Warhol, Caixa Brillo, 1964
Fundação Andy Warhol/CORBIS

nhuma das quais se aplica ao protótipo do supermercado, e todas as quais localizamos em um regime distintivamente modernista da criação de arte e da recepção, um regime enraizado na história de Dadá, do surrealismo, em Duchamp, Rauchenberg, Clement Greenberg, e assim por diante: o que Danto chama de "O Mundo da Arte".

Se tivéssemos que atribuir uma base conceitual similar à caixa-produto de massa do supermercado, tenderíamos a chamá-la de arte pura.

Que Danto possa presumir que Warhol teve implicitamente a mesma preocupação que ele próprio, que ele possa acreditar que a obra de Warhol foi bem-sucedida em demonstrar a essência da arte para todos os tempos e lugares, foi quase tão audacioso quanto a própria excentricidade de Warhol. Penso Danto muito como um ponto de vista endossado por Warhol: eles compartilham uma sensibilidade modernista similar, cheia de jogo, de capacidade para o escândalo imaginativo. Quero dizer o Warhol que se atreveu a produzir obras de arte tão ajustadas à paisagem dos signos que somente a mão brilhante do próprio artista poderia manifestar quais diferenças, pequenas ou grandes, seriam descobertas entre sua própria obra, as mercadorias e os signos. A obra de Warhol pareceu um lance de gênio para um mundo tão permeado pelos ícones do filme que Jackie Onassis poderia ser embalsamada por suas telas de seda à maneira que os egípcios fizeram outrora em sarcófagos. A sua era uma resposta a um mundo mercantilizado no qual os signos e comerciais eram eles próprios também tipos de arte: incluindo a caixa Brillo (a do estoque) que foi projetada por um pintor expressionista, já pondo por terra, assim, a distinção entre arte industrial e arte pura, entre arte e propaganda, entre pintar e vender. Warhol, comercial que se tornou artista puro, entendeu bem o lapso entre essas categorias, a superposição entre elas.

A filosofia de Danto é uma filosofia da história da arte modernista. Ela considera o modernismo como um projeto, um projeto que é filosófico, não-político ou transcendental, que é a minha leitura do mesmo material. A meta da história da arte modernista foi chegar à autodefinição da arte. Há um legado da crítica de arte da Escola de Nova York na concepção de Danto, do Clement Greenberg, que, ao escrever sobre a escultura modernista, alegou que sua abstração da forma estava próxima de chegar a uma revelação de seus constituintes básicos, à maneira de um filósofo. Que esse projeto de autodefinição por meio da abstração e da redução tenha, de acordo com Danto, culminado em Andy Warhol é outra daquelas surpresas modernistas com que a história nos presenteou. Não é somente que Warhol tem a mesma preocupação, ele completa a história da arte modernista por finalmente chegar a uma descoberta da essência da arte. Combinando a visão de Hegel segundo a qual o interesse da história é o autoconhecimento e a atualização do autoconhecimento nas instituições da sociedade com a crítica formalista de Greenberg segundo a qual a arte abstrata estava próxima de estabelecer filosoficamente as possibilidades subjacentes e a natureza do meio *per se*, Danto assim interpreta a história da arte de vanguarda como a busca por uma autodefinição do que faz da arte ser arte. Um correlato disso é que a história da arte atingiu seu propósito com Warhol, chegou à sua conclusão. Esse projeto agora deve ser transferido à filosofia, cujos termos de argumentação e de elucidação podem levar a definição mais longe do que as demonstrações visuais jamais poderiam. A arte não mais tem um grande projeto, uma grande narrativa. Desse modo, ela está livre para ser tudo, feita por quem quer que queira fazê-la, do modo que quiser fazer. Considere-se a exuberância de mil flores, nada mais definitivo. Essa é a imagem auspiciosa que Danto projeta para o pós-modernismo nas artes.

Esse é um fascinante e audacioso relato metafísico acerca da história, uma interpretação filosófica dela que fala a seu propósito (autodefinição) e à sua realização desse propósito (com Warhol). Em sua fragilidade e audácia, é um relato digno de qualquer manifesto de vanguarda, exatamente como a obra de Hume é digna do melhor conhecedor de seus dias, da melhor crítica. A estética é sempre a estética de seu tempo, a despeito de suas alegações universalizantes. Podem-se interpretar os tempos a partir dela do mesmo modo como se ela fosse o jornal matinal. Pode-se apenas procurar saber se o modernismo teve um único propósito dominante, que ele tenha levado à realização completa, ou se, ao contrário disso, o modernismo é composto de muitas partes, muitos projetos, muitos pontos de vista, alguns acabados, outros persistentes. Tal imagem concorrente da arte moderna seria a imagem de Jean-François Lyotard, com sua ênfase na recusa de uma única grande narrativa a ser encontrada na história e sua crença correspondente de que não existe nenhum modo simples nem de dizer que essa história da arte moderna acabou nem que ela não acabou. Tudo depende do ponto de vista. Tenho empatia pelo modo de pensar de Lyotard acerca desse problema.[9]

É assim que essa grande tese de Danto chega a uma interpretação de Warhol, uma interpretação que o leva a evidenciar o que torna a obra de Warhol uma obra de arte (e o que faz de toda arte ser arte) valendo-se do problema da identidade dos indiscerníveis: o que torna essa obra diferente da caixa Brillo comum em uma estante de supermercado? Danto assinalou algo importante ao observar que a obra de Warhol difere da caixa Brillo do supermercado em virtude de sua voz (uma obra de arte faz um enunciado, segundo sua concepção). Essa voz foi possível por causa do *mundo da arte* subjacente a ela e ao qual ela fala.

Porém, a arte comercial também tem suas formas de retórica, e a arte pura é também comercial a seu modo. Penso que, em vez de marcar uma diferença essencial entre uma caixa Brillo e sua amostra superampliada, Warhol está fazendo um perigoso *close*, um *close* fascinante, para mostrar o *oposto*: elas são tão similares, que é impossível estabelecer uma diferença essencial entre elas. Elas são feitas sob as mesmas medidas, a despeito do fato de que a de Warhol fala sobre a outra, de um modo que a outra não fala sobre a dele. Essa *é* a diferença de tipo, mas, então, concebe todas as similaridades. Ambos os objetos dizem respeito a comprar e vender. Ambos circulam em lojas especializadas em vender bens (supermercado e galeria). Ambos são projetados por pessoas que são ou foram artistas comerciais. Ambos são lúdicos, eles fazem você querer tocar e comprar. Ambos são sedutores. A obra de Warhol é sobre sua prima, sim e ludicamente o é, por meio do gesto da ampliação do tamanho, da paródia, da autoparódia. Porém, a atitude que ela oferece é de camaradagem, como se a dizer "nós, duas caixas, fomos talhadas a partir dos mesmos materiais e feitas em ordem, cada uma a seu modo. A minha está apaixonada pela de vocês. Nós somos primas, imagens no espelho, duas de um mesmo tipo. Há um tipo de incesto, não completamente apropriado, íntimo, entre a obra de Warhol e seu duplo, um erotismo oculto macho/macho, um amor do mesmo, um amor que se faz passar a si próprio por outro, de se travestir, representando a si próprio pelo outro, revelando, desse modo, como um é, de fato, para todos os efeitos, o outro. Há uma liberação nessa charada, algo como um "sair do armário" da segurança do museu e da prática da arte pura.

Nada é mais americano em sua impetuosidade do que isso, nada mais escondido na América (nessa época) do que a identidade política do consumismo e da cultura *gay*. O capitalismo era divertido então, uma espécie de travessura no armazém da cultura antes que a cultura se tornasse o mais cruel fetiche da mercadoria em que ela se transformou hoje e a arte se tornasse a mercadoria negociada no sítio eBay e posta em destaque no *Antiques Roadshow* por toda parte na Grã-Bretanha e nos Estados Unidos. No moderno mundo da arte, a arte é sempre também uma mercadoria, o que Monet já havia compreendido. Warhol é fascinado por essa identificação da arte com a mercadoria.

Será replicado que, finalmente, existe uma diferença indisputável entre o Warhol e a variedade do supermercado. A obra de Warhol está livre para flertar com a caixa do supermercado, já a caixa do supermercado permanece muda. Ela não está engajada em nenhum discurso espirituoso com a obra de Warhol, e essa é a diferença. Obras de arte são proposicionais (elas dizem e implicam coisas), meras mercadorias não o são. Fosse alguém exibir a caixa do supermercado em uma galeria, à maneira de algum artista conceitual, isso seria suficiente para dar a ela "voz", mas, do modo como as coisas acontecem, a coisa está ali para ser usada, não-disposta, apreciada, tratada de alguma maneira graciosa, duchampiana, como a voz da arte, a tirada na galeria, o que quer que seja sobre qualquer coisa.

Verdadeiro, sim, mas, novamente, não completamente, para reiterar: a caixa Brillo foi feita por um pintor expressionista abstrato e quem irá dizer que ela tem ou não tem parte com a arte expressionista abstrata? Embora seu propósito seja o consumo, a sua textura, poder-se-ia argumentar, está livre de ter voz. O projeto de Warhol não tornou-se canônico para toda uma indústria daqueles dias que se "referia" a Warhol ou no estúdio de modelo ou na estante do supermercado.

É uma característica do modo como Danto formula o problema da identidade dos indiscerníveis que, "para todos os efeitos", a caixa de Warhol seja visualmente idêntica à sua prima do supermercado. Com isso, ele pretende provar que não há nada que seja perceptivo a expressar a razão pela qual uma é arte enquanto a outra não o é. Porém, é digno de nota que a lúdica, boba, cômica, provocativa voz de Warhol depende do caráter ampliado e parcialmente pintado de suas *Caixas Brillo*. Essas são qualidades perceptivas. O gesto teria sido bastante provocativo se os objetos que ele escolheu para exibir tivessem sido (à maneira de algum artista conceitual) realmente os mesmos que os do supermercado, digamos, à maneira dos *ready-mades* de Duchamp. Contudo, mesmo aqueles objetos alteram o significado da pá de neve de Duchamp e, ao fazê-lo, não apenas o fazem pelo mero gesto (posto que, na época, ultrajante) de colocar essas coisas em exibição. Em contrapartida, na metafísica de Duchamp, a escolha dessas coisas é altamente calculada, como um movimento em um jogo de xadrez. Seus *ready-mades* sugerem mensagens codificadas, mesmo uma poesia do erotismo, de quebrar e penetrar, o corpo, masculino e feminino, etc. Eles dependem de seus títulos tanto quanto de sua aparência, e a interação entre título e objeto é o que conta. Um cabide de chapéu é chamado de Medusa, e, claro, ele se parece com seu cabelo transformado em tenazes de metal. O objeto assalta, graceja e não faz nada (não diz nada) ao mesmo tempo. Mesmo os *ready-mades* de Duchamp se elevam acima da ocasião de sua mera coisidade a partir dos jogos que eles jogam com a arte.

São, em virtude desses jogos, interpretados por uma teoria, é claro mas, também de perto e diante de seus olhos, bem ali no museu, que as obras se tornam arte. Com Duchamp a teoria torna-se um ingrediente essencial do significado nisto que, sem uma interpretação externa, os objetos se reduzem a não-arte. Esse é seu ponto. Que a teoria desempenhe esse tipo de papel em seu jogo modernista não significa, no entanto, que ela desempenhe um jogo similarmente essencial, digamos, nos quadros de Joshua Reynolds da reputação de jovens mulheres inglesas de classe alta diante do caçador. Nenhum argumento universal pode ser elaborado sobre o papel da teoria no caso modernista. É um caso particular, extremo. Danto fracassa em apreciar o que é único na história (isto é, não-generalizado pela história) nesse exemplo vanguarda. Ele fracassa em apreciar sua historicidade. É uma prática de arte particular, que tem lugar contra um mundo da arte (museu, galeria, comoditização, crítica) em certo momento histórico que permite que a arte de Duchamp seja chamada de arte.

A prática estabelecida na instituição é o que conta. Daí a teoria institucional da arte, de George Dickie, que põe o foco sobre a importância das instituições (o mundo da arte e das práticas – as de Duchamp) em conjuntamente produzirem alguma arte. O problema com essa definição (como mais uma entre a corrente sem fim de definições de arte) é que ela fracassa em explicar a centralidade da experiência estética também em discernir se algo deve ser ou não chamado de arte. Uma prática tem de nos afetar da maneira certa, e não existem quaisquer critérios referentes ao modo como ela afeta ou deveria nos afetar. Devemos julgar sua experiência e a reflexão sobre ela convincentes, e daí a importância do crítico, do teórico, do intermediário para nos ajudar nos portais da experiência quando estamos inseguros. O que faz algo e sustenta a interpretação dela como arte é um modo como uma cultura a trata. Isso não é uma definição, é um modo de assinalar o que Wittgenstein chamou a "forma de vida" em que vivemos e pela qual viemos a entender novas coisas como arte ao longo do tempo, ou a mantemos em um estado de permanente incerteza.

Os problemas, portanto, da definição da arte como uma teoria que emerge historicamente, sendo assumida por uma comunidade, são pelo menos três:

Primeiro, a arte é uma prática, e não simplesmente uma teoria ou um conjunto de crenças ou a conjunção crença/atitude acerca de objeto, representação, valor, e assim por diante. Ela consiste de práticas de seleção, inclusão, experiência, esteticismo, gestos de vanguarda, o que quer que em diferentes épocas expresse as características do que pode vir a ser (nova) arte, de quais são os (novos) horizontes do sujeito. Não é que a concepção de Danto seja completamente errada – ela é incompleta. Toda a explicação da arte é requerida para formular um entendimento do que vem a ser arte e quando. Essa explicação se ocupa com o que Ernst Gombrich designa, em *Arte e ilusão*, como os "estereótipos do artista", que são estruturas de crença, representações visuais codificadas na mente, estilos de narrativa e ideologias que se associam para produzir um sentido do que pode ser representado ou expresso, ou seja o que for e como. Porém, ocupa-se também das instituições de arte e dos modos de codificar a tradição, de recusar ou aceitar o novo produto para todos os efeitos, incluindo o comercial; ela se ocupa do que um público quer, se ela tem uma teoria sobre isso ou não; ocupa-se daquilo em que o público acredita, é claro, mas também daquilo que ele quer e deseja. O que vem a ser arte é uma questão de como a experiência e o mercado se associam, e não simplesmente de como a teoria prescreve. Isso é dialético, uma interação de teorias diversamente sustentadas pelo artista, pelo crítico, pelo público, de outros tipos de crenças e desejos (sobre representação, devoção, bem social, prazer, gosto e tudo mais) com a história das práticas, como aquelas dos compatriotas burgueses de Hume, para não mencionar ele próprio, que autoriza um modo de tratar os objetos (como a matéria do gosto). Definir a arte como propriedade exclusiva da teoria (portanto, produzir um universal, uma definição filosófica) é perder de vista a complexa circunstância à qual a teoria adere.

Essa é uma posição de vanguarda. Danto é um vanguardista na essência, pois, exatamente como as vanguardas alegam (pelo menos em uma voz) que os significados de seus quadros abstratos e projetos de escultura em vidro são dados pelas suas teorias, Danto afirma o mesmo acerca da arte em geral. Sua concepção é uma extrapolação não apenas da circunstância específica das vanguardas; é uma generalização de sua ideologia. Ironicamente, mesmo as vanguardas eram muito mais complexas, o que constitui a razão pela qual Jean-François Lyotard poder escolher esse aspecto da prática de vanguarda e generalizá-lo. A interpretação que Danto oferece das vanguardas, de Warhol em particular, elimina o aspecto estético que era inevitavelmente central para o que ele fez. Isso era igualmente verdadeiro tanto acerca de Warhol quanto acerca de Duchamp. Esses dois lados ou jogos, o teórico e o estético, nem sempre se acomodaram confortavelmente ou mesmo coerentemente um ao outro. Porém, juntos, eles definiram as pretensões múltiplas da prática.

Isso nos leva ao segundo problema relativo à definição da arte nos termos teóricos. Ela elimina e pretende fazê-lo o estético como um ingrediente essencial das práticas da arte. Isso não é sequer verdadeiro do mundo em que Danto vive quando ele escreve como um filósofo, pois as vanguardas se ocupam de produzir coisas belas, irresistíveis, expressivas, poderosas, chocantes, sublimes, como todos se ocupam, embora não do mesmo modo que aqueles que vieram antes delas. O estético é um ingrediente tão central para o destino de como as coisas vem a ser arte quanto a teoria ou qualquer outro ingrediente. Quando um filósofo produz uma definição, ela deve tanto excluir quanto incluir ou esclarecer algo, e o estético não pode ser corretamente eliminado, não importa quão surpreendente isso torne a definição.

Terceiro, definir a arte em termos de teoria significa que se tem uma ideia adequada do que a teoria é, podendo mostrar que essa teoria orienta a história da arte. Uma parte é filosófica, para tornar perspícuo o que se pretende por uma teoria, visto que esse é um significante notoriamente escorregadio. A outra é relativa à história da arte, para elaborar um argumento convincente segundo o qual essa propriedade, assim clarificada, realmente define a arte em vários momentos históricos. Escrevi sobre isso em outra parte,[10] e incito o leitor a pensar com empenho sobre a matéria. Danto começou sua carreira filosófica, quando veio do desenho industrial para a filosofia, na filosofia da ciência. E suas ideias de teoria derivam da obra de W. V. O. Quine aqui. A teoria é um tipo de forma holística que, à medida que se desenvolve, passa a incluir novas características, primeiro a representação, depois a expressão (expressionismo) e, finalmente, a abstração. Ela é mais ou menos uma interpretação da história da arte desde a Renascença (pintura) até os pós-impressionistas (os selvagens fauvistas, com sua figuração distorcida e suas cores ferozmente evocativas), passando à abstração (Pollack e outros). Basta dizer que quanto mais Danto tenta clarificar a teoria em suas várias formulações, mais sua insuficiência como explicação daquilo que vale como arte em uma dada época torna-se evidente. O Barroco inventariou os gestos musicais de uma igreja construída a partir de forças contrapontísticas que se elevam até o teto à maneira do triunfo e do poder cristãos. É essa uma questão de teoria, digamos de fé da Reforma Cristã em relação a uma arte de seu império, ou trata-se de uma compreensão do prazer e da sublimidade que vem da experiência avassaladora desses espaços e de como eles podem, assim, expressar e invocar uma comunidade de devotos? Em qualquer ponto da história da arte – para retornar ao primeiro e ao segundo pontos –, ocorrerá que a prática e a estética importarão tanto quanto a teoria. Mais do que isso, a teoria será definida em termos da prática (que é o modo como serão entendidas as crenças envolvidas), e vice-versa. Essa é uma relação orgânica, o que Wittgenstein chama uma "forma de vida", e não uma questão de três elementos conceitualmente independentes que se combinam como as partes de um mecanismo (automóvel), de modo a fazer com que o mecanismo (automóvel) se mova.

O trabalho mais recente de Danto reformulou a ideia de teoria em um conceito mais vago designado como uma matriz de estilo. Isso ele expõe em suas recentes Mellon Lectures, uma posição completamente diferente daquela apresentada em seu ensaio anterior de 1964 "O Mundo da Arte", escrito em imediata resposta ao *show* de Eleanor Stable, que cativou o jovem Danto como "mundo histórico", se você assim desejar. Nas Mellon Lectures, ele afirma que, embora o caráter visualmente distintivo da obra de Warhol seja importante, a força que transforma a obra de Warhol em arte, o que ele chama uma matriz de estilo – um híbrido de obra de arte e teoria da arte – é mais importante. A matriz de estilo na qual o mundo da arte coloca um objeto é mais importante do que as propriedades visuais palpáveis do objeto. Mais significante que, maior que, um singular (*y*) oposto a um plural (*ie*). Agora, ele não mais nega às propriedades visuais ter um papel definidor para a arte: elas simplesmente são menos importantes. Assim, uma vez que a formulação é tão vaga quanto ser a Propriedade A maior do que a Propriedade B, a posição filosófica parece diluída como impossível de ser verificada. Teoria e história (as matrizes de estilo) contam mais do que o que alguém vê de maneira palpável. Talvez para o Warhol, mas, em geral, muito mais, um pouco mais, quase o mesmo, muitíssimo mais? Dependendo da circunstância? As propriedades visuais, agora re-emancipadas como essenciais para a arte, podem, por um dado momento, ter 49% de importância em relação aos 51% da teoria. Às vezes, um Colégio Eleitoral pode precisar ser chamado a pronunciar um veredicto sobre o que vence, ou pode haver uma recontagem como ocorreu na Flórida. Além disso, uma vez que se tenha ido tão longe, por que não se deveria ir até o fim e dizer que, para certos tipos de obras, as propriedades perceptuais contam *mais do que* a teoria, enquanto, para outras, menos. E tão logo seja possível se terá de perguntar de que modo a teoria e o perceptível-palpável devem ser distinguidos um do outro, pois, segundo as luzes de muitos, o objeto percebido e o conceito, para além de certo ponto, não são claramente distinguíveis.

Existem dificuldades de tipo entre as obras de arte e as caixas Brillo. Porém, é antes o padrão de similaridades e diferenças que, juntos, contam. Vistas a partir de certas perspectivas, os tipos são os mesmos: ambos são

Estética **141**

comerciais, partes de um mundo comercial, projetadas graficamente, etc. Vistas a partir de outra perspectiva, elas diferem quanto ao modo como uma prática as leva a falar, e a intenção imputada a um artista (Warhol) de tê-las feito isso, para colocar a arte em questão, um tipo de festa de debutante feita durante as compras. O ponto é wittgensteininano: em lugar de definições das diferenças essenciais, temos padrões de similaridade e de diferenças entre jogos de linguagem (práticas) que contam ao expor um objeto (e não outro) como arte, ou menos assim ou mais perifericamente assim (como formular essa questão pode ser matéria de debate).

FILME: UM ESTUDO DE CASO DA ESTÉTICA DOS NOVOS MEIOS

A explicação de Danto não se refere à relevância filosófica dos novos meios, mas esses constituem, de fato, o objeto de sua teoria (e o de quase todas as outras teorias produzidas hoje em dia). Foi por causa de Duchamp, que possibilitou o surgimento de Warhol, que Danto pode pensar como o fez. Duchamp inventou um novo meio, um tipo de jogo teatral jogado em e ao redor da pintura ou da escultura, entre a palavra e a imagem, quer dizer, sobre ambos por não ser senão quase ambos! Entenda isso como você quiser, o ponto é que nossa época, como Rosalind Krauss e outros têm afirmado, é a dos novos meios, que surgem, dividem-se, multiplicam, hibridizam, mediam um ao outro, existem intercalados. A obra de William Kentridge, nem filme, nem animação, nem desenho, nem cinema mudo, mas todos esses, obra de qualquer instalação, performance, artista multimídia, pertence a essa categoria híbrida e criativa de coisas. A identidade é menos clara do que ocorre ser para um meio individual, que, embora exista em um complexo sistema de diferenças entre outras artes, traz consigo, em níveis físicos e abstratos, propriedades que são únicas dele. A pintura, afinal de contas, é pintada sobre tela, em duas dimensões, estruturada ou localizada em um muro, na escultura tridimensional, mas não na arquitetura; o filme é, seja o que for que se queira aqui incluir, celuloide que contém sequências de enquadramento preservadas fotograficamente e converte essas em luz projetada em duas dimensões. Nada mais faz isso. Contudo, dizer isso, como dizer que a música é tempo, tom, pulso, não é falar em suas significações de forma, em seu modo de retórica, em suas complexidades e visão, em seus peculiares poderes e mágica de absorção.

O problema dos novos meios permanece centrar para a estética e pode ser ilustrado pelo relato de um filme, não mais novo, mas novo o bastante para servir ao propósito. Esse relato tem importância não apenas porque revela o modo como o filme é realizado como uma prática, mas também porque é entendido pela estética a partir de sistemas emergentes de comparação e contraste com outras artes (teatro, ópera, pintura, mesmo fotografia), porém, também porque o relato ilustra o amplo conceito de estética que adoto neste livro. Pensar sobre o que o filme é e pode ser é algo que já ocorreu no filme, na história da arte, no jornalismo, na teoria e, finalmente, na filosofia. É relevante estudar de que modo problemas filosóficos surgem para a estética por meio desse âmbito mais amplo do pensamento estético sobre uma nova arte.

O filme foi inventado por Thomas Edison (1891), cuja caixa Edison transpôs imagens produzidas em celuloide para uma corrente de luz projetada, a qual, ao atingir uma superfície branca, apareceu como uma imagem em movimento. Em poucos anos, o filme de dois rolos veio à existência e, a partir dos primeiros filmes, começou a entender que a caixa estacionária posicionada em frente de uma cena gostava de captar coisas em movimento. Talvez o primeiro filme tenha sido *Assalto ao Trem Pagador*, que prima por sua abundância de movimento: um trem entrando em uma estação do oeste, sendo assaltado por bandidos montados a cavalo e brandindo armas por toda parte. O *primeiro plano* era uma mulher aterrorizada, e outra sendo roubada; o posicionamento da câmera no alto do trem deu-se de modo que, ao entrar na estação, você estava ali com ele. O movimento era entendido de modo a envolver a ação corporal e as variações violentas, cômicas, atléticas, dramáticas, em perspectiva, variações que transportavam o espectador deste ângulo para aquele, desse lugar para aquele outro. O *primeiro plano* foi rapidamente descoberto e explorado como um modo pelo qual a emoção e o gesto humanos deveriam ser construídos na história, e, no tempo de D. W. Griffith, as sequências eram editadas em uma forma narrativa sem emendas, e não simplesmente compilada. A manipulação do tempo, a mudança do tempo, do passado para o presente, para o futuro e para trás, a natureza onírica de uma face, essas coisas convocavam a ópera, cuja simplicidade da trama e a profundidade de gesto eram feitas sob medida para o realce lírico e dramático do olho, para a abertura da boca, registrando o desejo por meio do corpo tenso, alongado à maneira de uma ária. Rapidamente, em resumo, a fisionomia humana tornou-se o lugar do lírico, do dramático, o roteiro interior do sentimento humano que fazia uma história clamar a seu público em massa, à maneira da grande ópera de Verona, adorada do mesmo modo pelo motorista de guindaste e pela princesa. No filme, era ainda mais democrático, pois, estando no escuro, não havia nenhuma diferença de qualidade entre os assentos. Todos se tornavam parte da experiência da escuridão iluminada pela panóplia da luz sobre a tela. Esse ato de iluminação provou ser dotado de certa aura: as pessoas eram arrebatadas pela presença fantasmagórica de seres espectrais projetados sobre a tela, seres cuja existência tornou-se infinitamente repetível sobre a tela prateada e cuja presença se provou eterna, porque desde logo evanescente.

Desde o início, essa presença espectral dos fotografados no passado sobre a tela tornou-se o material para outros temas únicos do filme: a história de fantasma, o sujeito possuído, a mulher obcecada e enlouquecida pela luz de gás, porque já assombrada por algo que era e que faz tanto parte dela que permanece invisível. Essa revelação da invisibilidade era em si mesma um ato de iluminação, mostrado a partir da luz, do gesto, da trama, a assombração da imagem pelo peso de algo velho ou esquecido, algo que ocorre somente em sonhos. Precisamente como a ópera gravita do meio para o tema, precisamente como a pintura encontra um de seus grandes temas na materialização da carne humana no tumulto da vida (Wollheim), assim o filme encontra os seus objetos no movimento, na emoção, na simplicidade da história, na inocência, desse modo, e na pura culpabilidade, no fantasmagórico, no assombrado, no passado. Nenhum vilão foi mais vil do que o banqueiro, fugindo às escondidas da fazenda de família; o político, pronto para manipular Gary Cooper, também conhecido como Mr. Deeds, de modo que ele possa incitar o público à degradada subversão de seus interesses; o ator, com seu bigode preto e gorduroso, pronto a aliciar a garota para os perigos fatais da cidade, onde ele faria seu caminho com ela e a transformaria em uma pária, nenhum herói melhor do que o mesmo Gary Cooper, dessa vez em *Por Quem os Sinos Dobram*, mantendo distância suficiente dos fascistas, sua perna quebrada, sua vida despedaçada, para que os outros possam fugir, ou Paul Muni, emagrecido, subnutrido, escrevendo até tarde da noite, sua caneta mais poderosa do que a mais poderosa força militar, vociferando contra o estabelecimento médico francês que se recusa a acreditar que a varíola é causada por micróbios, ou Ronald "É uma coisa muito, muito melhor que eu tenho a fazer, a melhor coisa que eu jamais fiz", Coleman, arremetendo como ele arremete ao enfrentar a guilhotina para que outros possam ser salvos e o verdadeiro amor possa prevalecer, mesmo que ele seja aquele que não será nada além de um invejoso, pois é rejeitado. A intensidade do gesto, a simplicidade da trama, a fina justaposição de luz e escuridão dentro da estrutura composicional do filme permitiu a um século tão complexo (que, sem ele, seria diferente) hospedar as vanguardas para descobrir que a vida é simples, que o bem é bom e o mal, pior, que a tragédia é irredimível e a comédia hilariante, que os finais felizes permanecerão para sempre felizes, porque você pode ver o filme milhares de vezes se viver o suficiente para tal.

Essas descobertas com respeito ao meio foram rapidamente notadas por pessoas como Erwin Panofsky, o grande historiador da arte, que estava lá nos fundos dos armazéns de Berlim em 1905, vendo filmes de dois rolos.[11] Ele escreve por experiência, tendo estado lá "desde o começo". O cinema foi desde o começo – nos conta Panofsky – um jogo vibrante de descoberta do que funcionava. Ele rapidamente tendeu para as coisas que se moviam (assaltos de trem, incidentes cômicos com truques), primeiros planos (a expressividade da face), cortes de locação para locação (transportando o espectador esteticamente de uma locação para a próxima como o teatro jamais poderia fazer), movendo-se entre o passado e o presente (o *flashback*) e explorando a fisionomia humana e natural com valores expressivos de um modo que apelava para a temporalidade humana (desejo – o futuro, a lembrança e o fato marcante – o passado). Panofsky, escrevendo um ensaio em 1934, chamado "Estilo e Meio nos Filmes Cinematográficos", afirmava que o filme explorava três características essenciais do seu meio: a dinamização do espaço, a espacialização do tempo e o que ele chamava de princípio da coexpressibilidade. Mais importante que tudo, ele terminava o ensaio com uma afirmação sobre o meio do filme que era tão surpreendente quanto extraordinariamente obscura. Por dinamização do espaço ele quer dizer a habilidade de transportar os espectadores por meio do movimento, bem como fixar as cenas pelo movimento. Enquanto no teatro o espectador é imóvel, no filme ele é enviado de New York ao Rio de Janeiro e daí ao polo sul em segundos. Ou é colocado no dorso de um trem em movimento quando ele está prestes a entrar em um túnel. No filme, o espaço é estabelecido dinamicamente, a partir de um movimento de câmera dentro dele, uma tomada de médio alcance seguida por um primeiro plano, talvez, uma tomada de baixo sob uma lâmpada ou sob um foco que ilumina um detalhe (uma caneta sobre a escrivaninha, uma bola rolando pela sala) e, então, talvez, se o lugar for a região de Monument Valley, a tomada de uma enorme cavidade natural, digna de seu objeto monumental. E o filme adora as coisas que se movem. Quando um filme ocorre em um espaço pequeno, como *My Dinner with André*, em que Wally Shawn senta e, em sua maior parte, ouve seu cúmplice, o diretor de teatro André, enquanto eles consomem vinho e comida, a animação é dada pela personalidade irrepreensível de André. Ele está em movimento mesmo quando sentado, e seu ritmo de linguagem é tão dinâmico quanto o de qualquer rodeio ou viagem de avião a jato.

A espacialização do tempo está relacionada com o modo pelo qual o filme transmite uma brusca mudança de perspectiva que articula o tempo, mas que é o tempo do ponto de vista da emoção ou do desejo humano. O *flashback* é o exemplo mais evidente e dramático. Em *The Quiet Man*, John Wayne está sozinho em uma pequena cidade da Irlanda. Por coincidência, essa é a aldeia de onde sua família tinha partido rumo à América. Seu retorno indica viagem, e há uma gravidade que ele traz consigo e que nós ainda não entendemos. Não sabemos por que ele deixou tudo para voltar a esse lugar. Nós podemos dizer que ele está vagueando, e que o que quer que o tenha afetado, ele não compartilhará com ninguém. Ele quer começar de novo, no passado. Só o que nós sabemos é que, a despeito de sua fantasia de que encontrará refúgio ali, a coisa é muito mais estranha do que ele esperava. Ele está apaixonado e não sabe como, nem está disposto a se conformar ao namoro e às práticas de casamento tradicionais. Isso o está afundando. Em certo ponto do filme, o padre local convida Wayne para ir à sua casa e declara ser um aficionado em boxe, mostrando a Wayne uma foto sua mais jovem, quando fora um boxeador. Corta então para o *flashback*, Waine está lutando com um homem, lutando com um mau desfecho. Sua agressão é profunda. É uma cena dura, arrojada, terrível, na qual ele é apanhado. O homem está morto. Wayne é dominado pela culpa. Nós o vemos agora, em sua casa, com esse homem, e seu rosto registra algo que não havíamos percebido antes: amargura. Na verdade, ele procura nesse lugar suas origens, um refúgio; procura apagar o tempo, apagar tudo que aconteceu. Essa é a espacialização do tempo: pelo movimento do filme em torno do tempo, a emoção humana é transmitida em sua profundidade literária.

Meu exemplo favorito vem do filme *The Four Hundred Blows*, de François Truffaut. Antoine Doinel (esse é o primeiro de cinco filmes sobre sua vida) é aqui um adolescente de, digamos, 15 anos, talvez mais jovem. Sua mãe é fria e punitiva; seu pai, omisso. Sempre tentando fugir dessa prisão mesquinha pequeno-burguesa que é sua vida, ele não sabe o que fazer, e então o roubo, as transações nas ruas, os cigarros, ninguém para entender. Ele é enviado para um reformatório e, na cena final do filme, foge de uma partida de futebol da qual participa, com o seu uniforme de escola. Ele anda e anda, sem saber para onde está indo. A câmera o segue em uma das mais longas tomadas em trânsito do cinema, e assim nós o seguimos em seus ombros, em frente dele, compartilhando a perspectiva de sua fuga cega. Finalmente, exausto, andando mais lentamente, ele alcança o mar. A câmera recua levemente para meio plano à medida que ele anda por um longo filão de areia até que ele não possa andar mais, pois alcançou o mar. O filme termina enquadrando seu olhar para o mar, ainda na adrenalina da emoção do movimento, um movimento incapaz de ser continuado. O mar é um limite e torna-se o horizonte de seu futuro, a forma de seu desejo, tão real e incipiente como a própria água, tão impossível de cruzar como sua própria prisão, tão necessitado quanto a própria visão. Esse é o inventar-se e através do tempo, a temporalidade heideggeriana do ser no tempo de acordo com a qual os seres humanos são criaturas jogadas no mundo, não por sua própria determinação, e condenadas ao projeto de autocompreensão incessante a partir de uma vida no presente que flui do futuro para o passado (significando um presente no qual o sujeito está em formação e sempre a demandar compreensão), o que significa estar direcionado para um futuro desconhecido. É aqui que tempo, desejo e emoção convergem no plano do movimento. Somente o cinema pode fazer isso.

Panofsky era uma criatura do cinema mudo, no qual não havia nenhum roteiro, apenas a história estruturada por fragmentos de trama e diálogo que aparecem de tempos em tempos sobre a tela. No filme mudo, a história é uma estrutura que é compreendida por meio do gesto, do primeiro plano, da edição, da câmera. O exagero da boca do ator, seu movimento em direção ao centro de uma sala, o voltar-se de seus olhos falam em volumes sobre a tela – falam em tudo a que o cinema poderia falar. A estrela retarda seus gestos, prolongando-os para fazê-los "cantar". Tudo acontecia visualmente, fazendo do filme mudo quase outro meio, diferente do cinema falado. Ao pretender definir o filme pelo contraste com o teatro, Panofsky encontrou um parente do filme mudo, cujo roteiro é inexistente.

Panofsky certamente acredita que o roteiro é secundário para o que acontece na tela visualmente. A despeito de seu fracasso em avaliar apropriadamente o roteiro,[12] seu princípio segundo o qual no filme a *fisionomia* do ator é central para criar o personagem permanece um bom princípio. Um roteiro acrescenta a dimensão crítica da fala, e essa fala deve ser integrada ao fluxo visual do filme. A fala exige sua própria realização fisionômica – ela tem ritmo, inflexão, idiossincrasia que deve produzir uma sinergia com a fisionomia visual na narrativa. Um bom roteiro é escrito ou adaptado tendo isso presente, e a função do diretor é sincronizar a fisionomia visual com o ritmo do som. Isso é o que prepara a característica distintiva da comédia do filme falado; por exemplo, filmes excêntricos em que Cary Grant tagarela para Rosalind Russell que tagarela de volta de um modo que estabelece o pulso para seus rostos superanimados. O modo como um ator fala é parte do modo como ele parece – o sentimento geral da sua presença. Um conceito mais apropriado de sincronização e de visualidade é o de um sistema complexo no qual cada um espelha e contribui para o outro. O ponto de Panofsky ainda vale: quando o som domina e pouca coisa está acontecendo visualmente, o filme quase sempre morre. Produtores de documentários sabem disso instintivamente. Quando eles têm a fala de pessoas por longos períodos de tempo, eles fazem o contraponto disso com coisas para olhar: ou o primeiro plano de uma pessoa é de tal modo apropriado e fascinante que se sustenta por si mesmo, ou encaixam a fala com imagens do passado, recortes de jornal, *fade-ins* e *fade-outs*, esse tipo de coisa.

A obra de Panofsky, bem como a de outros intelectuais significativos da época, Rudolph Arnheim, Walter Benjamin, Siegfried Kracauer, André Bazin, já é filosófica nisto que ela busca as implicações metafísicas da tela e das suas dimensões. Nenhuma delas é ainda obra que sustente o contato com a história da filosofia, pelo menos não *diretamente*. A crítica de cinema torna-se filosófica quando surge um problema que requer a elaboração de uma nova filosofia para apenas começar a pensar a seu respeito, o que é ainda menos que pretender "solucioná-lo" de uma vez por todas.

Um exemplo de um problema como esse é encontrado na conclusão do ensaio de Panofsky, com a seguinte observação a respeito do meio:

> O meio do cinema é a realidade física como tal: a realidade física da Versailles do século XVIII – não importa se ela é a original ou um *facsímile* de Hollywood indistinguível daquilo para todos os efeitos estéticos – ou um lar suburbano em Westchester; a realidade física da Rue de Lappe, em Paris, ou o deserto de Gobi... a realidade física de engenhos e animais, de Edward G. Robinson e Jimmy Cagney. Todos – objetos e pessoas – devem ser organizados em uma obra de arte. Eles podem ser arranjados de várias maneiras ("arranjo" compreendendo, claro, coisas tais como maquilagem, luz e trabalho de câmera)... O problema é manipular e filmar a realidade não-estilizada de um modo que o resultado tenha estilo. Essa é uma proposição não menos legítima e não menos difícil do que qualquer proposição das artes mais antigas.[13]

O meio do filme é realidade física como tal, significando as pedras do deserto do Monument Valley, o sol severo e as caretas do vulcânico John Wayne (Ethan Edwards), os materiais do passado que o compõem. A questão, como eu disse, como o problema estético, um problema de estilo, torna-se um enigma filosófico? Quer dizer, é a questão de saber como a estética de um historiador da arte, tentando entender a natureza de um novo meio, vem a ser uma questão filosófica, tornando-se um tópico da estética filosófica.

Remonte-se agora à observação de Ted Cohen segundo a qual existem pelo menos três noções distintas de um meio em uso na literatura.[14] Primeiramente, um meio é a matéria-prima física, como quando eu digo que meu meio é a pintura a óleo ou o afresco ou a madeira ou vidro-cerâmica. Segundo, há a noção de um meio que tem um sentido mais metafísico, como quando digo que o meio da arquitetura é o espaço; o da música, o tempo e o tom; e o do filme a luz projetada. Terceiro, um meio é algo como a substância viscosa pela qual flui uma mensagem, um meio é um campo particular de representação e de expressão, de ação social e de meditação individual. Em um sentido, o meio do filme é luz projetada em uma superfície bidimensional a partir do registro (em fita analógica ou em formatos digitais), nada mais. Porém, Panofsky não quer dizer isso com seu uso da palavra "meio". Seu uso é importado do estudo das artes visuais para referir o material a partir do qual a coisa é feita e brilha por sua realização. Ele quer dizer que o meio do filme é a realidade do mesmo modo que o meio da escultura é a madeira, como o da construção são o aço e o vidro. Quando se diz que o meio do *David* de Michelangelo é o mármore, isso significa que o mármore é o material a partir do qual Michelangelo compõe a escultura, o material cuja "forma" ele libera a partir do interior da pedra. O mármore está ali no produto acabado de todas as maneiras possíveis. O tipo de escultura que é feita está condicionado por ele, e sua expressão modulada pela materialidade que é posta em relevo. As superfícies cintilantes de Bernini, a carnosidade lisa, lírica, de Canova esculpida na *pietra dura*, são obras-primas feitas em mármore, visto o que este material é. No entanto, tente conceber uma figura feminina reclinada de Canova feita, a partir do aço, da madeira, de um chiclete de bola ou isopor, e você tem três produtos acabados completamente diferentes, todos feitos por Claes Oldenburg. Mude o material e tudo mudará com ele. A materialidade da forma acabada é algo que não pode ser abstraído da experiência visual ou do significado e do efeito. Que Bernini possa tornar suave a dura claridade do mármore, fazendo o cabelo arrepiar, é uma obra de mágica. Fosse ele um modernista trabalhando em cordas ou em madeira, seu trabalho não seria tão difícil, nem nos faria prender a respiração. Essas coisas conferem verdade ao adágio hegeliano segundo o qual "nem todas as coisas são possíveis em todos os meios de arte"; além disso, é a descoberta das potencialidades de qualquer meio dado, sua exploração e, de fato, criação, que definem a história de uma forma de arte tanto quanto a de tudo mais.

Quando Panofsky afirma que o meio dos filmes é a realidade física enquanto tal, ele está falando em uma função central da fisionomia. São os olhos de Greta Garbo, o trejeito de Jimmy Stewart, os lábios comprimidos de Gary Cooper, o andar afetado de John Wayne que são a substância de sua expressividade cinemática. A face gélida de Catherine Deneuve é puro mármore. Mesmo a voz torna-se parte do que Stanley Cavell, seguindo Panofsky, chama a "individualidade" de cada uma dessas estrelas. Nós ouvimos o peculiar som nasal de Stewart, entoado mais alto, levemente forçado nos registros superiores quando ele está ansioso; a perfeição em barítono do inglês de Joan Greenwood no Studio Ealing. Cavell chama a esses traços "individualidades".[15]

O som contribui para seu senso de presença, o que nos faz retornar àquela que é a mais surpreendente das observações de Panofsky: o meio do filme é a realidade enquanto tal, o que faz parecer que a presença de um ator na tela, para esse historiador da arte tornado um crítico de cinema, é aquela do mármore na escultura – uma presença que está bem ali e pode ser tocada –, observação que não pode ser verdadeira.

O mármore é inerte, ao passo que o ator participa ativamente na elaboração de seu personagem. Nós temos as famosas histórias de Hitchcock que tratam atores como coisas, posicionando-os como se fossem blocos de madeira ou estátuas. Seu filme *Vertigo* é sobre um homem de tal modo fixado na manipulação de mulheres que isso assume a forma de necrofilia. O protagonista pretende recriar a morta pela vivificação do sapato até o tipo de penteado, para, então, possuí-la. O filme é uma metáfora do filme

Estética **149**

em geral. Os atores, de fato, têm um estranho *status* que varia entre se tornar uma coisa e permanecer pessoa na tela. Eles agem, são *ativos*; no entanto, eles existem em um filme como aparências, insetos sob o copo, objetos de porcelana. A estrela é fixada e liberada ao mesmo tempo, figura e figurino.

Porém, o verdadeiro enigma é que o mármore está fisicamente presente para o espectador de um modo que o ator definitivamente não está: você pode estender a mão e tocar o mármore do mesmo modo como você saltaria sobre o palco e tocaria o ator de teatro. No entanto, você não pode entrar em um filme e fazer contato com Grant ou Russell. Eles não estão, nesse sentido imediato, presentes diante de você. Sendo assim, que tipo de presença material é essa que causa que Panofsky use a metáfora de um ator brilhando através da tela como o mármore de Michelangelo brilha a partir da forma escultural?

Em resumo, essas observações precoces sobre o meio muito rapidamente levam a problemas filosóficos que permanecem presentes na estética hoje. Panofsky não era um filósofo, e, assim, o tipo de obra estética que ele fazia tinha a ver com delinear as características de um meio como na medida em que este se desenvolvia no sentido da fruição. A estética filosófica, então, abordava questões tais como a "realidade" do meio, do mesmo modo que os filmes continuaram a explorar essa estranha intensidade espectral, explorando-a em sua obra. Abordo esses dois pontos, respectivamente: primeiro, o enigma filosófico sobre o meio; segundo, e mais adiante neste capítulo, os modos nos quais os filmes, especialmente aqueles de Terrence Malick, continuam a tratar, explorando essas estranhas características do meio, mantendo-o, desse modo, com sua aura, estranho, vivo, fascinante.

Vale a pena citar uma observação de Stanley Cavell (de *The World Viewed*) sobre filmes e fotografias:

> A realidade em uma fotografia está presente para mim embora eu não esteja presente para ela; e um mundo que eu conheço e vejo, mas para o qual eu, todavia, não estou presente (por nenhuma falha de minha subjetividade), é um mundo passado.[16]

Poderíamos entender a observação de Cavell (uma frase feita sobre Panofsky) como significando algo como o seguinte: central para o filme é que, embora não literalmente presente, o ator (ou montanha, ou campo ou córrego) *parece* presente para nós. Ocorre apenas que nós estamos ausentes dele (do personagem). Cary Grant, infelizmente, está morto, mesmo enquanto assisto a *The Philadelphia Story* (eu certamente não estou presente nele, nem sou capaz de me dirigir a ele). No entanto, há um estranho modo pelo qual ele *parece* estar presente, estranho de uma maneira que não ocorre ser aquela de seu retrato pintado a óleo, nem a de qualquer esboço dele. "Parecer", exclamo com deleite, examinando uma foto em um velho álbum desenterrado do sótão, "É o tio Harry, como ele era jovem então, as faces rosadas, o brilho mordaz de seus olhos vivazes, o cabelo repartido no meio, a figura vistosa. É como se ele estivesse conosco hoje." Contudo, agora já são muitos anos depois; eu estou revisitando um velho filme caseiro ou talvez uma foto em preto e branco em uma moldura de metal. Harry há muito foi embora; no entanto, tenho a impressão de que o tempo parou e ele está comigo, ou que eu estou com ele, não é claro onde nos encontramos, a foto é uma janela para o passado ou um modo de trazer o passado até o presente. Roland Barthes diz que a fotografia é um memorial para os mortos, um modo de tornar os mortos presentes novamente entre nós; confirmando, no entanto, sua ausência, visto que a foto nos faz recordar que foi *então* que os conhecíamos (e não mais os conhecemos agora). Essa perturbação ontológica – essa impressão de que as barreiras do tempo estão sendo suprimidas – associa fotos e filmes a sonhos, reuniões, à intensidade das memórias desdobradas em absorção mesmérica, como se a memória fosse um filme que reprisa dentro do eu. Quando criança, eu tinha uma crença incontrolável de que eu poderia reprisar minha vida à vontade, e sentaria em uma cama revendo e revoando o curso de minha vida no quarto da memória, cada vez acelerando as coisas ou as alentando, dependendo, e tudo com os mais poderosos recursos visuais. O tempo ganho era também o tempo perdido, pois a reprise automática de meu próprio passado confirmava seu caráter de passado. Eu era passivo diante de minhas próprias memórias, incapaz de penetrá-las, capaz apenas de consentir que elas me consumissem.

Cavell chama o mundo em uma foto ou em um filme de uma forma sub-rogada da presença: Greta Garbo está presente para mim, mas não posso estar presente para ela, não posso falar a ela no filme, nem chegar perto dela ou tocá-la. Contudo, está de fato Garbo – que esteve certa vez fisicamente presente diante da câmera (no momento em que era filmada) – ali de fato diante de nós, como se vinda diretamente do passado? Que espécie de *ali* é esse?

Certos filósofos, com destaque Kendall Walton, afirmaram que a realidade física é *literalmente* ali para ser vista em uma foto ou de um filme. De acordo com Walton, o filme não é nem uma cópia do mundo (no sentido em que um desenho do Vaticano é uma cópia), nem é uma representação do mundo no sentido de uma pintura. Fotos são janelas transparentes para aquilo que não está mais ali. Em suas palavras: "Nós vemos o mundo através delas."[17] Ver Garbo em um filme é ver Garbo pela foto dela tal como ela era então. Fotos são espelhos que refletem de volta o passado dentro deles – são espelhos estranhos, pois o que vemos neles não está mais ali. Que a coisa que causou seu "reflexo" na foto é do passado torna nossa visão dela, na expressão de Walton, "indireta". "Olhar uma fotografia é realmente ver, indireta, porém genuinamente, tudo aquilo do que ela é uma foto."[18] Isso ocorre porque fotos são contrafactualmente dependentes das coisas fotografadas (algo que não é verdadeiro, diz Walton, para os quadros). Os fotógrafos estilizam, sim, eles compõem os objetos de suas fotos posicionando a câmera, escolhendo o filme, estabelecendo o tempo de exposição, a medida da luz, e assim por diante. Essas escolhas geram perspectiva, humor: arte. No entanto, uma vez eles tenham decidido, não há mais qualquer intervenção humana. A câmera vai clicar e será o que será. Isso não é verdadeiro com respeito à pintura a óleo, na qual todo o ato de pintar é uma escolha humana, uma intervenção humana. Os quadros podem representar pessoas que não estão mais presentes; as fotos capturam apenas o que está. (Vamos evitar o dilema do programa de computador para fotos, que convulsiona o próprio meio da fotografia, transformando uma foto em um jogo de cortar e colar imagens de arquivo de computador ou obtidas na *web*.) O objetivo de Walton é identificar uma classe de experiências perceptuais que compartilham a propriedade da dependência contrafactual. Essas experiências incluem espelhos, telescópios, microscópios e (pensa ele) fotos. Todos esses dispositivos, ele acredita, compartilham a propriedade da transparência. Por meio deles nós vemos a realidade. Walton procura demonstrar que a fotografia é um caso de percepção transparente, reunindo exemplos de visão pelo espaço, pretendendo com isso preparar a afirmação segundo a qual fotos nos permitem realmente ver, ao longo do tempo, o passado. O exemplo mais simples de percepção visual é duas pessoas que olham diretamente uma para outra (em um café, em uma sala cheia de gente). Podemos, então, mover-nos por esses exemplos como a observar um suspeito por um espelho unilateral, um navio por um periscópio, o coração humano por uma máquina de ultrassom, um microcomponente celular por um microscópio eletrônico, uma estrela distante pelo telescópio Hubble. Em cada um desses casos, a lacuna se estende entre o sujeito que percebe e aquilo que é percebido, tornando-se menos e menos recíproca, mais e mais "distante".

O salto de Walton é transpor o que ocorre nesses casos para a visão ao longo do tempo, o que é mais bem imaginado, nos diz ele, por meio do experimento de olhar por um "dispositivo de espelhamento múltiplo". O dispositivo (sobre esse cenário) reflete o mundo por tantos espelhos – cada um espelhando o próximo – que nós perdemos toda a orientação quanto à posição em que o objeto percebido se encontra em relação a nós próprios. Não podemos traçar a figura vista a partir desse salão de espelhos retrocedendo a uma posição em particular. O mundo visto por esse dispositivo de espelhamento múltiplo é apresentado à percepção, sendo simultaneamente projetado por ele. Com esse exemplo se pretende advertir sobre a ideia de que ver ao longo do tempo não é senão um estágio além do ver através do espaço (pelo esquema). Ver ao longo do espaço pode também eclipsar a perspectiva, confundir a orientação em relação à fonte.

É importante notar que, por trás do dispositivo de espelhamento múltiplo, encontra-se ainda a impressão de que a coisa vista nele realmente existe algures fora dele, agora mesmo, em sua robusteza material: ocorre apenas que não podemos identificar com precisão as posições do objeto a partir do dispositivo. Há uma rota que se poderia tomar para o objeto percebido; ocorre apenas que o dispositivo não consegue produzi-lo e, de fato, termina por obscurecê-lo. Isso é completamente diferente de dizer que podemos ver pela foto ou pelo filme retrospectivamente no *tempo*, no qual não existe nenhum esquema ou mapa que oriente até a coisa que teríamos de alcançar no passado. Ao olhar por uma foto para o passado, nosso estranhamento desse passado é metafisicamente permanente.

Em seu artigo "Quadros Transparentes", de 1984, Walton não encontra nenhum problema particular em relação a isso: "Eu não penso em admitir que nós vejamos objetos fotográficos apenas *indiretamente*, embora se possa sustentar que a percepção é igualmente indireta em muitos outros casos também (tais como espelhos, imagens produzidas por lentes, etc.)."[19] Segundo ele, a transparência fotográfica não é mais problemática do que a transparência de um espelho. Isso é pouco convincente. Ver algo no passado é um conceito mil vezes mais bizarro do que ver por um espelho – o que de modo algum é bizarro – ou mesmo ver um feto por uma máquina de ultrassom.

O melhor caso de "ver algo no passado" é o exemplo que Walton apresenta da visão de uma estrela extinta. Olha-se pelo telescópio Hubble para uma estrela, mas, no momento em que a luz dessa estrela alcança o telescópio, a estrela, de fato, já desapareceu. Ela está no passado. Nós estamos vendo, nesse sentido, aquilo que é passado. Porém, note-se que aqui nós a estamos vendo diretamente por sua fonte de luz original. Ocorre que essa luz levou um longo tempo – um tempo muito longo – para nos alcançar. O caso é diferente de olhar em uma foto. A estrela aparece para nós em sua luz original: a luz que viajou dela para o dispositivo, exatamente como uma pessoa aparece refletida em um espelho pela luz original que emana da pessoa. Isso é o que torna a pessoa "presente" no espelho. Ver alguma coisa ou alguém em uma foto não é vê-lo na luz original que viajou delas até o dispositivo fotográfico. Isso aconteceu há muito tempo e resultou em uma impressão da imagem (como a gravação de um som) na emulsão fotográfica.[20] Em um tempo posterior, a emulsão do filme foi desenvolvida e ainda mais adiante no tempo este filme foi projetado. Nós vemos o original impresso na nova luz. Isso é o que nós vemos; o impresso, nada mais.

Uma foto, diz Cavell, é um molde extraído da realidade, quer dizer, não é um espelho dela. Não olhamos pela foto para alguma coisa que se encontra além dela (Onde? Como chegaríamos lá?); olhamos dentro da foto como se dentro de uma casa heideggeriana do ser.

Se alguém quiser designar isso como visão indireta, muito bem, mas, então, terá mudado a linguagem, pois, enfaticamente, esse não é o tipo de "visão indireta" que alguém tem olhando em um espelho. Nós vemos em uma foto e sabendo que é um molde do passado, temos acesso ao passado sem vê-lo completamente. Sentimos a presença do passado em uma foto porque nela ele se encontra suspenso, impreciso e despercebido à maneira do traço ou da aura (isso significa aquilo que não está). Nessa convicção sentida reside a estranheza de uma foto em sua aura.

Que nós olhemos *dentro* de fotos e filmes, e não de através deles, é uma característica geral de nossa experiência dos filmes. Somos absorvidos na presença viva daqueles que estão na tela, como se dentro de um espelho de nós mesmos. Não olhamos a partir deles para o passado; em geral, não *tentamos* fazer isso. Somente se alguém pergunta: você não pode ver o modo como Nova York se afigurava então, nos anos de 1940, nessa tomada de filme? Ela foi filmada do prédio do apartamento em que cresci! Eu, às vezes, vejo filmes sobre a velha Los Angeles desse modo: como signos da Los Angeles que amei no início dos anos de 1980, onde a velha Hollywood era já uma ruína viva, uma vizinhança de loiras decadentes rescendendo a cigarros e ao álcool, passeios antigos, cachorros grã-finos ao longo das ruas iluminadas pela lua, como os últimos legados vivos dos filmes *noir*. Talvez estivesse tudo em minha cabeça. O ponto é: às vezes parecemos ver de modo transparente o passado a partir da foto e/ou do filme; outras vezes, não. A evidência da experiência é totalmente irresoluta. Olhamos dentro de filmes, como se o mundo ali fosse mais real do que o real, além de olharmos para além deles, como se eles fossem uma névoa ou penumbra de sombras, apontando para um passado que está similarmente eclipsado. Essa duplicidade da percepção é decisiva para a absorção do meio.

Gostaria de chamar o filme de um caso intermediário, um caso acerca do qual é demasiado simples tanto dizer que nós vemos o passado nele quanto não o vemos ali. Ao dizer isso, estou convocando o pensamento de Wittgenstein, a relevante passagem de *Investigações filosóficas*:

> Uma fonte principal de nosso fracasso em entender é que nós não *comandamos uma visão clara* do uso de nossas palavras. – Nossa gramática é destituída desse tipo de perspicuidade. Uma representação perspícua produz apenas aquele entendimento que consiste em "ver conexões". Daí a importância de descobrir e inventar casos intermediários.[21]

Foi uma parte importante do ensinamento de Wittgenstein na Universidade de Cambridge nos anos de 1930 e 1940 a tentativa de "descobrir e inventar" exemplos de objetos sobre os quais era muito simples ou dizer que eram um "p" ou dizer que eram um "não p". Ele estava interessado em explorar itens acerca dos quais era ou parecia ser muito simples dizer que eram ou não eram um número, que eram ou não eram uma pessoa, é ou não é vivo, é ou não é um jogo, é ou não é linguagem. A percepção de um filme é exatamente isso. É demasiado simples tanto dizer que nós vemos Grant na tela quanto dizer que não o vemos. Sua presença é absolutamente peculiar.

Wittgenstein distingue dois usos da palavra "peculiar", um transitivo e outro intransitivo. Richard Wollheim compreendeu, há muito tempo, a importância para a experiência da arte do uso intransitivo da palavra "peculiar" indicado por Wittgenstein.[22] Quando se fala que alguma coisa é peculiar transitivamente, há algo a dizer sobre os aspectos nos quais a pessoa ou a coisa é peculiar. "Como ele é peculiar?" "Ele fala para si mesmo o tempo inteiro e não ao telefone celular; não usa nenhuma meia no inverno e sempre carrega uma bolsa; só come sopa de beterraba com repolho e anda por aí dizendo que é Jerry Seinfeld". O uso transitivo solicita uma resposta para a questão "Em que aspecto?"; o uso intransitivo, não. Wittgenstein o ilustra do seguinte modo:

> Descreva o aroma do café. – Por que isso não pode ser feito? Faltam-nos as palavras? E quais palavras faltam? – No entanto, como obtemos a ideia de que essa descrição deve, afinal de contas, ser possível? Você sempre sentiu falta dessa descrição? Você tentou descrever o aroma e não conseguiu?[23]

Ele está propondo ao leitor um exercício de descrição ("Descreva o aroma do café"), perguntando, então, o que está em jogo no fracasso em fornecer a descrição. Pode-se, claro, começar a preencher a falta dessa descrição. Pode-se falar no perfume queimado do café, e, além desse perfume, podemos falar no amargor das sementes, podemos comparar o café ao alcaçuz, ao chocolate, ao chá, falar em sua qualidade estimulante. No entanto, a certa altura, a linguagem se detém diante do portal da experiência. Ou você conhece o aroma, ou você não o conhece.

Um meio de arte suporta a absorção, faz mágica a partir de suas peculiaridades. O meio do filme é peculiar em seu modo de tornar o mundo presente para o espectador. Ao passo que a escultura põe os materiais diretamente diante de você, o filme não põe. No entanto, a fisionomia está "lá". Ao passo que a pintura não é contrafactualmente dependente das fontes da realidade, o filme está diretamente vinculado às suas fontes, e ainda assim não podemos vê-las (embora quase pareçamos fazê-lo). O filme convulsiona a imaginação, que é incapaz de separar sua relação com as coisas projetadas, com seu modo de estar aí, diante de nós, reais e espectrais. Nisso reside sua aura ou seu halo de poder.

Esse foi o relato de como a reflexão sobre o filme pela crítica de cinema – que, em si mesma, pode ser chamada de estética do filme, porque trata do meio – gera enigmas filosóficos específicos dos quais a estética filosófica passa a tratar. A estética desenvolveu-se continuamente nos primeiros filmes e nos escritos de Panofsky sobre o meio. Então ele se torna um problema filosófico.

O poder do filme mágico não é automático: ele deve ser sustentado por novas invenções no cinema. É a forma total e o sentido do filme que leva adiante e reinventa a mágica. Em nossa época de uma infindável inundação de produtos fílmicos, progressivamente indistinguíveis das propagandas e das alamedas de *shopping center*, os produtores de filmes devem trabalhar sempre mais duro para reivindicar o antigo poder mágico da tela.

Foi Terrence Malick quem mais recentemente retomou essa antiga mágica da presença e ausência que todo mundo sentia e poucos sentem hoje, em nossa época, de uma linha interminável de produtos de cinema. A sua obra sempre explorou o caráter assombrado, espectral, da imagem do filme e suas implicações para uma temporalidade na qual passado e presente existem em estranha fusão. Malick é mestre em transformar o presente em passado, um mestre que projeta estados de presença que são já aqueles da evanescência. Com os anéis de eternidade da paisagem de Malick ocorre que os seres humanos simplesmente erram a partir dela, ocasionalmente abençoados por sua mágica antes de serem privados de seu fascínio. O filme de Malick *The New World* (2006) começa com um mapa do novo mundo, depois água, tomada de baixo, com luz refletida sobre Pocahontas nadando. Três barcos chegam, trazendo colonizadores ingleses para estabelecer a primeira colônia da Virgínia, depois a eternidade de um rio, fluindo através das prístinas florestas da Virgínia ancestral. É uma página tomada de Wagner e da sua abertura de *O Anel do Nibelungo*. A música não é um mero acessório em Malick, mas um constituinte central usado para alcançar o êxtase e a textura temporal. À medida que a câmera percorre esse rio que levará John Smith da colônia de Jamestown até a tribo nativa onde ele encontrará e se apaixonará pela jovem Pocahontas, a música emerge como a fonte de tudo. Smith entra, ele é um viajante do tempo procurando uma rota para o "outro mar" em um domínio atemporal ao qual ele não foi convidado a entrar e do qual ele não conhece nada. O sentido de intrusão humana é poderoso e também o da estranheza desse momento inicial do contato entre as pessoas vindas da Europa e a paisagem das Américas. Suas densas florestas o consomem; suas planícies, em parte, o absorvem. Ele não poderia ser mais impróprio com sua pesada armadura. Na medida em que as coisas se deterioram para a colônia, nos primeiros meses, um comboio é enviado rio acima em busca da grande cidade e do líder. Smith vai e é feito prisioneiro pela tribo, sendo, mais tarde, tratado com indulgência quando Pocahontas se lança sobre ele diante de seu pai, o pai que, com shakespeareana dor, um ano depois expulsará a filha, tendo ela salvo a colônia levando cereais para lá contra a vontade dele. À medida que Smith, vivendo nesse lugar estranho, começa sua dança de sedução com Pocahontas, nós ouvimos sua própria voz superposta falando no tempo passado. "Nós deveríamos recusar o amor quando ele nos dá o dom de sua presença"? Ele já estabeleceu um diário de apontamentos de coisas que acontecem ao seu redor; em uma tomada anterior, nós o vemos sentado na planície, escrevendo, e, antes disso, ouvimos sua voz superposta, novamente no tempo passado, mas sabendo que o presente que ele descreve é atual ("Estamos plantando trigo", "Como procedemos com os nativos?").

Os dois exploram um ao outro, tocam-se, reagem. O filme corta entre essa perspectiva e a deles. "Mãe, onde está você?", ela pergunta em diálogo silencioso com sua própria alma, procurando consolo e explicação para os sentimentos que crescem dentro dela. Em contraste com a voz superposta e com os motivos assombrosos do piano, eles circulam ao redor um do outro, tocando com a delicadeza, com o tateio de duas pessoas cegas que exploram o mundo por seus dedos. O amor é cego, especialmente quando ele acontece entre pessoas tão diferentes quanto essas, que não possuem uma linguagem comum.

Malick tem a habilidade de fornecer o ponto de vista sem usar o clássico plano reverso que usualmente o estabelece. Não existe nenhum "plano do ponto de vista" em sua sequência, nenhum corte hitchcockiano entre Bodega Bay enquanto nós a vemos e Bodega Bay do ponto de vista de Melanie Daniels (*Os Pássaros*). Em vez disso, Smith segue Pocahontas ao longo do rio e da floresta com a câmera situada exatamente ao lado de seu ombro em *steady cam* e com algum uso de planos tomados com a câmera na mão. Isso produz uma impressão do mundo visto sob o ponto de vista de Smith e, na intimidade, quase fundido com ele, como se nossa consciência fosse gêmea da sua; seu êxtase, o nosso. A recusa a delinear claramente o plano a partir do plano reverso apresenta um mundo que desliza entre fato e percepção, realidade e consciência. Essa mistura do mundo e do mundo percebido transforma o mundo em um lugar fugaz, flutuante, lugar no qual as coisas acontecem e evaporam ao mesmo tempo. Um mundo de aparências fugazes é um mundo assombrado. É um mundo no qual Smith parece ter errado sem convicção, como se, em um piscar de olhos, poderia ser que ele estivesse sonhando. Smith não tem qualquer dúvida de que o mundo está aí diante dele, de que ele habita em seu interior; ele não pode penetrar sua inteligibilidade, e isso resulta que ele aí flutue. Do mesmo modo, o amor se assemelha ao sonho; ele transforma o mundo em uma sombra fugaz, em uma mera ressonância.

O diretor de cinema foi sempre obcecado com o modo como momentos Edênicos se formam e colapsam em torno dos que estão absorvidos por eles. Adão e Eva, afinal de contas, viveram no paraíso embora dificilmente o conhecessem. Somente em retrospecto sua natureza veio a ser revelada a eles, quando já era tarde demais. Eles tinham sido expulsos sem qualquer compreensão clara da razão dessa expulsão. Malick é bíblico, Velho Testamento. A incerteza de Smith acerca do mundo no qual ele está lançado, o sentimento que ele tem da sua relativa credibilidade é algo que se aproxima de um sentimento que faz do mundo um dom, um encantamento mágico. Isso é também um signo de sua fragilidade, de sua sujeição à expulsão.

Essas características são estabelecidas no cinema, bem como as reflexões da mágica cinemática, que é também um novo mundo no qual os personagens habitam em um estranho estado de temporalidade durante o mais fugaz dos momentos antes que o rio de luz desapareça e o filme termine. Um colapso do Edênico a partir das condições improváveis de sua formação é o tema-assinatura de Malick, o qual se estende à natureza do próprio cinema. O tema já está presente em seu primeiro filme *Badlands*, em que o lugar mais improvável da Terra torna-se o lugar da felicidade e o jovem par de assassinos tem pouco a entender do que eles estão fazendo; em *Days of Heaven*, a casa vitoriana do fazendeiro da região do Texas Panhandle – terra banhada pelo sol, com campos de trigo tremeluzentes – por um momento se transforma na terra do paraíso, até que o maquinador e as transações que ensejaram o momento levam a um apocalipse de gafanhotos e de fogo.

Em um filme de Malick, os personagens tornam-se seus próprios autores, produtos de sua própria voz superposta, mesmo que eles estejam experimentando as coisas que mais tarde irão relatar no tempo passado. Ser é também entender, e isso vem a ser um problema, pois o entendimento está sempre em questão, sempre em conflito, talvez condenado. Essa técnica da experiência, também revelada a partir de dentro no momento de sua ocorrência, destitui um personagem da sublimidade do lugar em que ele habita. As pessoas são tocadas por uma aura que elas dificilmente entendem e são incapazes de ver uma golfada de luz saturada mesmo quando essa ocorre sob seu nariz. Ou, em contrapartida, elas sentem demasiadamente e com demasiada fragilidade para apreender alguma coisa. São sempre pessoas jovens, raramente maduras o bastante para amar. Em *Days of Heaven*, os jovens trabalhadores imigrantes vagueiam pela radiante luz do Texas Panhandle sem uma pista. A voz superposta nesse filme é a de uma criança lembrando (contando), mas também – o espectador sente – é já uma voz que está contando no presente, e, de um modo tão comicamente deslocado, tão sem sintonia com o que está acontecendo, que isso se torna algo metafisicamente assustador. Metafisicamente, sim, pois ela existe em um rascunho do paraíso e não sabe disso. A sublimidade da paisagem na qual essa criança habita nos atinge além de nossa compreensão, mas raramente a toca, e é precisamente seu caráter de experiência que nos ilude – provavelmente ela é amorfa, opaca. A vida escorre por seus dedos como a luz que ela não consegue captar, tornando seu fracasso nosso dever. Somos despedaçados por uma sublimidade que aparece para *nós*, mas não para ela, que paira sobre ela e sobre todos os demais personagens desse filme, como uma sombra. Nosso dever de saber confirma nossa ausência do que está acontecendo, pois somos metafisicamente incapazes de intervir. Apaziguados pela graça, pela quieta inocência, pelas vistas vazias das Terras Ruins de Dakota, pelos lares vitorianos liricamente alinhados, compostos contra as pradarias douradas de trigo, pelas vistas vazias da rude rodovia pulverizada pelo céu: a aura da natureza é nossa, e não deles. Essa é uma metáfora da posição do espectador *per se*: ele existe em presença das coisas projetadas sobre a tela, coisas que estão mais perto – embora mais longe – do que os próprios personagens. A vida os toca, embora eles não possam percebê-la; nós somos dominados por aquilo que os toca, no qual não podemos intervir. Isso pode tornar uma pessoa permanentemente infeliz.

O relato de Smith *foi* tomado de seu diário (o qual, por ventura, pode ter sido fabricado). Por ele haver pensado esses pensamentos e os escrito posteriormente, mas no tempo presente, Malick optou por misturar narrativa e consciência. Essa mistura é um espelho da perfeição insustentável. Foi Jean-Paul Sartre, em sua novela filosófica *A Náusea*, quem mostrou que não se pode viver a vida e escrevê-la ao mesmo tempo. Isso tampouco ocorre com o cinema. Essas criações da presença são já a sua morte. Para quem é filosoficamente informado (incluindo Sartre), isso é puro Heidegger: um refrão imaginativo sobre seu conceito de ser "lançado no ser" e forçado a um entendimento do tempo humano a partir do tempo perdido e ganho, projetado e lembrado. Essas coisas são tornadas reais no filme pelo primeiro tradutor de Heidegger,[24] Terrence Malick, cujo gênio é compreender as condições do filme, o deslocamento do espectador do que é mostrado e a mistura de passado e do presente sobre a tela do cinema, e elas são precisamente aquelas de Smith: as condições do Edênico, do fugaz, de uma absorção que é insustentável, de uma imersão quase automática na estranheza que é simultaneamente a intensidade do lutar assombrado da memória. O tempo é, no sentido de Heidegger, extático.

E assim é o próprio Malick esse híbrido: filósofo da estética e diretor de cinema. Ele convocou o que a filosofia já havia ensinado sobre ser e tempo, e o reelaborou à luz de um meio em que certas intensidades podem emergir, as quais jamais o fariam na filosofia. Porém, a conexão é crucial para a crítica filosófica, nisto que ela revela como o filme também descobriu um de seus grandes temas na natureza da corporificação humana, não a corporificação da carne, como em Titian, mas aquela que ocorre dentro do tempo ou em múltiplos planos do tempo, se você quiser. Nisso o filme se aproxima da literatura modernista; literatura em que, como David Foster Wallace frequentemente expressou, ele vive todo dia entre o almoço e sua avó morta, que permanece espectral, senão ativa dentro da vida, falando em seu retrato no gabinete do diretor; assim como Albus Dumbledore que, no volume final da série Harry Potter, mantém contato com o bravo e trágico Severus Snape.

Malick é um filósofo que se tornou diretor de cinema, um filósofo como diretor. Sua obra levanta a questão da verdade na arte, da verdade filosófica e de outra verdade que reside dentro dela. É sobre a verdade na arte que eu me debruçarei na conclusão deste livro. Antes de aí me aventurar, o leitor está convidado a pensar sobre quais questões filosóficas surgiram em meios mais recentes do que o filme, questões pertinentes ao U2 ou ao U-Tube, à arquitetura ou à arte baseada na *web*. Talvez não exista nada claramente formulado ainda. Talvez caiba a você produzir uma resposta, mas, talvez maior se ela se aventurar na questão certa. Qual é a questão, então, que deve ser formulada sobre TV, Internet, nova música, nova arte feita entre meios, qualquer que seja?

NOTAS

1. Isso está em sua tese de doutorado inédita, além de muitas conversas ao longo dos anos, pelas quais eu lhe sou grato.
2. Greenberg, Clement, "Avant-Garde and Kitsch", in *Art and Culture* (Beacon Press: Boston, 1961).
3. Greenberg, Clement, "The New Sculpture", ibid.
4. Para uma discussão da função da teoria na arte de vanguarda, ver Herwitz, Daniel, *Making Theory/Constructing Art* (Chicago University Press: Chicago e London, 1993).
5. Ibid.
6. O *locus classicus* de sua teoria é Danto, Arthur, *The Transfiguration of the Commonplace* (Harvard University Press, Cambridge e London, 1981).
7. Danto, Arthur, *After the End of Art, Contemporary Art and the Pale of History* (Princeton University Press: Princeton, 1997), p. 165.
8. Para uma discussão da função da teoria nas vanguardas, bem como das concepções de Danto em detalhe, ver *Making Theory/Constructing Art*.

9. Lyotard, Jean-François, *The Postmodern Condition: A Report on Knowledge*, trad. Geoff Bennington e Brian Massumi (University of Minnesota Press: Minneapolis e London, 1979).
10. Herwitz, Daniel, *Making Theory/Constructing Art*, especialmente os capítulos 6 e 7.
11. Panofsky, Erwin, "Style and Medium in the Moving Pictures", 1934, reescrito em 1947, reimpresso em *Film Theory and Criticism*, 6ª ed., eds. Leo Braudy e Marshall Cohen (Oxford University Press: New York, 2004), p. 289-302.
12. Panofsky reduzia o roteiro a algo que poderia ser tudo o que se quisesse, mas apenas na medida em que não predominasse sobre os efeitos visuais. Ele chamou a isso "o princípio de coexpressibilidade". Se o diálogo tende a predominar, algo visual acontece para rebater a sua importância, geralmente um *close-up*. A maneira particular de Panofsky pensar não faz justiça ao roteiro, que não é o "parceiro menor" em um filme, mantido e controlado visualmente no caso de pretender se afirmar demasiado. Os significados encontrados no roteiro são geradores de tudo o que acontece. A coexpressibilidade é correta na medida em que o filme não viesse nunca a se tornar "falado". Entretanto, um modelo melhor para pensar a relação entre roteiro e câmera é aquele da geratividade mútua dentro de um sistema complexo. O roteiro é escrito (às vezes, adaptado a partir de um documentário, obra histórica, história curta, novela, peça) com uma realização visual em mente. Fluxo, ritmo, personagem, enredo, todos são imaginados com a tela em mente, geralmente com atores, atrizes e locações específicas. Igualmente importante, um filme sonoro sinergiza o ritmo visual com o ritmo sonoro, o som se tornando central para a fisionomia. O meio do filme sonoro não é simplesmente a realidade visual enquanto tal; ele é também o som.
13. Ibid., p. 302.
14. Ver nota 1.
15. Cavell, Stanley, *The World Viewed* (Harvard University Press: Cambridge e London, 1979).
16. Ibid., p. 23.
17. Walton, Kendall, "Transparent Pictures", *Critical Inquiry*, II: 2, 1984, p. 251.
18. Walton, Kendall, "On Pictures and Photographs: Objections Answered", in *Film Theory and Philosophy*, ed. Richard Allen e Murray Smith (Oxford University Press: New York e Oxford, 2003), p. 60.
19. Walton, "Transparent Pictures", p. 253.

20. Ao formular isso, sou imensamente auxiliado por meu aluno Everett Kramer.
21. Wittgenstein, *Philosophical Investigations*, #122.
22. Wollheim, *Art and Its Objects* (Cambridge University Press: Cambridge e London, 1968), p. 110-11.
23. Wittgenstein, *Philosophical Investigations*, #610.
24. Malick traduziu *Essence of Reasons* de Heidegger depois de completer um doutorado em filosofia em Berkeley.

6
Conclusão: Arte e Verdade

DUAS PERSPECTIVAS ESTÉTICAS: ARTE COMO CONHECIMENTO E ARTE COMO TRANSCENDÊNCIA

Testemunhamos uma divisão no modo como a estética aborda a arte. De um lado, há uma concepção, herdada do estudo que Aristóteles fez do drama trágico, segundo a qual a arte tem valor porque fornece conhecimento: segundo Aristóteles, conhecimento filosófico. O conhecimento que a arte fornece é, para o filósofo grego, mais filosófico do que o conhecimento histórico, pois ele seria uma espécie de reconhecimento: reconhecimento do que pode acontecer aos seres humanos "de acordo com as leis da possibilidade ou da necessidade". O drama trágico revela como o personagem e os eventos da vida podem se desenvolver em uma espiral que termina em desastre em virtude da intrusão do destino.

Hegel persegue essa concepção da arte como portadora do conhecimento filosófico: conhecimento que se apresenta na forma de reconhecimento. Por meio da antena interior do artista, a arte torna-se uma cifra das forças da história, coletando-as em um grande gesto pelo desenvolvimento de um meio e catapultando-as em uma imagem idealizada da época. Essa é uma concepção que tem um longo legado em estética.

Um legado igualmente proeminente afirma o oposto. Essa é a posição segundo a qual a estética nasceu no século XVIII. Em sua forma mais pura, ela é a concepção formalista da arte, identificada com Kant, a qual afirma que a arte não é diferente (esteticamente) da natureza. O juízo estético (o juízo de gosto) refere-se tanto à arte quanto à natureza, pois é um juízo não-conceitual, elaborado de modo independente de todos os propósitos associados com o objeto (a arte ou a natureza). A experiência do belo é uma experiência da forma, da imersão sensual, do sublime. O gosto é imaginativo, formalizante, aprazível, arrebatador. O conceito de gosto de Hume é construído de modo mais amplo, mas é do mesmo gênero. O belo é uma posição consumista, um modo de desfrutar isso como oposto àquilo, seja um vinho fino, seja uma trufa recém-frita.

À concepção segundo qual a experiência da arte é um livre jogo da imaginação que nada significa e cujo fim está em si mesmo, muitos teóricos, seguindo Kant, atribuem uma imagem ampla do valor simbólico. Para Kant, a imaginação formalista permite que a moralidade seja simbolizada; para outros, o Estado, a nação, o futuro da revolução. Essas significações são atribuídas à arte – ou assim a história é contada e espera-se que o público acredite –, e, quando atribuída à arte, a história torna a arte *exemplar*. A arte frequentemente é exemplar (como nós veremos mais adiante), o que significa que uma percepção por parte do público da profundidade em seu gesto formal é intrínseca ao processo de experienciá-la e de atribuir significado a ela. Entretanto, a concepção kantiana parte de um objeto formalmente composto (a obra de arte) cujo propósito é dar ocasião ao jogo de sentimento e da imaginação, e não à produção de conhecimento.

A primeira concepção aborda a arte como uma forma de reconhecimento humano. O valor da arte é diferente em tipo do valor da natureza. A arte não tem valor se ela não consegue proporcional reconhecimento. Visto que a natureza não é uma forma de representação, ela não precisa satisfazer essa exigência. A segunda concepção trata a arte e a natureza como um objeto do prazer e da imaginação, sem considerar o que vem delas. A arte é uma exibição ostensiva na piscina de um dia quente de verão, um feriado especial desfrutado ao sul da França onde você anda de bicicleta à sombra dos castanheiros pelas estradas. É um pôr de sol alaranjado admirado enquanto se está sentado em uma praia de areias, com o guarda-sol vermelho atrás, e os amantes de mãos dadas.

Para a segunda concepção, o reconhecimento pode seguir-se indiretamente por meio do valor simbólico dessa experiência formal e não-conceitual. Kant pensa que a beleza é nosso modo de "reconhecer" nosso senso moral interno. No entanto, isso só acontece porque a arte não produz nenhum conhecimento, nem filosófico nem de outra espécie. A concepção permanece claramente diferente da de Aristóteles.

Como podemos negociar entre essas abordagens gerais da arte? É uma questão de "ou essa ou aquela"? De "tanto essa quanto aquela"? É cada uma delas, às vezes, verdadeira, às vezes imprecisa, dependendo do contexto? O que é essa coisa chamada arte que parece sustentar os dois lados da equação, mesmo que eles contradigam completamente um ao outro?

As coisas são mais complicadas nas frentes do conhecimento, pelo menos em dois sentidos. Primeiramente, a teoria da arte, a crítica literária, a teoria da arquitetura e a musicologia do século XX, todas elas, convergiram para a ideia decisiva segundo a qual se a arte proporciona reconhecimento, ela proporciona igualmente *reconhecimento enganoso*. A arte é um modo de conhecer, mas isso também significa tudo que é ideológico em uma época, uma cifra para seus preconceitos, formas de arrogância, grandiosidade, engano. Se a arte é uma expressão da aspiração humana, a aspiração tem sido dominação, controle, repressão, e a arte tem desempenhado seu papel nessas deformações humanas. Quando Marlow diz que toda a Europa contribuiu para a produção de Kurtz, esse imperador colonialista da atrocidade em *No coração da escuridão* (Conrad), ele quer dizer o que ele diz. A igreja e o Estado, a arte e a filosofia, todos têm contribuído para a aura de autoridade e prestígio que Kurtz leva ao Congo nessa novela. Pelas formas da cultura, Kurtz é lançado em uma espécie de autoidolatria, um deus autoadorador que espera fazer coisas notáveis entre os nativos que, se não tivessem o cuidado de curvar-se e adorá-lo, seriam tratados com repugnância, como ocorre em relação a tantos desconfortos na África.

A partir de suas imagens mais nobres do espírito e da devoção humanos, a arte gera idolatria. Isso é virtualmente garantido pela visão utópica de Hegel. A arte expressa as aspirações da época de uma forma idealizada, uma forma que parece deslizar por sobre todas as inconsistências e racionalizar todo o caos. Pela narrativa, por um bem, uma história convincente, a vida harmoniza-se.

Teóricos posteriores da estética, mais especificamente o psicanalista francês Jacques Lacan,[1] entenderão os reconhecimentos enganosos gerados pela arte em termos de um desejo humano de fantasia. Na arte, nos é dado o que procuramos: um espelho pelo qual podemos ver a nós próprios na forma de um outro mais glorificado, projetando-nos como infinitamente belos, perfeitos e em um momento suspenso da temporalidade que, como o olhar amoroso e demorado da mãe recebido por uma criança pequena, não admite nenhum lugar para a contemplação de seu caráter efêmero. A arte não nos humilha; ela nos esculpe em deuses e deusas perfeitos. Nossas vidas são transformadas em vidas mais excitantes a partir da identificação com as heroínas e com os heróis dos livros, transfiguradas pelas igrejas espiraladas do Barroco, transformadas em ícones por meio da tela prateada. Não é por nada que, na medida em que Freud escreve sobre pintura e Lacan sobre literatura, a teoria da arte elaborada com base no estágio do espelho encontrou seu objeto de estudo no filme, pois é por meio desse portal que dá para um passado suspenso e perfeito vivido infinitamente no presente, diante do qual sentamos como uma criança absorvida e extasiada, que nossos corpos e nossas almas assumem as intensidades e as perfeições fisionômicas e atores e atrizes projetados sobre a tela, como se seus infinitos movimentos espontâneos recalibrassem nosso próprio movimento.

Há toda uma geração de críticos de cinema, iniciada com Laura Mulvey[2] e continua com Slavoj Zizek,[3] que conecta os temas lacanianos do espelho e do reconhecimento enganoso ao ato de ver um filme e, de fato, aos conteúdos do filme. Aqui estamos nós, sentados em um teatro escuro, vendo Grace

Kelly iluminar a si própria acendendo três luzes ao mesmo tempo em que repete as três partes do seu nome – Liza, Carol, Freemont, em resposta à pergunta de Jimmy Stewart: Quem é você? Sua resposta parece ser dada não simplesmente com o nome, mas pela iluminação. Resposta: ela é essa pessoa que você vê, sendo você não bem Stewart, mas qualquer um, na audiência, assistindo essa criatura de erotismo carnal e emulsão prateada se tornando o que ela é: uma figura em preto e branco, luz e escuridão. Essa apresentação é feita para nós, e, por meio dela nós refilmamos a nós próprios na fantasia de ser ela, e de possuí-la. Ela é nossa; nós somos seus. Não importa que Hitchcock tenha já exaurido esse tema um minuto antes nesta que é a sua obra-prima, *Janela Indiscreta*, pois, enquanto Lisa se curva para beijar Jeff (Stewart), Hitchcock a filmou de modo que ela parece sair da tela em 3-D e nos beijar. Somente no último minuto ele faz recuar a câmera para o seu ângulo normal e assim vemos o beijo dado a Jeff, sobre a tela, longe de nós. O medo, bem como a superexcitação, causados por ela parecer sair da tela tem seguimento na conversa que eles têm, e ela responde a sua pergunta iluminando a si própria. Ela se ilumina porque ela é incontrolável, livre, sua espontaneidade sendo algo que ninguém mais poderia gerar senão ela própria. E, no entanto, ela permanece um "inseto dentro do vidro", pois ela própria diz isso na metade do filme, um ser contido dentro da tela para nós. O filme cria uma posição de voyeurismo (que é também o que esse filme aborda). A estrela está ali para nós, uma mulher sendo quem se demora no fascínio de sua gaiola emulsificada de Prada para nossa possessão voraz, sorrindo para cada um e para todos como se fosse a nós que ela estivesse esperando por todo tempo, ainda que indiferente, transcendente, um ser que nunca podemos realmente apreender.

Esse ser da estrela ali para nós, para ser devorado por nossa visão, e, no entanto, permanecendo à parte de nós, sua aura transcendente, seu lugar em um mundo inferior, ou em uma galáxia de estrelas, nos enlouquece: superexcitados, onipotentes, e, contudo, permanentemente incapacitados, como todos os *voyeurs*, imobilizados em uma cadeira em um lugar escuro (como Jimmy Stewart com sua perna quebrada) transformando em fetiche aquilo que não podemos possuir – e, assim, reclamando autoridade sobre ele (quer dizer, sobre ela, a estrela). O conceito de fetiche, o sapato ou o chapéu ou a roupa íntima que surrupiamos e escondemos no fundo de nossa gaveta como um modo de possuir o que na verdade temos medo de possuir (a coisa real, o ato real, sexo e amor) faz com que seja natural descrever o ato de ver em algo, se não em tudo, a sua manifestação no cinema. Mulvey e a geração seguinte de críticos têm se fixado sobre esses conceitos como uma tentativa de sondar a estética de uma experiência que é de possessão e de vazio ao mesmo tempo, de identificação e de incapacitação, de crer que ela é minha e de saber que ela estará para sempre fora de meu alcance. Prazer e dor: misturados projetam o espectador em alguém tão errante quanto o protagonista que ele está vendo – fato que é central no cinema de Hitchcock – que não deixou de ser reconhecido e explorado.

Quando Jimmy Stewart começa *Janela Indiscreta* em uma tomada (perna quebrada, pescoço com alcance limitado) e termina o filme em duas, estando na maior parte da narrativa sentado em sua cadeira de rodas, desviando o olhar da janela, espiando através de lentes cada vez maiores (ele é um fotógrafo), inventando uma história de assassinato e tumulto em seu prédio (o que vem a ser verdade, embora ele possa não saber disso), ele é (tenho sugerido, e outros antes de mim) uma personificação virtual do espectador de cinema, especialmente porque a mulher mais bela do mundo, Grace Kelly, não quer nada senão beijá-lo, enquanto ele não quer senão desviar o olhar da janela, sem dúvida como uma forma de proteção contra suas invasões eróticas, o que ele deseja e não pode aceitar que deseja. A própria fotografia é para ele (e esse filme para nós?) uma espécie de defesa contra a realidade, o que, nesse filme (como em todos os filmes de Hitchcock), não pode ser adiada, e levanta sua cabeça aterrorizante pela porta da frente do apartamento de Stewart, na forma do grande e tosco homicida Raymond Burr, que finalmente compreende quem está causando que a polícia corra atrás dele e está pronto para matar.

Esse filme de Hitchcock nos apresenta, pelo truque de prestidigitador do diretor, os materiais necessários para compreender as capacidades mesmas que o cinema tem de produzir o reconhecimento enganoso. Ele é reflexivo, pode-se dizer, é filosófico, mas não ao modo que a filosofia o é, escrevendo suas proposições em forma de narrativa e de forma lógica. Ele é uma obra que captura nosso espírito por nos levar a certo tipo de lugar, por manipulações que nós sentimos em sua estrutura, em seu modo de nos incorporar ao mundo de Stewart e de nos fazer compartilhar sua paixão, seu voyerismo e suas consequentes vicissitudes. Por meio do roteiro e do ângulo da câmera, uso da estrela e mágica do meio, o filme fornece os materiais para sua própria compreensão, e estimula outro meio de compreensão: a assim chamada filosofia, considerada como a espécie de escrita que ela produz, o tipo de escrita, se você quiser, que estou praticando agora. Dizer que o filme é filosófico é dizer que ele fornece um ponto de vista sobre o reconhecimento enganoso por seu uso do meio, revelando, desse modo, esse meio em consideração a seus valores psicológicos e humanos.

O filme de Hitchcock deixa muitas coisas de fora (razão pela qual a crítica de cinema feminista tem feito um grande barulho no sentido de exaltá-lo e difamá-lo ao mesmo tempo, como se ela pretendesse possuir seu bolo – sua estrela – e comê-la – ela também). E assim se faz muita filosofia.

Posto de outro modo, nós amamos esse filme por duas razões: ele nos possibilita entender a nós próprios e nos permite a evasão a partir da fantasia.

Certos filmes são filosóficos porque exploram as condições de seu próprio meio, bem como suas relações com as audiências, ao mesmo tempo em que criam essas condições! Hitchcock e a teoria feminista têm sido parceiros na exposição do assunto, embora nem sempre de modo feliz, pois Hitchcock estuda o voyerismo, mas também é quem o engendra. É a isso que chamamos ter seu bolo e comê-lo também.

A grande questão de Hitchcock é: em um sábado à tarde, quando o céu está azul e todo mundo está na rua patinando ou dentro de casa assando *brownies*, porque você escolhe pagar, sentar em uma sala escura e assistir a uma loura chamada Janet Leigh ser brutalmente apunhalada no chuveiro de um quarto de motel por um Anthony Perkins, Norman Bates? O que é o meio que torna isso prazeroso, o que somos nós que temos prazer em uma coisa dessas? É a questão que Hume formula sobre o drama trágico, aprofundada psicanaliticamente de modo a incluir questões sobre o sadismo, a agressão, o pensamento assassino, e assim por diante. Os filmes de Hitchcock, bem como a teoria de Mulvey, tratam disso.

Devido à posição extasiada do *voyeur*, o filme cria e sustenta condições da dominação masculina. Em virtude de suas idealizações da *persona* humana, ele cria as condições do culto e da ideologia, do nacionalismo para uma audiência em massa e para o fascista automitologizante. Isso nem sempre acontece, mas é uma tendência ou suscetibilidade de um meio entre suas "grandes possibilidades". Entender as possibilidades de um meio é entender suas suscetibilidades de deformação. E isso é entender a escuridão, o sadismo, o desejo de conformidade e a idealidade presente nas almas humanas que desejam experimentá-lo, bem como o que elas esperam dele. Visto que o estudo do meio é central para a estética, a teoria crítica é parte da estética, concebida amplamente. Novamente retornamos a um tema simples: a estética nasceu da filosofia no século XVIII, mas é, de fato, uma empresa que deve ter lugar e ser entendida como tendo lugar no interior das artes e das humanidades em geral.

Isso nos permite terminar com uma questão. O que significa para a filosofia dizer que o filme (ou outra arte) é filosófico? Quais são as melhores palavras a serem usadas na tentativa de fazer esse tipo de afirmação sobre o filme (sobre qualquer arte) tão clara quando possa ser? Pode-se não querer dizer que o filme está exatamente no mesmo negócio que a filosofia. Isso diminuiria sua inventiva maneira de produzir reflexão, e reflexão de um tipo diferente de qualquer que a filosofia como escrita pode facilmente oferecer, pois é por meio da identificação com Stewart, uma atitude proposta pela câmera de Hitchcock em relação ao roteiro, que o conhecimento é ocasionado acerca do que é o cinema. Essa transação bem que poderia fracassar por ter início no plexo solar, nas entranhas, e se deslocar para a cabeça através delas. O filme não nos apresenta didaticamente lições sobre o voyerismo, mas produz essa atitude em nós e nos manipula no sentido de pensar sobre ela, perturbando-nos. Há lições no filme, sim, mas essas lições não são filosóficas. O que é filosófico é o modo como o filme nos usa, bem como o modo como ele usa a câmera para nos situar em um ponto de vista a partir do qual devemos começar a pensar. É a noção hegeliana segundo a qual a arte é filosofia proposta à maneira da "materialização sensual" suficiente para capturar todas as complexidades daquilo que Hitchcock está (e não está) fazendo? Quais são as melhores palavras a serem usadas nessa tarefa?

EU DEVO A VOCÊ A VERDADE NA PINTURA E EU A DIREI A VOCÊ

Vamos abordar essa questão tornando as coisas mais complicadas. Hegel diz que a arte revela conhecimento "implicitamente", que, na arte, a verdade aparece na forma da "materialização sensual". Porém, o que significa isso senão dizer que existe uma coisa chamada verdade que a filosofia pode enunciar mais claramente do que a arte? De fato, o papel da verdade na arte, nesse ou naquele meio, é muito mais complicado do que Hegel poderia ter imaginado e também muito mais específico no que diz respeito ao meio. A complicação mais brilhante desse tópico se encontra na obra de Jacques Derrida sobre Cézanne.[4] Em uma primeira seção de seu seminário que virou livro, *A Verdade na Pintura*,[5] Derrida toma uma bem conhecida observação de Cézanne a seu amigo e colega pintor Emile Bernard. Derrida escreve: "*A Verdade na Pintura* é assinada Cézanne... Ressoa no título de um livro, ela soa, então, como um devido... a verdade na pintura foi sempre algo devido. Cézanne tinha prometido pagar: 'Eu devo a você a verdade na pintura, e eu a direi a você' (a Emile Bernard, 23 de outubro de 1905)."[6] Em uma leitura cheia de maestria dessa sentença, Derrida propõe quatro modos em que essa observação feita na carta pode ser entendida.

Em primeiro lugar, dever a verdade na pintura pode significar ter verdades apresentadas de forma obscura (o que Hegel chama "implícito") nos quadros de Cézanne e explicar essas verdades. Dizer a verdade seria ter o que é obscuro na pintura e torná-lo claro em palavras. Derrida não faz referência a Hegel; eu o estou parafraseando ao formular o ponto dessa maneira. Porém, o ponto tem a ver com a verdade ser obtida a partir de um meio opaco de modo que ela pode ser, de uma vez por todas, falada claramente ("eu a *direi* a você").

Segundo, dever a verdade na pintura e dizê-la pode ser dizê-la na pintura, e não fora dela, a partir do tema ou do objeto de um quadro. A verdade sobre a religião é "dita", na pintura, de modo pictórico, para uma população italiana da Renascença que reza na catedral, muitos dos quais não sabiam ler. A palavra "dizer" é um substituto para representar ou descrever. Existem, afinal de contas, muitos modos de dizer. Note-se, de passagem: visto que Cézanne oferece pouca alegoria em seus quadros, desprezando-a, e visto que seus temas são, em sua quase totalidade, paisagens e naturezas mortas, é duvidoso que isso seja o que ele tem em mente. Entretanto, é o que outro pintor – um místico sienita do início da Renascença – poderia ter pretendido dizer, tivesse esse pintor escrito palavras similares.

Terceiro, dizer a verdade na pintura poderia significar uma explicação geral do meio pictórico: daquilo que é próprio dela, seus temas, materiais, possibilidades. Isso também poderia acontecer dentro ou fora da pintura pela escrita. De fato (Derrida não discute isso), uma pintura poderia ser convocada a dizer a verdade sobre outra, como, por exemplo, Danto acredita que Warhol é convocado a falar nas próprias aspirações da pintura modernista em geral. Um modo pelo qual o artista Marcel Duchamp tem sido lido é o seguinte: Duchamp abandonou a pintura para perseguir um jogo na e em torno da pintura, um jogo que revelava sua natureza, expunha seu erotismo e mitigava seus anseios em geral. Duchamp fez isso por meio de suas inventivas instalações esculturais e do seu grande vidro, precisamente como ele revelou a "verdade" na escultura (ou a expôs como a coisa imprópria, vermelha e quente que ela é) por seus *ready-mades*, mais notadamente, seu *Urinol*. Uma leitura da literatura pós-moderna tem de ser sobre a literatura, e não de um modo explicativo, mas, antes, por suas fragmentações de enredo, seus jogos jogados em torno ao ponto de vista (verdade), sua ironia em relação à onipotência autoral e ao grande protagonista, em cujas meias caberia toda a humanidade. *O coração da escuridão*, de Conrad, trata da natureza deceptiva da narrativa. A autonarrativa de Kurtz é uma forma de idolatria, capaz de justificar (gerar) a atrocidade. Marlow permanece confiante para ele "no túmulo" e "além-túmulo", um sinal de que, apesar de seu desejo desiludido de contá-la tal como ela é, ele mente inveteradamente, e mente para Kurtz, mesmo agora, nesse momento de confissão. A verdade da literatura, o modo pelo qual o meio da escrita pode nos mostrar como os seres humanos construem juízos sobre o mundo e uns sobre os outros, é uma questão de formar um juízo projetado de dentro de uma forma de vida – um drama familiar, uma falta de dinheiro crônica, um *status* de humilhação como a parentela pobre ou a emergência das classes mais baixas, um estado de amor paralisado – e de como esses cenários produzam um ponto de vista e o ponto de vista produza a história. A literatura é um mundo no qual personagem, história e juízo são independentes um do outro, o que significa que cada um pode obrigar o outro a dar um passo inesperado e, ainda assim, quase nunca muito independente. Em vez disso, eles são como os objetos de decoração de uma casa: arranjados de modo a se adequarem uns aos outros da melhor ou da pior maneira, dependendo do decorador de interiores. Desse modo, existe o arranjo do narrador (se existe algum). É o narrador uma mera cifra para a história ou ele improvisa o tempo todo, julga, fornece o contexto social? Isso requer justificação ou é um mundo ficcional aquele em que os indivíduos podem prevalecer no ato de narrar? É o narrador revelado como um ser que possui idiossincrasias e talvez um machado ou dois para afiar? Essas questões sobre a literatura e seus modos de transmitir a verdade podem ser abordadas dentro da literatura tanto quanto fora dela – como Hitchcock o faz acerca do filme.

Quarto, dever a verdade na pintura pode ser dever verdades gerais *sobre* ela considerada como um objeto de estudo. Pintar deva à verdade, e isso é a verdade sobre a verdade, falada em vez de pintada, presume-se. Isso poderia se transformar em oferecer verdades gerais sobre a arte no nascimento da estética. Ou poderia ser o tipo de empresa que Aristóteles oferece ao dizer por que o drama trágico tem uma espécie de "verdade" mais filosófica do que a história.

A questão realmente interessante é a de saber se alguma ou todos os tipos de verdade podem ser ditos por meio da *própria pintura* (nos quadros) ou por outra pintura, ou de um jogo em torno dela, um jogo que permanece dentro da esfera da arte. Ou devemos usar palavras, as palavras de uma carta, de um ensaio, de um texto filosófico? Pois alguma coisa precisa ser paga, um débito precisa ser restituído, e isso sugere que Cézanne ainda não o pagou, em seus quadros, em qualquer caso. Pode ele fazê-lo agora, pintando de modo diferente? Ou agora é uma questão, tarde da vida, de voltar-se para as palavras e dizer a Bernard o que ele tem feito durante todos esses anos e em que consiste a verdade que ele tem procurado.

Cézanne parece estar dizendo: eu pinto, mas aqui, nesta carta, finalmente, eu vou dizer a você tudo sobre pintura. Dizer a você tudo sobre pintar em vez de pintar. Eu vou dar um passo atrás e explicar.

No entanto, como Derrida pergunta:

> Devemos considerar um pintor literalmente, uma vez que ele comece a falar? Vindo de Cézanne, "Eu a direi a você" pode ser entendido figurativamente: ele teria prometido dizer a verdade, ao pintar, dizer essas quatro verdades de acordo com a metáfora pictórica do discurso ou como um discurso que elabora silenciosamente o espaço da pintura. E, visto que ele promete dizê-las "na pintura", não é nem mesmo preciso saber do signatário, pois essa hipótese, de que ele é um pintor . . .
>
> O signatário promete, parece, "dizer" ao pintar, pintando, a verdade e, mesmo, se você quiser, a verdade na pintura. "Eu devo a você a verdade

na pintura" pode facilmente ser entendido como "Eu devo obter a verdade para você na pintura", na forma da pintura e agindo eu próprio como um pintor.⁷

E aqui está a ambiguidade que pertence à arte e é tão central nela. A verdade é devida e paga dizendo o que deve ser dito sobre ela. Porém, também a verdade é paga dentro da estrutura da pintura na forma de arte, pois ela é um tipo particular de verdade genérica para a pintura, uma verdade dita somente através de coisas relevantes a esse meio: percepção, materialização e forma. Podemos improvisar. Se a verdade já não estivesse ali na pintura de alguma forma visual específica faria pouco sentido explicá-la filosoficamente. Não existe apenas um tipo de verdade, mas muitos; e cada um precisa do outro, é incompleto sem o outro. Uma noção de verdade é proposicional, o tipo de coisa encontrada na filosofia. Outro tipo é pictórico, o tipo de coisa que é profundamente sentido em um quadro. Por que isso também é verdade? Porque não poderia existir nenhuma filosofia sem ela, e o espectador humano está convencido disso. É o que ele explica quando a pintura dá o que escrever. Nesse sentido, Derrida está dizendo que a verdade deve residir em ambos os lugares, dentro e fora da obra. Cada tipo de verdade é somente possível por causa do outro.

Portanto, Dewey e Hegel estão menos distantes um do outro – menos do que poderíamos supor –, pois a verdade é encontrada na arte por meio da estruturação da experiência que ela promove e também é exigida pela e encontrada na reflexão sobre essa experiência (na forma de palavras, palavras filosóficas). Talvez isso seja o que Hegel queira dizer quando afirma que a arte expressa verdade na forma da materialização sensível. Nós a sentimos, a percebemos dentro; nós a experienciamos na obra, mas também precisamos dar um passo atrás e explicar tudo sobre a experiência. Ambos os momentos desse processo são requeridos para trazer a verdade à arte, para encontrar a verdade dentro da arte. A estética e a experiência abraçam uma a outra. Cada uma é parte da outra, elas se completam, se você preferir.

A ideia de que a verdade na arte só emerge, finalmente, quando vamos além das profundidades da obra (que ela obriga a reconhecer) e procuramos comutá-la em palavras será sentida por muitos como excêntrica. Barnett Newman famosamente advertiu: a estética está para a arte como a ornitologia está para os pássaros. Total irrelevância, eis o que ele quer dizer. No entanto, Newman escreveu furiosamente sobre sua obra, escreveu sobre tudo, do misticismo judaico à teoria da cor, e referiu isso de volta à pintura. Talvez ele também tenha sentido que devia (a alguém?) a verdade na pintura e estava muito bem indo dizê-la! – mesmo que já tivesse feito metade da empreitada por meio da sua arte. Se a arte já não fosse profunda, apenas por isso, não haveria nenhum apelo a ser feito à filosofia, nenhuma necessidade de colocá-lo em palavras. As palavras nos destacam do poder da experiência, mas também o completam. Nada é totalmente satisfatório, exceto o movimento entre essas formas de verdade sempre fornecidas.

Se as obras de arte produzem verdade, elas não o fazem saindo de si mesmas e nos ensinando, à maneira dos filósofos, falando sobre seu pensamento durante um intervalo comercial em seus procedimentos. Elas produzem verdade dispondo materiais e formas de seu meio de um modo que os coloca na posição de encontro conosco que estamos procurando descobrir algo sobre o que nos tem acontecido. Por meio dos artifícios que envolvem a identificação e a crença do espectador, elas põem o imaginário em primeiro plano e o fazem referindo a si mesmas, mas também ao mundo a que pertencem.

É necessário um exemplo: a obra de arte sul-africana, feita no momento da transição política, que eu discuti no Capítulo 4. Essa obra, produzida no momento de transição do regime do *apartheid* para a democracia, quando o caminho era incerto e a perspectiva indefinida, fornece para o espectador sul-africano uma experiência que é estranha, desalentadora, divertida. Esse espectador tem de saber certas coisas. Ele tem de conhecer o modo como as diversas culturas da África do Sul foram definidas, durante o *apartheid*, por seus símbolos culturais, esses símbolos que eram entendidos como formas de ruptura. O espectador tem de conhecer o imenso conjunto de hostilidades deflagradas em relação às formas culturais africanas pela cultura eurocêntrica. O espectador tem de conhecer, por ter vivido ali, a sufocação da vida cauterizada a partir de intrusões de outras culturas, o medo, o conflito, o estranhamento associado com outras formas – e a longa, silenciosa fascinação. Foi somente em 1987 que a primeira exibição de arte negra da África do Sul teve lugar na Johannesburg Art Gallery (sob os auspícios do então diretor Steven Sack[8]), foi somente no fim dos anos de 1980 que as galerias começaram a vender a arte negra séria, e, simultaneamente, os estudiosos começaram a revisar as velhas formas coloniais de saber que agrupavam a arte negra tradicional em categorias prefixadas de arte, religião, cultura moral, e assim por diante, como um modo de descobrir a origem da vivacidade de uma multiplicidade de objetos culturais até então desconhecidos e não-investigados. Estava em questão a revisão do próprio conceito de arte, visto que tais objetos embaraçavam as distinções modernas, ocidentais, entre arte, habilidade, objeto mágico, e assim por diante. A descoberta de complexos projetos e intenções em coisas antes preteridas como "esquisitas" tornar-se-ia experiência comum de alguns artistas que atuavam nesse palco.

Qualquer sul-africano teria instintivamente entendido a mensagem em gestos misturando primeiramente formas culturais separadas. Entendidas como um ato de recusa, um ato de prospecção, um ato de reassociação, como se eles também estivessem sendo chamados a refazer suas vidas e a tratar os outros de um modo diferente. Esse mal-estar da identidade ou essa abertura à sua mudança potencial fez alguns sul-africanos brancos se contorcerem em espirais de angústia, outros em deleite – especialmente porque que é fácil imaginar mudança quando se está expondo em uma galeria, menos fácil quando ela bate à nossa porta, alcança nossa conta bancária, nosso lugar de trabalho, nossa escola. A própria experiência da obra trouxe para essa primeira e pretendida audiência de colegas sul-africanos uma mensagem que foi entendida nas entranhas, mas que era também uma experiência de choque, perplexidade, fascinação, confusão. Uma história particular deu origem a condições particulares de arte moderna, não facilmente transportável para os circuitos contemporâneos de exibição de arte, porque demasiado dirigidas dentro da cultura em um momento de mudança. Do mesmo modo que Manet dirigiu seus ataques e suas invocações especificamente à burguesia francesa, esses artistas estavam trazendo a novidade para seu lugar e para seu tempo.

A verdade estava na arte: na experiência da decisão, da resolução, da espontaneidade, e na mensagem dita diretamente às entranhas. Esse é um caso de verdade na pintura (e na escultura, na instalação, na cerâmica, etc.). A satisfação, o prazer estético nessa obra (na experiência dela por aqueles que não se entregaram ao paroxismo da raiva), veio da visão e da execução. A satisfação veio do fato de que as obras não estavam simplesmente falando, mas fazendo algo, fazendo um novo em miniatura que parecia irradiar alegria. A verdade estava no fazer, no prazer desfrutado em objetos que exemplificavam tudo que era nobre e excitante acerca dos tempos, de um modo idealizado.

O filósofo Martin Heidegger teria chamado isso de "a verdade posta em obras", significando um projeto que em virtude de sua execução confere força à verdade. Nisso, a verdade está na obra, na experiência dela com sua liberação emocional e na imagem dos ventos da mudança. Gostaria de designar o que os sul-africanos fizeram por seus companheiros sul-africanos com algo um pouco diferente de Heidegger. Eu o chamarei de "experiência que traz a força da exemplificação". O espectador sente que está experimentando algo feito, que contém uma mensagem, e que essa mensagem é uma mensagem de exemplificação. O que está acontecendo nesse campo de ação chamado obra de arte pode acontecer mais geralmente a você, a todos nós, aqui, na vida. Nós também somos um campo de ação, um campo de batalha da história: isso também pode ser feito por nós. O "isso" é a própria obra de arte, com suas harmonias e justaposições de forma. A ideia de Hegel de que com a obra de arte a aspiração social é expressa em forma idealizada acontece justamente deste modo: a partir do *status* exemplar da obra de arte.

É a experiência da obra acabada, mas também considerada como uma ação, um gesto, um processo que leva você a algum lugar, que produz esse *status* de exemplaridade. Desse modo, Dewey, com sua ênfase na arte como experiência, e Kant, com sua ênfase sobre a função do exemplar, de fato, têm um lugar na disputada imagem da arte como um produtor de verdade. Dewey insistiu excessivamente no processo pelo qual a coisa era feita como algo que teria mais importância do que o objeto acabado. É antes que o objeto acabado produz seu próprio processo de posicionamento do espectador, e isso permite ao espectador desdobrá-lo como um ato de criação (pelo artista) que exemplifica algo importante, como novas relações sociais. A partir dessa nota promissória, a reflexão adicional chamada filosofia, realizada na forma escrita como estou fazendo agora e fiz no Capítulo 4, pode então ter lugar.

Dizer a verdade na pintura (ou na escultura, ou o que o valha) é proporcionar uma experiência do material e da forma cujos termos de formalização são considerados pelo espectador (e, presume-se, pretendidos pelo artista) como possuindo o *status* de um *exemplar*. O exemplar é "boas notícias para o homem moderno" (ou tanto boas quanto más, dependendo se você é Hitchcock e se o que você está revelando é um exemplo de voyeurismo). A função da arte em muitas culturas modernas traz essa base cristã da exemplaridade (levando-se em conta a globalização do modernismo, ela também pode ser encontrada nas vanguardas da Índia, do Japão e da China). É o conceito de Cristo, o agente moral, cuja vida nos diz a verdade em virtude de sua natureza de exemplar: são boas notícias para o homem moderno. As boas notícias não são simplesmente o que Cristo diz (seus sermões), mas o que ele faz (seus atos) e o que acontece a ele (o que ele suporta). Do mesmo modo que Cristo é um símbolo, sua vida sendo exemplar, na imagem kantiana da estética o juízo do belo é exemplar. Isso ocorre porque, para Kant, o prazer que leva a esse juízo é considerado como um símbolo do moralmente bom. Quando obras tornam-se exemplares, elas disseminam esse tipo de juízo e, assim, uma disputa sobre aquilo em que a verdade consiste. Similarmente, quando obras exemplificam coisas ruins – ideologia ou onipotência, ilusão ou degeneração –, elas também se tornam exemplares, requerendo discussão crítica de suas "verdades". O que Hitchcock mostra é que as obras assumem ambos os sentidos a um só tempo, requerendo ambas as vozes.

A verdade na arte começa nas entranhas humanas e desenvolve-se para o alto, em direção ao cérebro. É uma questão de saber de que modo a obra leva você a ter certa forma de experiência (Hitchcock, a obra sul-africana). Considera-se essa posição exemplar e diz-se que ela provoca a reflexão sobre seu significado. Desse modo, o tipo de verdade que é facultada pelo objeto – sua impressão de ser exemplar – transforma-se em outro meio que a clarifica e a leva adiante. Uma obra de arte figurar como um exemplo significa para sua audiência – os sul-africanos do exemplo mencionado – entender ou vislumbrar algo sobre seu sentido. Essa indagação do sentido da obra, do que significa rezar pela moderna África do Sul, está intimamente ligada à satisfação que alguém sente (ou insatisfação!) ao experienciá-la. Porém, isso não é, contudo, necessariamente, o mesmo que ser claro acerca do que constitui esse sentido. A arte traz a promessa de mudança, mas a explicação do que é essa promessa e de como ela se encaixa em uma imagem mais ampla, falseia a obra. A arte, afinal de contas, não é um ensaio, mas um objeto.

Agora, temos o trabalho adicional de explicar a verdade na arte (a verdade na pintura). Esse trabalho adicional consiste em pagar uma dívida (Derrida) em razão de que o objeto de arte produz um sentido de profunda alteração na sociedade sem que esse sentido seja esclarecido. Nós devemos agora torná-lo claro. A questão do objeto de arte é que ele afeta as pessoas, excita-as com sua imagem ideal do que elas poderiam ser a partir disso. Esse excitar as pessoas (e a satisfação envolvida) é como religião, com suas rezas e canções, seu senso de comunidade e seu sentimento de exaltação na presença de "Deus". Por essa razão, Hegel concebeu arte e religião como similares sendo formas do espírito absoluto. A verdade na arte transforma-se, então, em uma empresa conexa: verdade sobre o seu sentido. Essa é a empresa do aprofundamento da experiência do próprio objeto de arte provendo uma narrativa, um relato sobre sua importância, sobre seu propósito, sobre seu uso do meio, sobre seu lugar histórico. Doris Lessing dizia frequentemente que todo artista deseja profundamente que o crítico com quem ele concorda, quer dizer, o crítico que está tão profundamente dentro da obra do artista que ele pode expressar sua mensagem de um modo que a faz parecer como se estivesse sempre ali. "Isso é o que eu quis dizer, sim, isso é o que eu realmente queria fazer." A crítica, a tarefa das humanidades – incluindo a crítica filosófica, a crítica de um corpo de obra em relação à filosofia – considera a obra e fornece um relato sobre sua verdade. A obra, contra Arthur Danto, ainda não é proposicional. Não sendo de todo um enunciado e mesmo que sim, ela carrega uma mensagem, pois ela é, sobretudo, um fazer cuja reunião de elementos em uma unidade formal é aquilo que o crítico precisa "desdobrar", significar, para que ele possa dizer algo sobre o que fornece o significado e a significação de um tipo que não está presente na obra. Tendo sentido o *status* exemplar da obra, ao crítico cabe a elaboração do que essas notícias significam exatamente. Aqui é o lugar onde o pensamento, quer dizer, a reflexão, é solicitada. Isso não acontece na pintura, mas em uma carta a Emile Bernard, nos escritos de Barnett Newman, na história da estética.

Você leva da experiência de uma obra de arte uma satisfação que vem dela. Você tem apenas que elaborar o porquê e o onde! Aqui é onde entra o juízo. Aqui é onde ele se consuma, em todo caso. O juízo é, em um sentido kantiano: ele é a própria satisfação. Em outro sentido, ele é o ato de elaborar os termos da satisfação, fornecendo uma interpretação da verdade contida na obra. Isso é, com efeito, elaborar a verdade de sua promessa, fazer algo além do que está nela, seguindo pelo que é vislumbrado na forma de uma carta, de um ensaio, discurso público, tratado crítico. Nós dizemos que aquilo que escrevemos está "na obra", mas apenas nesse sentido dialético em que a obra provoca nossa leitura dela pela força de seu *status* exemplar, mediante sua visão e promessa, construindo para você um modo de experiência em que tais ideias são convocadas à mente no presente ou no futuro.

Qualquer seguidor de Derrida desconfiará dessas palavras, "dentro" e "fora" da obra, pois a reflexão também acontece durante a experiência da obra, não apenas na reflexão posterior, baseada na memória e na imaginação dela. No momento em que deixa a galeria onde essa obra está sendo exibida (a então Trent Read Gallery, em Johannesburg, ora tristemente extinta, com o prédio ocupado por uma agência de propaganda), você formulou todos os seus pensamentos críticos, filosóficos. Tal como Danto provavelmente o fez nos cinco segundos ou cinco dias depois de sair da Eleanor Stable Gallery, em 1964, de onde provém sua leitura de Warhol, sua condução de Warhol à verdade, sua extração da verdade contida em Warhol. Como ele o viu, para uns pode estar errado. Não há, afinal de contas, muita evidência para decidir isso sem a experiência que outra pessoa tenha da obra e da questão de saber se as palavras (as de Danto) são ou não verdadeiras. Sua teoria sobre Warhol deve ser decidida por referência à obra (à experiência ou interpretação que se possa ter dela) e às suas formas filosóficas de argumento (o que você acredita acerca de sua concepção da teoria, e assim por diante). Danto pode muito bem ter decidido tudo em um lampejo, como os artistas fazem. Talvez Hegel assim o tenha feito. Em outras ocasiões, o processo de reflexão e de explicação daquilo em que consiste a verdade na pintura vem muito depois, retrospectivamente, permitindo que se reimagine a experiência, como em "Agora, compreendo o que me encantava em Roma quando a visitei pela primeira vez quando era criança! Agora, compreendo o que me encantava quando vi, pela primeira vez, aquele corpo de obra de arte na África do Sul. Sabia que significava alguma coisa, mas era incapaz de entender esse significado naquela época".

Podemos agora retornar à contradição com a qual iniciei esse capítulo conclusivo, sobre o modo como a arte tem sido abordada na estética: de um lado, um produtor de conhecimento; de outro, uma empresa mística cuja própria essência consiste em sua natureza não-conceitual. A história que eu contei sobre a verdade na arte sul-africana foi apresentada de modo a sugerir que alguma integração desses pontos de vista é requerida para o entendimento da prática da arte. Há um lugar para Dewey e mesmo para Kant na compreensão do modo como a verdade é produzida pela arte. A reflexão sobre a arte é construída sobre o sentimento de que a obra é um exemplar em virtude de ter realizado alguma coisa. O sentimento de realização vem da profundidade da experiência e está intimamente conectado à satisfação (ou insatisfação) que se tem nessa experiência. A reflexão é requerida por esses termos da experiência, visto que é necessário explicar o que está sendo exemplificado, por que é importante, como se conecta com a arte, com a filosofia, e assim por diante. A arte não é não-conceitual, mas é menos que proposicional, se por proposicional você quer dizer o tipo de explicação que a crítica filosófica apresenta acerca da obra. Desse modo, Cézanne pode dever a verdade na pintura mesmo que ele já a tenha pago. Ele a deve *porque* já a pagou na forma de uma promessa visual. O que está na obra é o que requer explicação, e, se já não existisse algum tipo de verdade na obra, nenhuma explicação seria possível. Explicar é uma dívida em virtude *do que já foi dito*, quer dizer, mostrado nas formas, nos detalhes, na experiência da obra.

Outro modo de abordar esse assunto é por meio de Kant. Kant considera a experiência formal e investe nela com força exemplar. A partir do livre jogo de nossa imaginação, nós somos postos em contato, simbolicamente, o que significa indiretamente com nosso eu moral. A interpretação kantiana da beleza *per se* fracassa como uma abordagem categórica. Alguma arte funciona assim, às vezes, de certas maneiras; outra, não. Porém, trata-se aqui de um modo de interpretar um grande quadro ou visão por uma experiência formal, e essa interpretação não é irrelevante para o modo como a filosofia interpreta a visão da arte e a entende como verdade. Kant interpreta a simbolização da experiência estética e considera essa experiência como um reconhecimento de algo metafísico acerca dos seres humanos: suas capacidades morais. De que modo a própria arte estimula essas visões é o assunto que Hegel então traz à baila. É pelo gênio que, de algum modo, a aspiração cultural é estimulada mediante o uso de um meio, o que a estética filosófica pode então interpretar em seus próprios termos, quer dizer, em uma consideração posterior. A essa altura, a obra de arte fez seu trabalho de pôr a verdade, e a filosofia faz algo mais.

Porém, quando a filosofia ultrapassa seus limites em suas interpretações da obra de Warhol ou da arte sul-africana ou de Hitchcock ou da arte considerada como uma categoria de coisa (como Kant a interpreta)? É a beleza sempre o símbolo do bem moral ou apenas às vezes? E, se assim é, quando e quão frequentemente, e sob que olhar? Como decidimos essas questões na ausência de um juiz legítimo? Por referência às intenções do artista? Então, como são determinadas as intenções do artista, pelo que ele escreve em uma carta a Emile Bernard? E o que diz exatamente essa carta?

O gênio de Derrida está em complicar a intenção de um modo tal que a torna relevante para a compreensão do objeto, mas dificilmente é definitiva se atribuída a ele. Desse modo, somos deixados com a questão: quando é que, em sua tentativa de atribuir uma grande verdade a uma obra de arte (sem falar à arte como uma categoria de coisas), a estética filosófica ultrapassa seus limites?

Visto que nenhum árbitro pode responder tal questão, nenhum júri, nenhum clube ou mundo da arte, nem qualquer outro grupo esclarecido ou cultura especializada, ela é uma questão de discussão pública permanente. A razão pela qual a estética filosófica não é uma tarefa categoricamente distinta das Artes e Letras geralmente é que a decisão é o veredicto conjunto das Artes e Letras. Muitos críticos, falando em experiência e ideologia, ponto de vista e estilo intelectual, vão carregar na argumentação. Os resultados, geralmente, são inconclusivos. A verdade é central para a arte, na medida em que a arte, ao menos uma vez e em geral, pretende ser exemplar e provocar a reflexão sobre si mesma e sobre o mundo. Porém, quanto, em que medida e de que modo: essas coisas permanecem sempre incertas. A arte, portanto, entra na luta da vida, na comunidade da conversação, e vive. A arte está no mesmo barco que a moral e a política nesse aspecto. Ela é um assunto de permanente debate público, de práticas interpretativas.

A boa notícia é que nós deveríamos ser sortudos o bastante para ver esse debate acerca da verdade "na" arte acontecer de algum modo na esfera pública, nesses dias de *talk show* e notícias em rede em que as artes lutam histericamente para conseguir visibilidade, uma inserção, dada sua exclusão por todos, com a exceção de grupos seletos. A questão da verdade produzida pela arte deve migrar para a esfera pública. Billy Wilder disse que a marca de um bom filme é quando as pessoas não podem esperar para programar um café e começar a falar sobre ele. Se essa fosse uma discussão da vida pública, o objetivo da obra estaria realizado, diz ele, o que não é simplesmente entretenimento (no que ele era um mestre), mas o ato de colocar a vida em discussão de modo que possamos e devamos pensá-la até o fim. Geralmente, esse sonho da arte fracassa. O que nós devemos sobre o objeto de arte permanece um débito não-pago.

MAIS DO QUE UM TIPO DE VERDADE

Vamos enunciar o óbvio. Existe mais de um tipo de verdade que a arte pode produzir ou afirmar. Derrida aponta quatro diferentes coisas que poderiam significar "a verdade na pintura", e não se deveria pensar que a exemplificação é o único modo em que uma obra de arte pode ser considerada como "verdadeira" ou "produzindo a verdade sobre alguma coisa". Obras de arte apresentam a verdade por seus modos de descrição ou figuração, se ou não a história ou o quadro requerem a generalidade de "um exemplar". Recentemente, Ian McEwan escreveu uma novela sobre recém-casados das classes médias da Inglaterra do início dos anos de 1960, "em uma época na qual uma conversa sobre dificuldades sexuais era simplesmente impossível"[9] – isso na sentença de abertura, estabelecendo o lugar, a época, o tema. É uma história que trata de sua expectativa transbordante e desajeitada e do horror da moça diante do ato que o par, ambos virgens, irá consumar em sua noite de núpcias. Ela, uma música de talento, acha o sexo detestável. Esforça-se para completar o que deveria ser um ato de alegria em um estado de pânico que é minuciosamente descrito e altamente controlado ou em quieto desespero. Ela o ama, deseja esse casamento, mas simplesmente acha a coisa repulsiva, uma violação. McEwan é um mestre da miniatura em seu detalhamento de cada sentimento, relutância e fantasia dela, na medida em que ela mesma inicia o ato físico contra seu próprio desejo; é um mestre ao apresentar a propensão obediente da moça, pois assistimos à consumação de seu destino contra as marés e os refluxos de um ato que ela não encontra maneira de entender e com uma mente (a sua) que ela não tem os instrumentos para penetrar (e, por isso, respeita). Nisso ela é como muitas mulheres que assumem um compromisso social em um lugar e uma época (as classes-médias inglesas dos anos de 1960) sem certa capacidade de esclarecer suas intenções, voltando-se finalmente para a bebida ou para o desespero, para a jardinagem ou alguma outra ocupação, cuidando de suas crianças como uma forma de alívio. Nisso o livro pretende ser exemplar (até certo ponto), e seu hábil movimento do perto (o autor detalha a história como se estivesse posicionado bem acima dos ombros dela e dele) para a distância média (em que são feitos comentários que têm a forma "essa foi uma época em que..."). No entanto, trata-se também de um livro que, como ocorre com tantas novelas, opõe-se à generalidade no interesse desse personagem, dessa mulher, desse lugar e desse tempo, dessa pessoa de carne, sangue e personalidade particular. Nosso envolvimento com ele tem a ver com seu interesse por indivíduos, e não (apenas) por exemplares ou pela narrativa de uma história exemplar. Esse compromisso de conhecer os outros (por meio de sua invenção), significando outros indivíduos em vez de outros exemplares da aspiração humana ou de alguma outra generalidade, é uma característica definidora da novela, uma que está entre suas razões de ser. A novidade na história, a habilidade de imaginar um mundo, tem a ver com isso.

O filme compartilha essa característica: ele insiste na fisionomia individual marcante (a contração facial ansiosa de James Stewart, os olhos líquidos, suplicantes, de Greta Garbo) animando personagens individuais, não apenas (ou talvez, de qualquer modo, não tanto) "a idade e seus grandes desejos hegelianos" seja lá o que esses possam ou não ser . Acredita-se que todo o instinto de McEwan quanto ao modo que essa mulher reagiria, quanto à sua própria tentativa inglesa de resistir (sim, há exemplaridade), lábio superior tenso enquanto a língua do esposo está em sua boca, sobre seu pânico interior, sua recusa em "conceder" em seja lá o que for que esteja "errado" com ela, ausente, incapaz. Tudo parece errado com ela, tudo parece ausente. Queremos dizer que McEwan tornou seus personagens verdadeiros, escritos com um olhar convincente sobre sua verdade. Esse não é sempre o caso. Em *Sábado* (*Saturday*), sua novela sobre um único dia na vida de um cirurgião londrino, um dia em que, eventualmente, o terror atacou Londres, há certos problemas de enredo que considero (e não apenas eu) altamente não convincentes. O protagonista é um neurocirurgião que, ao encontrar um matador em cujo carro ele bateu, nele diagnostica imediatamente uma doença complexa, sem comunicá-lo a respeito. Eu não creio que isso seja muito plausível, e há outras coisas, igualmente implausíveis, que se seguem a essa. Isso significa que a ficção cria suas próprias leis em relação ao personagem, mas essas persuadem somente se nós temos um sentido de sua adequação.[10] "Permissão dada", diz John Cage, "mas não para fazer tudo que você quer". Aqui as regras são suas regras para compor, mas também devem poder convencer sendo verossímeis em relação à vida. Esse conceito de ser verossímil em relação à vida na descrição ou ao contar uma história é diferente do conceito de verdade como exemplaridade, pois ele se refere a indivíduos, e o desejo, por meio da arte, de conhecer indivíduos, outros indivíduos, como nós próprios, porém diferentes, que povoam a face do mundo, aqui na ficção, removidos de suas obrigações de encontro direto, estudados como insetos dentro do vidro. Esse tipo de saber não se refere à generalidade da aspiração, mas às histórias individuais, as quais são, finalmente, singulares, porque as pessoas não vivem como meros exemplos para toda a humanidade, mas como os personagens idiossincráticos específicos que eles são – cada um em seu próprio caminho, de acordo com seu próprio ritmo. Muito do que as pessoas amam na literatura (e no filme) tem a ver com essa qualidade da singularidade em suas características formais, bem como em seu retrato da vida.

Há também o tipo de verdade da arte que acontece por meio da filosofia. Quando a filosofia persegue valores literários, quando Nietzsche escreve como um contador de histórias ou como um poeta, Voltaire como um novelista, ou Sartre, é porque eles querem insistir que os filósofos são também tipos particulares de personagens, motivados por tipos particulares de fins e que esses fins têm causado muitos problemas para eles próprios e para os outros em razão de sua abstração em relação aos desejos humanos ordinários, em relação às histórias, aos valores, à personificação: aquilo que a literatura é tão especial em revelar em suas ficções. A filosofia quer se reintegrar naquilo que a literatura pode oferecer, quer renovar a si própria (ou esgotar seus caminhos, em vez de remendá-los), mostrando que ela também pode viver de forma sensual, no espírito de um modo de dizer entre a verdade e a transcendência, que ela também é um personagem em um drama e um mau personagem aí, mas um que pode fazer melhor sendo algo diferente. Essa afirmação do manto da diferença prova que a filosofia está também no sistema moderno das artes, em um aspecto pelo menos, ou às vezes. Ela também alcança sua melhor natureza, sua melhor imagem de conhecimento, voltando-se para a arte, exatamente como a literatura tem desejado por vezes voltar-se para a filosofia ou para a música ou para o drama ou para a pintura. A verdade é um jogo que é jogado nesse sistema das artes, o que inclui a estética filosófica, o que inclui a filosofia em geral. E assim, se a verdade na arte requer o relato filosófico, o fracasso da verdade ou a verdade louca, a filosofia requer *recriação artística*. A história da estética percorre ambos os caminhos.

PERSPECTIVISMO

De que modo as diversas perspectivas da estética podem ser reunidas no entendimento é uma questão confiada ao leitor deste livro. Note-se o seguinte: embora criativamente essas perspectivas estejam integradas, elas permanecerão sempre parcialmente estranhas umas às outras. Nenhuma grande síntese está por vir. Qual é o desfecho disso? O que ele tem a dizer sobre a estética?

Para mim, o melhor conselho é dado por Bernard Williams em sua discussão sobre as ideias morais contraditórias que herdamos no presente.[11] Nós herdamos ideias do utilitarismo, do dever, do seguir a lei moral, do altruísmo e da liberdade pessoal, de sempre fazer o que é certo e também de compreender que, às vezes, temos que colocar a busca ou a causa de lado e viver nossas vidas de quaisquer maneiras que sua estética inspira a viver. Essas ideias são todas importantes e frequentemente caem em contradição. Seria errado negar que elas não fazem sentido, pois cada uma tem seus méritos. Para Williams, as morais são uma questão de saber se orientar com maior integridade possível entre essas posições concorrentes e, por vezes, contraditórias.

Williams está aqui considerando uma ideia nietzscheana, uma ideia acerca da importância do perspectivismo, quer dizer, da importância de assumir múltiplas perspectivas sobre as coisas, nenhuma das quais se prova verdadeira (em algum sentido absoluto, excluindo as demais) ou definitiva, mas é compreendida contextualmente, como um modo de entender essa situação particular em que nos encontramos agora.

Eu penso que o legado da estética é similar. A estética é um conjunto de discurso que nós herdamos e a chave é fazer o melhor uso de nossa herança. Preservá-la, fazê-la viver de todos os modos que ela for mais capaz de viver. Isso não significa que se deva acreditar em tudo, uma observação absurda, debilitante, enfim, insultante. Significa que a apropriação da "sabedoria dos antigos", como diria Montaigne, importa tanto quanto dar o próximo passo filosófico nessa rede de abordagens encontrada pelas Artes e Letras. Às vezes, a arte requer uma imagem formalista, como em certos tipos de música abstrata, outras vezes ela requer uma imagem da aspiração humana e a apresentação da verdade. Geralmente, é uma combinação de posições que somente funciona como um todo. Poucas obras – se alguma – são algo mais que formalistas, porque constituem gestos feitos por um artista e dirigidos a um mundo, gestos que contêm sua marca, tanto quanto a marca do lugar, da época, do contexto, da instituição, da sociedade. No entanto, a forma está sempre em questão, às vezes mais centralmente do que em outras vezes. Certas obras são didáticas (Brecht) e precisam ser entendidas, julgadas sob essa ótica. O gosto é mais central para algumas perspectivas sobre a arte e mais para alguns tipos de arte do que para outros. Às vezes, queremos ver onde uma obra de arte se encaixa dentro de um todo social, outras vezes queremos saber se ela apela pura e simplesmente para nós. Renunciar a uma ou a outra dessas posições seria diminuir a prática da arte e da estética.

O real problema com a história da definição na estética é que em todo e em cada caso a riqueza de nossa experiência da arte e das práticas estéticas seria por isso mesmo diminuída pela definição, a qual, se aceita, estreitaria nossa experiência e nosso discurso sobre a arte de maneiras inaceitáveis. Nós temos tantas posições em estética porque o assunto as exige: a arte e as experiências, as discussões e as instituições nas quais ela variavelmente ocorre e permanece. Em vez de procurar conciliar posições contraditórias em uma grande e nova teoria da arte, nós deveríamos entender que, primeiramente, essas posições são contraditórias porque tomam a forma de definições restritivas do assunto, o que ocorre apenas por essa razão; segundo, porque o objeto de estudo é um que admite muitos modos diferentes de abordá-lo, cada um dos quais tem, em maior ou menor grau, seus méritos no contexto. A prática da arte envolve saber mover-se entre uma série de diferentes pontos de vista, como a câmera em movimento em um filme.

Cada ponto de vista é como ele é por causa de sua relação com os outros. O que eu quero dizer com isso é que a verdade na arte tem a forma que tem porque as artes são também entidades que recusam a verdade, procurando a transcendência e a intraduzibilidade poética. Isso coloca a verdade em uma aura sedutora e pode gerar ilusão, culto, política de massa e religião. Também permite que a verdade surja na forma hegeliana idealizada e como a coisa que a filosofia deve trazer à luz por seus próprios meios.

Uma coisa, portanto, é certa: arte e estética estão estreitamente ligadas uma à outra na medida em que a arte oferece a verdade, sobre a qual a estética então apresenta uma explicação, criando um novo tipo de verdade – e na medida em que uma filosofia requer recriação por meio da arte. Arte e estética estão vinculadas também porque, na medida em que a arte se opõe ao jogo de produção-da-verdade, em vez de preferir lançar seus gestos no espaço místico do não-conceitual, a estética *protege* esse espaço (é disso que trata o formalismo). Todas essas dimensões são decisivas para a estética. Ao leitor pode ser dado esse conselho: encontre um modo de usar todas elas.

NOTAS

1. Cf. Lacan, Jacques, *Ecrits*, trad. Alan Sheriden (Norton: New York, 1977).
2. Mulvey, Laura, "Visual Pleasure and Narrative Cinema", *Screen*, 16:3 (1975).
3. Zizek, Slavoj, *Everything You Always Wanted to Know about Lacan but Were Afraid to Ask Hitchcock* (New Left Books: New York, 1992).
4. Derrida, Jacques, *The Truth in Painting*, trad. Geoff Bennington e Ian McCleod (Chicago University Press: Chicago e London, 1987), em particular a seção inicial, *Passe-Partout*, p. 1-17.
5. Derrida, Jacques, ibid., p. 3.
6. Ibid. Eu alterei o uso que Derrida faz das letras maiúsculas qundo ele cita as palavras de Cézanne, e também seu arranjo das sentenças na página do seu livro.
7. Ibid., p. 8.
8. Uma publicação seguiu-se: Ver Sack, Steven; *The Neglected Tradition* (Johannesburg Art Gallery: Johanneburg, 1988).
9. McEwan, Ian, *On Chesil Beach* (Nan Talese, Doubleday: New York, 2007), p. 3.
10. Para uma excelente discussão dessas questões sobre a verdade ficcional veja-se Walton, Kendall, *Mimesis and Make Believe* (Harvard University Press: Cambridge e Londres, 2004).
11. Cf. Williams, Bernard, *Morality: An Introduction to Ethics* (Harper e Row: New York, 1972); e *Moral Luck* (Cambridge University Press: New York, 1981).

Referências e Guia de Leitura

INTRODUÇÃO E NASCIMENTO DA ESTÉTICA

Aristotle, *Poetics*, trad. Stephen Halliwell, com introdução (Duckworth: London, 1998).

Foucault, Michel, *The Order of Things* (Vintage: New York, 1970), sobre o contexto no qual a estética moderna nasceu como um objeto de estudo do sujeito humano.

Foucault, Michel, *Discipline and Punish* (Vintage: New York, 1979).

Kelly, Michael, ed., *Encyclopedia of Aesthetics* (Oxford University Press: New York, 1998).

Kelly, Michael, *Iconoclasm in Aesthetics* (Cambridge University Press: New York, 2003).

Kivy, Peter, *The Seventh Sense* (Burt Franklin and Co.: New York, 1976).

Lambropoulos, Vassilis, The Tragic Idea (Duckworth: London, 2006).

Montaigne, Michel, *The Complete Essays of Montaigne*, trad. Donald Frame, (Stanford University Press: Stanford, 1943).

Nehamas, Alexander, *Nietzsche: Life as Literature* (Harvard University Press: Cambridge e London, 1985).

Nehamas, Alexander, *The Art of Living* (California University Press: Berkeley e London: 1998).

Nietzsche, Friedrich, "The Case of Wagner", in *Basic Writings of Nietzsche*, trad. Walter Kaufmann (Modern Library: New York, 1992).

Plato, *Complete Works*, ed. John Cooper (Hackett: Indianapolis, 1997), especialmente *Ion*.

Steiner, George, *The Death of Tragedy* (Hill e Wang Publishers: New York, 1968).

Sartre, Jean-Paul, *Nausea*, trad. Hayden Carruth e Lloyd Alexander (New Directions: New York, 1964).

Voltaire, *Candide*, tr. John Butt (Penguin: New York, 1947).

Wittgenstein, Ludwig, *Philosophical Investigations*, trad. Elizabeth Anscombe (Macmillan: New York, 1968).

GOSTO E JUÍZO ESTÉTICO

Dickie, Sclafani e Roblin; *Aesthetics* (St. Martin's Press: London, 1989). Amplo alcance dos ensaios sobre gosto, prazer, atitude estética e outros tópicos.

Goehr, Lydia, *The Imaginary Museum of Musical Works* (Oxford University Press: Oxford and London, 1994). Uma discussão dos conceitos musicais que os situam na prática musical.

Goldblatt, David e Brown, Lee; *Aesthetics: A Reader in Philosophy of the Arts* (Prentice Hall: New Jersey, 1997). Para discussões sobre as várias artes, incluindo discusses sobre as artes populares.

Guyer, Paul, *Kant and the Claims of Taste* (Cambridge University Press: New York, 1997).

Hume, David, *Treatise of Human Nature*, ed. David and Mary Norton (Oxford University Press: Oxford e London, 2002).

Hume, David, "Of the Standard of Taste", "Of Tragedy", e "Of the Delicacy of Taste and Passion" de *Selected Essays*, ed. Stephen Copley e Andrew Edgar (The Clarendon Press: Oxford and London, 1998).

Kant, Immanuel, *Critique of Judgment*, trad. J. H. Bernard (Haffner Press: New York, 1951).

Kivy, Peter, ed., *The Blackwell Guide to Aesthetics*, (Blackwell: Oxford, 2004), especialmente os ensaios de Cohen, Ted, "The Philosophy of Taste", e de Guyer, Paul, "The Origin of Modern Aesthetics: 1711-1735".

Meyer, Leonard, *Emotion and Meaning in Music* (University of Chicago Press: Chicago e London, 1956). Um livro que procura analisar a experiência orientada por metas da forma musical.

Meyer, Leonard, *Music, the Arts and Ideas* (University of Chicago Press: Chicago e London, 1994).

Rosen, Charles, *The Classical Style: Haydn, Beethoven and Mozart* (W. W. Norton & Company: New York, 1998). Sobre a música como uma prática e sobre o modo como o estilo deveria ser entendido de acordo com essa visão.

Savile, Anthony, *The Test of Time: An Essay in Philosophical Aesthetics* (Oxford University Press: Oxford, 1985).

Schiller, Friedrich, *Letters on the Aesthetic Education of Man*, trad. Elizabeth Wilkinson e L. A. Willoughby (The Clarendon Press: Oxford, 1982).

Schaper, Eva, ed., *Pleasure, Preference, Value: Studies in Philosophical Aesthetics* (Cambridge University Press: Cambridge, 1983).

Taylor, Ronald, ed. e trad., *Aesthetics and Politics*, com um posfácio de Fredric Jameson (New Left Books: London, 1977). Especialmente os ensaios sobre estética e política de Theodor Adorno, Walter Benjamin, Georg Lukacs, Bertolt Brecht e Ernst Bloch. Sobre a politização do sublime.

ARTE E EXPERIÊNCIA

Baxandall, Michael, *Painting and Experience in Fifteenth-Century Italy* (Oxford University Press: Oxford and New York, 1972). Classic art historical book on the social nature of Renaissance aesthetics.

Benjamin, Walter, *The Arcades Project*, trad. Howard Eiland e Kevin McLaughlin (Harvard University Press: Cambridge and London, 1999). Sobre o espaço da modernidade parisiense no qual a arte moderna encontrou seu lar.

Bell, Clive, *Art* (Capricorn Books: New York, 1958). Pesquisar formalismo na pintura.

Clark, T.J., *The Painting of Modern Life* (Princeton University Press: Princeton, 1984). Seguindo Benjamin, as bases sociais da pintura moderna parisiense.

Clark, T.J, *Farewell to an Idea* (Yale University Press: New Haven e London, 1999). A importância da política para a arte moderna.

Collingwood, R.G., *The Principies of Art* (Oxford University Press: Oxford, 1958).

Dewey, John, *Art as Experience* (Paragon Books: New York, 1959).

Fry, Roger, *Vision and Design* (Meridian Books: New York, 1960).

Goehr, Lydia e Herwitz, Daniel, ed., *The Don Giovanni Moment* (Columbia University Press: New York e London, 2006). Sobre o meio da ópera.

Hanslick, Eduard, *On the Musically Beautiful*, trad. Geoffrey Payzant (Hackett: Indianápolis, 1986). O formalismo na música.

Hegel, G.W.F., *Aesthetics: Lectures on Fine Art*, trad. T.M. Knox (The Clarendon Press: Oxford, 1975).

Judin, Hilton and Vladislavic, Ivan, *Blank: Art, Apartheid and After* (RAI: Rotterdam, 1999). Ensaios, escritos, arquitetura referidos ao momendo pós-*apartheid* na África do Sul.

Kierkegaard, Soren, *Either/Or*; *Part I*, trad. David Swenson e Lillian Swenson (Princeton University Press: Princeton, 1944). Sobre o meio da ópera.

Kivy, Peter, *The Chorded Shell: Reflections on Musical Expression* (Princeton University Press: Princeton, 1980).

Steinberg, Leo, "The Philosophical Brothel", *October 25* (MIT Press: Boston, 1983).

White, Hayden, *The Content of the Form* (Johns Hopkins University Press: Baltimore, 1987).

Wollheim, Richard, *Painting as an Art* (Bollingen Series, Princeton University Press: Princeton, 1987).

Wollheim, Richard, *Art and Its Objects* (Cambridge University Press: Cambridge e London, 1968).

Wollheim, Richard, Art and the Mind (Harvard University Press: Cambridge e London, 1974).

DEFINIÇÕES MODERNAS DE ARTE E O PROBLEMA DOS NOVOS MEIOS

Benjamin, Andrew, ed., *The Lyotard Reader* (Blackwell: Oxford, 1989). Lyotard sobre o sublime e as vanguardas.

Bordwell, David e Carroll, Noel, ed., *Post-Theory: Reconstructing Film Studies* (University of Wisconsin Press: Madison, 1996). Para uma posição sobre os estudos céticos na teoria do filme.

Braudy, Leo e Cohen, Marshall, ed., *Film Theory and Criticism*, 6ª ed. (Oxford University Press, New York e Oxford, 2004). Contém o ensaio de Panofsky e muitos artigos sobre filme como um meio.

Cavell, Stanley, *The World Viewed* (Harvard University Press: Cambridge e London, 1979).

Danto, Arthur, *The Transfiguration of the Commonplace* (Harvard University Press: Cambridge e London, 1981).

Danto, Arthur, *After the End of Art, Contemporary Art and the Pale of History* (Princeton University Press: Princeton, 1997).

Danto, Arthur, *Beyond the Brillo Box* (Farrar, Straus, Giroux: New York, 1992). Livro Prêmio Vencedor de crítica de arte de Danto.

Greenberg, Clement, "Avant-Garde and Kitsch", "The New Sculpture"; in *Art and Culture* (Beacon Press: Boston, 1961).

Herwitz, Daniel, *Making Theory/Constructing Art* (Chicago University Press: Chicago e Londres, 1993).

Herwitz, Daniel e Kelly, Michael, *Action, Art, History: Engagements with Arthur Danto* (Columbia University Press: New York, 2007).

Kracauer, Siegfried, *Theory of Film: The Redemption of Physical Reality* (Princeton University Press: Princeton, 1960). Com uma excelente introdução de Miriam Hansen, que também editou esse volume.

Lyotard, Jean-François, *The Postmodern Condition: A Report on Knowledge*, trad. Geoff Bennington e Brian Massumi (University of Minnesota Press: Minneapolis e London, 1979). Sobre a política do sublime na cultura moderna.

Nichols, Bill, ed., *Movies and Methods, Volume l and Volume 2* (California University Press: Berkeley, 1976). Outra excelente compilação de ensaios e excertos sobre o filme como um meio.

Rosen, Philip, ed., *Narrative, Apparatus, Ideology* (Columbia University Press: New York, 1986). Ensaios e excertos na teoria do filme.

Walton, Kendall, "On Pictures and Photographs: Objections Answered", in *Film Theory and Philosophy*, ed. Richard Allen e Murray Smith (Oxford University Press: New York e Oxford, 2003). O artigo original de Walton sobre esse assunto foi "Transparent Pictures", *Critical Inquiry*, II: 2, 1984.

CONCLUSÃO: ARTE E VERDADE

Derrida, Jacques, *The Truth in Painting*, trad. Geoff Bennington e Ian McCleod (Chicago University Press: Chicago e London, 1987).

Derrida, Jacques, *Acts of Literature*, trad. Derek Attridge (Routledge: New York, 1992).

Foucault, *This is Not a Pipe*, trad. James Harkness (Quantum Books: New York, 1983).

Heidegger, Martin, *Poetry, Language, Thought*, trad. Hofstadter (Harper and Row: New York, 1975), para discussões da verdade na arte.

Lacan, Jacques, *Ecrits*, trad. Alan Sheriden (Norton: New York, 1977).

Mulvey, Laura; "Visual Pleasure and Narrative Cinema", *Screen*, 16:3 (1975).

Walton, Kendall, *Mimesis and Make Believe* (Harvard University Press: Cambridge e London, 2004).

Williams, Bernard, *Morality: An Introduction to Ethics* (Harper and Row: New York, 1972).

Williams, Bernard, *Moral Luck* (Cambridge: New York, 1981).

Zizek, Slavoj, *Everything You Always Wanted to Know about Lacan but Were Afraid to Ask Hitchcock* (New Left Books: New York, 1992).

Índice

A

A Náusea 158
abstração 69-70, 124-125, 127-128, 130-131, 134-135, 139
abstrata, arte 87-88, 127, 134-135
abstrata, experience 84
abstrata, forma 78-79
abstrata, moralidade 91-92
abstrato, expressionismo 38, 91-92, 102-103
abstrato, impressionismo 136-137
abstrato, pensamento 42-43
Addison, Joseph 31-32, 40-43, 45, 66-67
admiração 30-31, 81
advertising 33-34, 64-65
Aesthetica 28-29
African National Congress (ANC) 91-94
Africâner 93-94
Agee, James 59-60
Agostinho, Santo 21-22
Alemanha 96-97
alienação 89-90
alma 75-76
alma, delicadeza 65-66
alteridade 117
altruísmo 182-183
americanas, colchas 38
Amish, comunidades 38
ANC, ver African National
anglo-americana, estética 63-64
antiarte, teóricos da 128-129
antifonia 30-31
apartheid 94-95, 172-173
Aristóteles 12, 21-25, 30-31, 41-42, 97-103, 158, 163-164
  visão do poeta 25
Arnheim, Rudolph 146

arquitetura 10, 23-24, 95-96, 98-99, 118, 123, 125-126, 141, 164
art déco, wagnerismo 127-128
arte 9, 10-13, 16-17, 19, 40, 71-72, 83, 87-91, 106-108, 111-112, 118-119, 127, 130-131, 154-155, 163-169, 176-180, 183-184
  abstrata 87-88, 127
  apreciação da 97-98
  belas-artes 28-29, 133-134
  benefício social da 65-66
  crítica de 129-130, 134-135
  críticos de 14, 16-17
  digital 123
  filosofia da 129-130
  história da 84, 132-133
  historiadores da 147
  intimidade em 58
  moderna 10
  negra 173-174
  nova arte 62-63, 158-159
  plástica 129-130
  propósito social da 116
  Renascença 116
  visual 129-130
Arte como Experiência 10-11, 104-105
arte do futuro 13
Arte e Ilusão 138-139
arte, mundo da 135-138
arte, teoria da 10, 109-110, 164-165
artes 10-11, 58-59
  autonomia das 127-128
  e humanidades 14
Artes Decorativas, Museu das (Paris) 28-29
Artes e Letras 10, 12, 14-16
artistas 107-108, 163
Artistotle 19-21, 23-24

drama tragic 19
Assalto ao Trem Pagador, O 142
assinatura 116
audiência 107-108
autoexpressão 102-104
autointeresse 43-44
autonomia 127-128
autoparódia 135-136
avareza 45
avidez 43-44

B

Bach, IS. 82
Badlands 156-157
Balzac, Honoré de 47-48
Barnes, Albert 10-11, 104-105
Baroque 139, 165
Barthes, Roland 149-150
Baudelaire, Charles 104-105, 113
Bauhaus 124-125
Baumgarten, Alexander 29-31, 40
Baxandall, Michael 116
Bayreuth 23-24
Bazin, André 58-59, 146
Beckett, Samuel 10
Beethoven, Ludwig van 80, 82, 87-89
   Ninth Symphony 87-88
   Third Symphony 80
belas-artes 28-29, 133-134
Bell, Clive 10-11, 87-88, 123
belo/beleza 9-12, 16-17, 19, 25-26, 30-34, 42-43, 45-46, 70-72, 74-75, 78-80, 82, 90-91, 97-98, 119, 130-131, 163-164, 175-176, 178-179
   ideia kantiana 91-92
   juízo 67-68, 75-76
   quarto momentos (Kant) 69-70, 77-78
Benjamin, Walter 81, 83, 117-119, 146
Berger, John 128-129
Bernard, Emile 168-170, 176-179
Bernini, Gian Lorenzo 148
Bernstein, Leonard 64-65
   Silver River, The 64-65
Birds, The 155-156
Boulanger, Nadia 54-55
Boulez, Pierre 13
Brahms, Johannes 102-104
Brecht, Bertolt 10, 183-184
Brillo Box 131-136
britânico, liberalismo 26-27
Broadway Boogie Woogie 125-126
Burger, Peter 128-129
burguesia 27-28, 50-51
Burr, Raymond 166-167

C

Cage, John 13, 181-182
câmara, música de 87-88
Candide 16-17
cânone 61-64
canônicos, juízos 50-51
Canova, Antonio 148
capital, aumento de 26
capitalismo 124, 135-136
capitalização 118
carisma 80
Cartas Sobre a Educação Estética do Homem 78-79
cartesiano, racionalismo 26
catolicismo 23-24
Cavell, Stanley 10-11, 148-150, 153
   Mundo Visto, O 148-149
cavernas, arte das 38
celebridade 13
Cervantes, Miguel de
   Don Quixote 53-54
ceticismo 15-17
   filosófico 15-16
Cézanne, Paul 168-172, 177-178
Chaplin, Charlie 64-65
China, revolução cultural 64-65
chinesa, ópera 38
ciência 10-11, 49-51, 54-55
   filosofia da 131-132
   padrões de verdade da 50-51
cinema 21, 143, 166-167 *ver também* filme/cinema mudo 141
cinema, crítica de 154-155, 165-166
   feminista 168
cinema, críticos de 10-11
cinema, diretores de 10, 14, 154-155
cinestesia (*kinesthesia*) 114
civilização 61-62
Clark, T.J. 116-117, 119
classe 50-51
classe, *status* de 45
classic, mundo 95-96
classicismo 23-24
Close, Chuck 96-97
codificadas menssagens 136-137
cognição 30-31
Cohen, Stephen 93-94

Cohen, Ted 48-49, 58, 96-97, 123, 147
coisa em si e para si 39
Coleman, Ronald 143
Collingwood, R.G. 10-11, 100-104, 107-108, 110-112, 128-129
　Principies of Art, The 10-11
　teorias da arte 103-104
colonialismo 25-26, 93-94
comoditização 118, 137-138
compartilhado, padrão 49-50
computador tecnologia 120
comum, homem 23-24
comum, senso 47-48
comunal purgação 97-98
concerto, música de 95-96
concerto, salas de 27-29
conformidade 99-100
conhecimento 13, 131-132
Conrad, Joseph 165, 170-171
　No Coração da Escuridão 165, 170-171
consenso 52-53, 58-59
conservador, liberalismo
　Hume 60-61
Constable, John 27-28
constitucional lei 90-91
construtivismo 130-131
construtivistas 124-125
consumismo 13, 21, 64-66, 164
consumo 64-65
contar histórias 16-17
Cooper, Gary 143, 148
corporalização 113-114
Courbet, Gustave 127-128
Cristã, tradição 75-76
Cristo Escarnecido 118
crítica 137-138, 176-177
　filme 154-155, 165-166
Crítica do Juízo 48-49, 69-70, 72-73
crítica, teoria 168-169
críticos 10, 51-53, 59-60
　função dos 127
cubismo 10-11, 107-108, 124
cultura 10-11, 17, 63-64, 90-91
cultura, guerra das 62-63
cultural, revolução (China) 64-65

D

dadá 133-134
Danto, Arthur 10-11, 13-16, 40, 97-98, 128-141, 169-170, 176-178
　Mellon Lectures 131-132, 140

Nation Magazine 15-16
David 148
Days of Heaven 156-158
De Klerk, F.W. 91-92
De Stijl 124-126
decoro 40
deformidade 45-46
delicadeza 60-61, 64-65
delicadeza de alma 65-66
delicadeza de gosto 43-46, 50-54, 58, 70-71
delicadeza de paixão 45-47
delicadeza de sentimento 53-55, 59-60
delicado, sentimento 51-52
Demoiselles d'Avignon, Les 107-111
Deneuve, Catherine 148
Derrida, Jacques 14-16, 97-100, 168-172, 175-180
　Truth in Painting, The 168-170
Descartes, René 15, 26
desconstrução 99-100
desinteresse 41-42, 45, 68-70, 77-78
deslocamento 27-28
Dewey, John 10-11, 14, 40, 87-88, 103-108, 110-112, 123, 128-129, 165, 172-175, 177-178
　A Arte como Experiência 10-11, 104-105
Dickens, Charles 47-48
Dickie, George
　teoria da arte 137-138
digitais, arte 123
dinheiro 95-96
direitos divinos da monarquia 76-77
Discovery Channel 33-34
discriminação 53-54, 66-67
diversidade 62-65
　humana 62-63
documentário, filme 146
Don Giovanni 114
Don Quixote 43-44, 53-54
dor 41-42
Dragnet (programa de TV) 20
drama 97-98, 103-104, 181-182
　grego 23-24, 30
　tragico 30-31, 41-42, 163
Du Toit, Guy
　"Shipwreck" 93-94
Duchamp, Marcel 127, 130-131, 133-134, 138-139, 141, 169-170
　In Advance of a Broken Arm 130-131
　ready-mades 136-137, 169-170

Dumont, Margaret 37

E

Édipo 20
Edison, Thomas 142
Eisenstein, Sergei 114
Either/Or 16-17
Eleanor Stable Gallery 140, 177-178
elitismo 51-52, 58-60, 62-63
emoção 10, 103-104
empatia 102-103
empirismo 26-27, 54-55, 58-59
En Avance Du Bras Cassé 130-131
Encylopedia of Aesthetics 14
ensaio (forma literária) 10, 15-16
erótico 45
erotismo 113-114, 135-136, 169-170
escultura 19, 93-98, 107-108, 113, 141, 148, 154-155, 174-175
  grega 114
  modernista 134-135
especialistas 48-51
essencial, definição 15-16
esteta 114
estética
  anglo-americana 63-64
  concepção secular da 78-79
  filosófica 12, 40, 128-129
  grega 25
  historia da 119
  pós-moderna 15-16
  século XX, do 82
Estética 88-89
estética, experiência 25, 27-28, 40, 87-89, 106-108, 120, 178-179
estética, filosofia 83
estética, teoria 98-100
esteticismo 80, 115, 137-138
estético, juízo 37-85
estilo 12
Êutifron 32-33
Everard Read Contemporary Gallery (South África) 93-94
exaltação 79-80
exibições 117, 136-137
expectativa 74-75
experiência 172-173
experimentação 98-99
experimentalismo 98-99, 125-126
expressão 12, 87-90, 95-98, 100-112, 123-124, 128-129, 139, 147

expressionismo 100-101, 128-129
  abstract 91-92
expressive, valor 65-66

F

Fantasia 165
Farber, Manny 59-60
fascismo 82
felicidade 25
feminista, crítica de cinema 168
feminista, teoria 168
ficção 16-17, 21, 41-44, 100-101, 181-182
filme (meio) 10-11, 48-49, 83, 99-101, 113, 123, 141-159, 165-166, 170-171, 180-181 *ver também* cinema
  documentário 146
  mudo 99-100, 145
filosofia 90-91, 99-100, 133-135, 141, 168-169, 171-172, 174-179, 181-182
  estética 83
  da arte 129-130
  da ciência 131-132
filosófica, estética 128-129, 147-149, 154-155, 158-159, 178-179, 181-182
filosófica, linguagem 99-101
flashback 145
forma 74-75
  abstrata 78-79
formalismo 73-74, 78-79, 83, 87-89, 98-99, 124-125, 128-129
  pós-kantiano 87-88
formalização 124
fotografia 99-100, 141, 149-151, 153, 166-167
fotógrafos 151
Foucault, Michel 15-16, 26-27, 66-67
Four Hundred Blows, The 145
França 39
Francesa, Revolução 80-81, 90-91
Frankfurt, Escola de 82-83
Freud, Sigmund 10-11, 165
Fried, Michael 10
Fry, Roger 10-11, 87-88, 123-124
função da crítica 127
futuristas 124-125

G

galerias 117, 128-129, 136-138
Gance, Abel 80

Garbo, Greta 148-151, 180-181
Gauguin, Paul 104-105
gay, cultura 135-136
Geers, Kendell 93-94
gênero 38
gênio incompreendido 60-61
geracional, lacuna 120
Giorgione 119
globalização 175-176
Godard, Jean-Luc 59-60
Goehr, Lydia 56-57
Gombrich, Ernst 52-53, 112, 138-139
    Arte e Ilusão 138-139
Goncourt, irmãos 27-28
gosto 13, 28-30, 32-34, 37-85, 87, 138-139, 163, 183-184
    árbitros do 62-63
    delicadeza de 43-46, 50-54, 58, 70-71
    juízos de 49-50, 68-69
    justificação do 62-63
    padrões de 48-49, 64-66
    teorias do 130-131
Gottlieb 28-32, 41
    Aesthetica 28-29
governo l
Gracyk, Theodor 63-64
Grand Tour 53-54
grandeza 31-32
Grant, Cary 146, 148-150, 153-154
    Philadelphia Story, The 149-150
Greenberg, Clement 10, 12, 124, 124-125, 127-129, 133-135
Greenwood, Joan 148
grega, escultura 114
grega, tragédia 23-24, 88-89
grego, drama 23-24, 30
grego, teatro 21
gregos antigos 26-27
Griffith, D.W. 142
Guyer, Paul 30-31

H

habilidade 110-111, 173-174
Hanslick, Eduard 87-88
Harry Potter 158-159
Hegel, Georg Wilhelm Friedrich 10-12, 14, 19, 23-24, 87-98, 100-101, 110-111, 114, 124-126, 129-130, 148, 163, 165, 168-170, 172-173, 176-181
    Estética 88-89

historicismo 97-98
Heidegger, Martin 145, 153, 158-159, 174-175
Heifetz, Jascha 51-52
herança 63-64
hermenêutica 52-53
híbris 20
hierárquica, análise 95-96
Hirst, Damien 120
história 10-11, 52-53, 100-103, 129-131
história da 87, 94-96, 134-135, 139, 141
    modernista 133-135
    vanguarda 134-135
história da arte 84, 87, 94-96, 132-135, 139, 141
    modernista 133-135
    vanguarda 134-135
história da estética 119
historiadores 14
historicidade 137-138
históricos, estudos 100-101
Hitchcock, Alfred 148-149, 155-156, 165-171, 175-176, 178-179
    Janela Indiscreta 165-167
    Pássaros, Os 155-156
    Vertigo 148-149
Hollywood 116
Hughes, Robert 128-129
human identidade 10-11
humana, ação 89-91
humana, comunidade 90-91
humana, crença 90-91
humana, diversidade 62-63
humana, expressão 10-11, 87, 101-102
humana, natureza 61-62, 87-88
humana, percepção 87-88
humanas, ciências 26-27
humanas, paixões 42-43
humanidade 26-27, 51-53, 71-72, 75-80, 84
humanidades 10, 15, 17, 168-169
    departamentos/universidade 9
humano, progresso 54-55
humanos, direitos 60-61
humanos, interesses 42-43, 129-130
humanos, valores 25
Hume, David 10-11, 14-15, 41-63, 65-69, 75-77, 84, 87-89, 94-95, 119, 130-131, 138-139, 163
    "Da Delicadeza do Gosto e da Paixão" 45

"Da Tragédia" 41-42
"Do Padrão do Gosto" 12, 46-47
liberalismo conservador, 60-61
padrão do gosto 46-55, 63-64
Tratado da Natureza Humana 41-44

I

iconoclasmo 21-24, 26-27
identidade, política da 62-63, 95-96
ideologia 33-34, 116, 168, 175-176
idolatria 82
igrejas 28-29
igualdade 76-77, 90-91
Iluminismo 76-77, 89-90
imaginação 30-32, 70-76, 79-80, 101-104, 154-155, 164, 178-179
imitação 41-42
imortal, alma 75-76
impressionista 116
inclinação 77-78
inclusão 138-139
incompreendido, gênio 60-61
Índia 92-93
individual, experiência 25
individual, liberdade 64-65
infinidade 79-80
Inglaterra 39
injustiça 78-79
instalação 174-175
intelectuais 10
intenção 111-112
intencionalidade (*purposiveness*) 77-78
Internet 96-97, 158-159
interpretação 130-131
intimidade 114
  na arte 58
intuição 10
Investigações Filosóficas 153-154
Ion 19
ironia 45
italiana, ópera 38

J

James, William 15
Janela Indiscreta 165-167
Johannesburg Art Gallery 173-174
jornalismo 141
judaico-cristã, tradição 75-77
juízo 31-34, 49-51, 87, 163, 170-171, 175-177
  canônico 50-51
  de beleza 67-68
  de gosto 68-69
  do belo 75-76
  estético 76-77, 163
  reflexivo 77-78
  subjetivo 68-69
  universal 72-73
justiça l, 54-55

K

Kael, Pauline 58-59
Kant, Immanuel 12, 14, 25-27, 30-32, 40-41, 45, 66-80, 83-84, 87-91, 94-95, 98-99, 101-106, 119, 124, 130-131, 163-164, 174-175, 177-179
  Crítica do Juízo 48-49, 69-70, 72-73
  e Schiller 78-80
  ideia do belo 91-92
  moral, teoria 76-77
  moral, visão 75-76
  Terceira Crítica 79-80
Kelly, Grace 165-167
Kelly, Michael 14, 21-22
  Encylopedia of Aesthetics 14
Kentridge, William 141
Kierkegaard, Soren 16-17, 114
  Either/Or 16-17
kitsch 82, 84, 127-128
Kivy, Peter 30-31, 102-103
Kracauer, Siegfried 83, 146
Krauss, Rosalind 141

L

Lacan, Jacques 165
lei 90-91
leis da probabilidade 12, 20
Leonardo da Vinci 113
Lessing, Doris 176-177
Lessing, Gotthold Ephraim 97-98
liberalism britânico 26-27
liberdade 89-90
liberdade individual 64-65
Liga das Nações 80-81
linguagem 15, 19, 111-112, 123, 131-132
  filosófica 99-101
  literária 99-101
  literária, crítica 100-101, 164
  literária, linguagem 99-100
  literária, teoria 99-100
literatura 10, 16-17, 23-24, 48-49, 52-53, 95-96, 99-100, 123, 165, 181-182

Lizzitsky, El 13
Locke, John 26
Longino 79-80
Lyotard, Jean-François 134-135, 138-139

M

Malick, Terrence 148-149, 154-159
  Badlands 156-157
  Days of Heaven 156-158
  New World, The 154-155
maluca, comédia 146
Mandela, Nelson 91-92
Manet, Edouard 116-119, 127-128, 173-174
  Cristo Escarnecido 118
  Olímpia 118
Manifesto Comunista 125-126
Marx, Karl 47-48, 125-126
  Manifesto Comunista 125-126
masssa, consumo de 33-34
Maswanganye, Johannes
  "O Homem Rico" 94-95
materialismo 124
Matisse, Henri 10-11
McEwan, Ian 179-181
  Sábado 180-182
media, idade 21-22, 26-27, 102-103
medicina 33-34
meditação 147
meio, meios 12, 95-102, 114, 123-130
  novo(s) 141-159
mercadoria/comodites 124, 128-129
metafísicos, poetas 30
metáfora 56-57, 70-71
Meu Jantar com André 144
Meyer, Leonard 74-75
Michelangelo 130-131, 148-149
  David 148
Michelet, Jules 80-81
Milton 50-51
moda 33-34
modern, teatro 102-103
moderna, arte 10
modernidade 23-24, 117, 119
modernismo 10-11, 98-99, 102-103, 117-118, 134-135, 175-176
modernistas 10
Mona Lisa 130-131
monarquia, direitos divinos da 76-77
Mondrian, Piet 124-126
  Broadway Boogie Woogie 125-126

Montaigne, Michel de 15-16, 182-183
morais 10-12, 47-48, 52-55, 60-62, 179-180
morais, sentimentos 38
moral, ação 77-78
moral, bem 78-79
moral, instrução 21
moral, juízo 42-43
moral, lei 76-77
moral, sentido 30-31
moral, valores 54-55
moralidade 69-70, 72-73, 78-79, 83, 90-91
  abstrata 91-92
  Kant 75-77
Mozart, Wolfgang Amadeus 73-74
mudo, cinema 145
mulher 26-27, 52-53
multimeios 120
Mulvey, Laura 165-167
Mundo Visto, O 148-149
Muni, Paul 143
museu, frequentadores de 118
museus 25, 27-29, 66-67, 115, 117, 120, 128-129, 137-138
música 10, 15, 73-75, 96-99, 102-103, 107-108, 123, 141, 181-182
  de câmara 87-88
  de concerto 95-96
  nova música 158-159
  teoria formalista da 87-88
  tonal 74-75
musical, implicação 74-75
musicologia 164

N

nacionalismo 23-26, 80, 117, 168
nações, história dos estados- 92-93
Napoleão (filme) 81
Napoleão 80, 83
narcisismo 45, 71-72
Nation Magazine 15-16, 129-130
National Gallery, Mellon Lectures 131-132
naturalistas 87-88
natureza 10, 33-34, 158, 164
nazismo 82
negra, arte 173-174
New Yorker 59-60, 124
Newman, Barnett 172-173, 176-177
Nietzsche, Friedrich 15-16, 23-24, 119, 181-182
No coração da escuridão 165, 170-171

Nô, teatro 38
normas, violação de 48-49
nova arte 62-63, 158-159
nova música 158-159
novela 103-104
novelists 10-11
novidade 31-32, 41-43, 58-59
Novo Mundo, O, 154-155
novos meios 141-159
Nuremberg 25

O

objetividade 37, 59-61, 67-68, 71-72, 74-75
objetivo, fato 68-69
obras de arte 136-137, 140
ociosa, classe 65-66
Oldenburg, Claes 148
Olympia 118
ópera 37-39, 99-100, 114, 141-143
  chinesa 38
  italiana 38, 102-104
orgulho 45
orientalismo 27-28

P

padrões do gosto 58-66
  Hume 63-64
paixão, delicadeza de 45-47
Panofsky, Erwin 12, 59-60, 143-150, 154-155
Paris, Museu de Artes Decorativas 28-29
paródia 135-136
Pater, Walter 73-74, 112, 115
percepção 30-31, 87-88
perfeição 73-74
performance, arte de 21-22
perícia 111-112, 134-135
Perkins, Anthony 168
perspectivismo 182-184
pessoal, liberdade 182-183
Philadelphia Story, The 149-150
Picasso, Pablo 10-11, 107-110, 124, 130-131
  Demoiselles d'Avignon, Les 107-110
pintura 19, 23-24, 39, 52-53, 97-101, 103-104, 110-120, 141, 151, 165, 170-171, 174-175, 181-182
Pintura como uma Arte, A 111-112
pitoresco 31-32
plástica, arte 129-130

Platão 19, 21-25, 97-99
  Ion 19
  visão do poeta 25
poema 103-104
poesia 19-24, 30, 95-101
  a visão de Aristoteles 21-23
  a visão de Platão 21-23
poetas metafísicos 30
política 16-17, 46-47, 83, 90-91, 179-180, 183-184
  identidade, política da 62-63, 95-96
  radical 127-128
Por Quem os Sinos Dobram 143
pós-estruturalismo 15-16
pós-impressionistas 139
pós-modernismo 92-93, 134-135
prazer 38-48, 67-68, 70-80, 118, 138-139, 166-167, 174-175
  desinteressado 77-78
  relevância moral do 72-73
preconceito 52-53, 58, 61-63, 165
prejulgamentos 52-53
Primeira Guerra Mundial 127-128
Princesa Diana 25
Princípios da Arte, Os 10-11
propaganda 45-46
propriedade 118
propriedade 45
prosperidade 45-46
Proust, Marcel 10-11, 102-103
psicanálise 10-11, 101-102, 111-112, 115
psicologia 87-88, 110-112, 114
público, diálogo 10-11
público, teatro 28-29
público, valor 23-24
purgação 102-103

Q

quatro momentos da beleza (Kant) 77-78
Quiet Man, The 144
Quine, W.V.O. 139

R

racionalismo cartesiano 26
radicais, políticos 127-128
Rauchenberg, Robert 133-134
razão 26
ready-mades 130-131, 136-137, 169-170
reconhecimento 41-42, 164-165
redução 134-135

reducionismo 124-125, 127-130
reflexão 177-178
reflexivo, juízo 77-78
religião 21, 25, 27-28, 54-55, 78-80, 83, 90-91, 176-177, 183-184
religioso, ritual 76-77
Renascença 26, 116, 139
representação 52-53, 87-88, 112, 124, 138-139, 147
retórica 19
Reynolds, Joshua 27-28, 137-138
Ring, The 155-156
ritual religioso 76-77
Robinson Crusoe 25
rococó 28-29, 109
Românticos 95-96
Romantismo 23-24, 87
Rorty, Richard 15-16
roteiro 10, 146
Rousseau, Jean-Jacques 80
Russell, Rosalind 146, 148-149

S

Sábado 180-182
Salzburg 23-24
Sancho Pança 53-55, 68-69
Sartre, Jean-Paul 158
Schiller, Friedrich 78-79, 84, 87-88, 97-98
   Cartas Sobre a Educação Estética do Homem 78-79
   e Kant 78-79, 80
Schonfeldt, Joachim
   "Pioneiros" 93-94
Schwartzenegger, Arnold 82
secular, concepção [da estética] 78-79
Século XIX 10, 23-24, 65-66, 87, 95-96, 99-101, 117, 127-128
Século XVIII l, 19, 37-39, 45-46, 54-55, 58-59, 63-66, 70-71, 80, 82, 87-89, 97-98, 106-107, 115, 123, 127-131, 163
Século XX 82, 87, 99-102, 123, 128-130, 164
Século XXI 120
Seinfeld, Jerry 153-154
seleção 138-139
semântica 111-112
sensibilidade 30, 72-73, 75-76
sensorialidade 51-52
sensualidade 26
sentido 31-32

sentimento, delicadeza de 53-55, 59-60
   sexualidade 33-34
Sexto Empírico 15-16
Shakespeare, William 50-51, 64-65
Sheng, Bright 64-65
Shusterman, Richard 63-64
significação 83, 97-98
significado 52-53, 110-112, 116
Silver River, The 64-65
simpatia 43-44
simplicidade 124-125, 127-128
simplificação 124-125
soap opera 25
sociais, relações 174-175
social, ação 147
social, aspiração 96-97
social, bem 138-139
social, benefício (da arte) 65-66
social, crítica 84
social, valor 25
Sócrates 26, 32-33
   Êutifron 32-33
Sófocles 30-31
soneto 30
Stanislavski, Constantin 10
Steinberg, Leo 107-110, 124
Stewart, James (Jimmy) 148, 165-169, 180-181
Stokes, Adrian 10-11, 112, 115
Strindberg, August 102-103
subjetividade 71-72, 74-75, 117
subjetivo, juízo 68-69
sublime 15, 31-32, 78-85, 124-125, 127-128, 163
sublimidade 10, 158
Sul, África do 172-173, 178-179
   apartheid 94-95, 172-173
   arte 115
   Everard Read Contemporary Gallery 93-94
   Inkatha, Partido da Liberdade 93-94
   Johannesburg Art Gallery 173-174
   nacional, partido 93-94
   nacional, unidade 92-93
surrealismo 133-134

T

talento 43-44
teatro 20, 41-42, 97-100, 141
   como ritual 21
   grego 21

moderno 102-103
Nô 38
público 28-29
tecnologia 120, 125-127
televisão 10, 96-97, 99-100, 158-159
temor 79-80
temperance 43-44
teologia 26
teoria da arte 109-110, 131-132, 141, 164, 165
teóricos da antiarte 128-129
Terceira Crítica 79-80
teste do tempo 49-52, 61-63
Thomas Aquinas, Saint 21-22
Times Literary Supplement 59-60
Titanic 105-107
Titian 113, 119, 158-159
Tlingit, pilares-totens 38
Tonal, música 74-75
totalitarismo 82
tradição 63-64
  judaico-cristã 75-76
trágico, drama 20-21, 23-24, 28-31, 41-42, 88-89, 97-99, 102-103, 163
Tratado da Natureza Humana 41-44
Truffaut, François 145
  Four Hundred Blows, The 145

U

universal, juízo 72-73
universalidade, teoria da 58-59
urbanização 117
útil 28-29
utilitarismo 182-183

V

valor 52-53, 59-60
Van Gogh, Vincent 104-105, 112, 113
vanguarda 10, 12
  definição 128-129
vanguardas 84, 95-96, 98-100, 123-129, 143, 175-176
Velvet Underground 13
verdade 10-11, 13, 168-169, 171-174, 178-181, 183-184
Verdade na Pintura, A, 168-170
Vertigo 148-149
vilanela 30
vinho 39
virtude 23, 42-43, 50-51
visual, arte 129-130
Voltaire 15-17, 82, 181-182
  Candide 16-17
voyeurismo 116, 165-167, 175-176

W

Wagner, Richard 23-24, 82, 155-156
  Anel do Nibelungo, O 155-156
wagnerismo, *art déco* 127-128
Wallace, David Foster 158-159
Walton, Kendall 149-152
Warhol, Andy 13, 131-141, 169-170, 177-179
  Caixa Brillo 131-137
Watteau, Antoine 27-28
Wayne, John 144-145, 147-148
White, Hayden 100-101
Wilder, Billy 179-180
Williams, Bernard 182-183
Wittgenstem, Ludwig 14-16, 56-57, 97-98, 137-140, 153-154
  Investigações Filosóficas 153-154
Wollheim, Richard 10-11, 14, 87-88, 103-104, 110-111, 113, 115-117, 119, 130-131, 143, 153-154
  A pintura como uma arte 111-112
  esteticismo 112

Z

Zizek, Slavoj 165-166
Zulu 93-94